JN271061

WIZARD

トレードの教典

The Market Maker's Edge
Day Trading Tactics from a Wall Street Insider by Josh Lukeman

| メンタル強化 | チャート読解 | 損失管理 |

ジョッシュ・リュークマン [著]　長尾慎太郎 [監修]　鈴木敏昭 [訳]

Pan Rolling

The Market Maker's Edge : Day Trading Tactics from a Wall Street Insider
by Josh Lukeman

Copyright © by Joshua Lukeman

Japanese translation rights arranged with Lukeman Literary Management Ltd. through
Japan UNI Agency, Inc., Tokyo

監修者まえがき

　本書はジュッシュ・リュークマンによる"The Market Maker's Edge"の邦訳である。ここに書かれているのは、マーケットメーカーの立場から見たデイトレードの具体的な技術と背景に関する考察である。実務経験のあるマーケットメーカーが書いたトレードの教科書を本書以外には私は知らない。あるいは英語では論文やワーキングペーパーなどの形で存在するのかもしれないが、日本語で読めるものとしては本書が最初にして今のところ唯一の存在になる。

　今回、私は本書を大変興味深く読んだ。しかしAmazon.comの書評などを読むと、本書を高く評価する読者がいる一方で、内容が凡庸だとして低い評価をつけている人もいる。察するに、どうやら後者の人々は本書の本当の価値が分かっていないようだ。デイトレードの教科書はこれまでに数え切れないくらい出版されているが、そのほとんどは個人投資家によって書かれたものである。しかも、その過半はデイトレードで失敗した人が書いている。

　もちろん、個人投資家の手によるデイトレードの教科書でも優れたものは存在する。だが、そうした良書であっても私が見たところ、避けられない欠点を持っている。それは日中の価格が動く理由、つまりマーケットのダイナミクスに関する考察がどうしても稚拙になってしまうということである。これは仕方がないことである。

　マーケットはそれを構成する複数の主体によって成り立っているが、それらは器としてのマーケットを提供する主体である取引所、清算機関、ブローカー、マーケットメーカーなどと、用意された器の中で取引に参加する主体、例えば機関投資家、実需筋、個人投資家などに分けられる。このうち、個人投資家がその動きを真に理解しているのは個人投資家自身のことだけである。ほかのマーケットメーカーや機関

投資家、実需筋といった主体の行動原理や習性については、個人投資家はあくまで推測でモノを言っているにすぎない。実際、デイトレードの教科書に書いてあるそうした「推測」は、残念ながらそのほとんどが大きく間違っている。

本書の本当の価値は、マーケットのダイナミクスに関して正しく真実に基づいた考察がなされている点にある。それができるのはマーケットメーカーやブローカーを長年務めた経験のある実務家だけである。本書に書かれてあるトレードテクニックは、既存のデイトレードの教科書の示すところの範疇を、結果として大きく逸脱するものではない。しかし、それが紡ぎだされた背景はあくまで事実と経験に基づいており、ほかの投資本が経験のフィルターを通ってはいるがかなり危ない推論に依拠しているのとは、明らかに質が違うのである。

値動きを表面的な現象としてのみとらえるのではなく、マーケットの力学を理解したうえでトレードを行おうという意欲のあるトレーダーにとって、本書はまたとない教科書になると私は考える。

翻訳に当たっては以下の方々に心から感謝の意を表したい。翻訳者の鈴木敏昭氏は丁寧な翻訳を実現してくださった。そして阿部達郎氏にはいつもながら丁寧な編集・校正を行っていただいた。また本書が発行される機会を得たのはパンローリング社社長の後藤康徳氏のおかげである。

2011年5月

長尾慎太郎

目次

監修者まえがき　　　　　　　　　　　　　　　　　　　1
はじめに　　　　　　　　　　　　　　　　　　　　　　7
謝辞　　　　　　　　　　　　　　　　　　　　　　　　11

第1部　リスク管理

第1章　デイトレーダーとして成功するための資金管理　　15
余裕資金だけを使ってトレード／小さいことは大きいこと／適正規模のポジションでトレード／２％ルール／信用取引でわれを忘れる

第2章　５つのステップで適切なポジションサイズを決定　　25
ステップ１――１ポジション当たりの資金の決定／ステップ２――１ポジション当たりの最大株数の計算／ステップ３――１トレード当たり２％のリスク金額の決定／ステップ４――ストップロス水準の決定／ステップ５――最大ポジションサイズの計算

第3章　損失管理のメリット　　31
ストップロスを使って勝利する方法／最初のストップロス／ブレークイーブンストップロス／トレーリングストップロス／利益確保のストップ／流動性のある銘柄をトレードする／ポジションの分散化／ゲーム計画の堅持

第4章　金融の大混乱をもたらす心理戦　　43
避けるべきこと／底値買い／ナンピンの神話／一か八か／ホームラン狙い／ポジションサイズのやっかみ／リベンジトレード

CONTENTS

第2部 基本的状況

第5章 トレンドの発見が利益の秘訣　　59
ニュートンの運動法則／トレンドのモメンタム／セクターのパワー／トレンド追跡の時間枠

第6章 トレンド発見のための4つのトレーディングシグナル　　71
前日の高値と安値／8期間移動平均線／始値シグナル／ネットプライスルール

第3部 ファンダメンタルズ

第7章 ファンダメンタル分析　　93
アーニングサプライズ／新たな決算発表方法／収益モメンタム／キャッシュフロー

第8章 レシオの威力　　101
収益性比率／ROE／流動性比率／レバレッジ比率／活動比率

第9章 経済指標とデイトレードへの影響　　109
経済指標と米ドル／経済指標とその影響／FRBとその金融政策／債券価格と金利

第10章 情報の流れの整理　　119
インターネットの効果的な活用／ウオッチリスト／デイトレーダーのための強力ウエブサイト

第4部 トレード

第11章 仕掛け　　131
段階的仕掛けのアプローチ／深追い／落ちた星／仕掛けの絶好点／仕掛けのタイミング

目次

第12章 手仕舞い　145
段階的手仕舞いのアプローチ／利益の最大化／じっと待つ

第13章 注文執行と管理　151
成り行き注文／AXの後追い／スリッページの要因／空売り／SECの注文取扱規則／セレクトネット／細分化と集中化／ナスダックのスーパーモンタージュ／ECN／SOES——手数料とスキャルパー

第5部　テクニカル分析

第14章 ローソク足チャートの手法　171
ローソク足チャート／始値／終値／高値／安値／ローソク足のリバーサルパターン／ローソク足の継続パターン

第15章 支持線水準と抵抗線水準　199
支持線／抵抗線／価格の確認

第16章 基本的チャートパターン　211
ブレイクアウト／ブレイクダウン／ダブルボトム／ダブルトップ／ヘッド・アンド・ショルダーズ／逆ヘッド・アンド・ショルダーズ

第17章 オシレーターとリバーサル指標　231
ボリンジャーバンド／MACD／MACDヒストグラム／ストキャスティックス／RSI／モメンタム

第6部　市場の脈動

第18章 出来高　253
大口取引／クリーンナップ取引／出来高のクライマックス

CONTENTS

／出来高を伴うブレイクアウト／OBV／アキュムレーションとディストリビューション

第19章　先行指標　　　　　　　　　　　　　267
TICK／TRIN／適正価値／長期債と金融株

第7部　高等トレーディング戦術

第20章　高度なチャートパターン　　　　　　　279
死猫のジャンプ／アップフックパターンのロング／逆アップフックの空売り

第21章　ギャップのトレーディング　　　　　　　299
ブレイクアウエーギャップ／継続ギャップ／エグゾースチョンギャップ／人為的ギャップ／ギャップアップの空売り／ギャップアップの買い／ギャップダウンの買い／ギャップダウンの空売り

第22章　イベントドリブントレード　　　　　　　313
決算発表／IPO／公募／株式分割

第8部　心理

第23章　トレード心理　　　　　　　　　　　　　325
恐怖心を持たない／市場に耳を傾ける／責任を受け入れる／強欲は障害となる／欲求不満を克服する／過去を振り返らない／自信を持つ／裕福さを意識し続ける／確実性は幻想である／目標を書き留める

結論　　　　　　　　　　　　　　　　　　　　343

はじめに

　インターネット取引の革命が目のくらむようなスピードで投資の世界を変えつつある。米国では1998年4月から1999年4月までの1年間にネット取引の新設口座が25％増えて全体で600万口座を超えた。2000年初頭には800万以上のネット取引の口座が存在している。証券口座全体に占めるその比率が10％に届かないことを考慮すると、ネット取引の潜在的な成長力は驚くべきものがある。

　CNBCの報道によれば、デイトレーダーの大半がトレーディングを始めて6カ月以内に破綻する。日常的に取引するデイトレーダーは、1日に約定する100万件超のネット取引の30％を占める。ネット取引をする米国人の膨大な数と初心者の高い破綻率を踏まえれば、大変危険な事態が予想される。21世紀の最初の数年間には、かつてないほどの米国人がデイトレードでお金を失うことになるだろう。米国では総合的で分かりやすく効果的なデイトレードのガイドが必要になっている。そのために本書は書かれた。

　デイトレーダーは1792年の株式市場の創設以来存在している。人類は通貨の使用とともに価格についての投機を開始した。この営みは市場がどんな状態であろうと続くはずだ。

　1990年代の猛烈な強気相場の間にデイトレードに関する一般の関心や需要、参加が大幅に増加した。リターンの向上、技術進歩、売買手数料が安いネット証券会社が提供する手軽な参加、さらには大衆の退職資金不足などの要因が重なって株式保有と株式市場への関心が爆発的に高まった。1999年には米国人のほぼ半数が何らかの形で株式を保有していた。それらの投資家やトレーダーのほとんどは投資から得られる金額について非現実的なほど高い期待を持っており、この点についても教育が必要になっている。

　デイトレードで利益を上げるための原則は、おおかたが単純なもの

だ。それなのに、内部的・外部的なさまざまな要因のせいで意思決定プロセスをわざわざ複雑にする傾向がよく見られる。

デイトレードでは強欲、恐怖、こだわり、恥、後悔、安全の希求といった日常生活で出合う感情の落し穴が拡大される。トレーディングの世界では、私が内部的要因と呼ぶそうした感情的・心理的ワナが金銭的損失の最大の原因となっている。

成功のためにはどんなトレーダーも効果的なトレーディングプランが必要になる。最高のプランは単純かつ総合的なもので、リスクコントロール、仕掛けと手仕舞い、テクニカル分析とファンダメンタル分析、トレンドの発見、トレーディング戦術などの外部的要因を取り扱う。

本書はトレーディングについて書かれた多くの本と違って内部的要因と外部的要因の両方に特別な重点を置いていることが特色となっている。またトレーディングでの世界のセルサイドの視点から書かれ、ウォール街のプロのトレーダーが使う戦術と方法を説明している点もユニークと言ってよい。

大衆がこれまでなかなか手に入れにくかった情報は、マーケットメーカーが実際にどんな仕事をしているか、またどんな理由でその多くが効果的なデイトレーダーになっているかということだ。デイトレーダーはマーケットメーカーの役割と目的について多くの誤解をしている。マーケットメーカーは誤ってデイトレーダーの敵という烙印を押されているが、実際にはデイトレーダーの敵はデイトレーダー自身なのだ。

マーケットメーカーは形態や規模の点でさまざまに分けられる。そのなかには、リスクをとって資金投入することのない小規模な個人投資家向けマーケットメーカーや、注文フローを円滑化するためにたえず大きなリスクをとる大規模な機関投資家向けグローバルバンクなどがある。機関マーケットメーカーの強みは経験とテクニカルな専門知識にある。彼らが享受している優位性のひとつは注文フローの仕組み

を理解していることにある。大口の買い手や売り手は必ずその活動の痕跡をあとに残す。どこをどうやって見ればよいかを知っている者なら、だれでもその活動が見える。本書はマーケットメーキングの経験のないトレーダーに注文フローの仕組みに関する情報を提供することによって、そうした活動の理解に役立ててもらうことを意図している。本書は出来高をもとにした短期トレンドの発見を活用する単純な方法についても解説している。

デイトレーダーに対するマーケットメーカーのもうひとつの優位性は、大規模な財務的後ろ盾があるということだ。そのおかげでリスクエクスポージャーを拡大し、大きな損失に耐えられる。なかでもマーケットメーキング業務を行う大手グローバルバンクは最大の資金力を持っている。デイトレーダーにとって1万ドルの損失は高額かもしれないが、機関マーケットメーカーにとっては事業遂行のコストにすぎない。デイトレーダーは大規模な財務的後ろ盾の欠如を適切なリスクコントロールと現実的な期待によって補うことができる。そのどちらについても本書で取り上げている。

始めたばかりのデイトレーダーは経験不足を克服する必要があるが、それは多くの場合、してはならないことをして学んだり、間違いを犯すことによってのみ達成される。この過程は非常に高いコストがかかることがあり、それに耐えられないデイトレーダーも少なくない。本書は慎重なリスクエクスポージャーを段階的に確立し維持するための指針について触れており、このことが、始めたばかりのデイトレーダーが最初の嵐を乗り切る手助けとなるだろう。

第一級のマーケットメーカーは強力なリサーチ部門のおかげで難なく情報を利用できるようになっている。だが、インターネットがグローバルバンクと個人投資家の間にある情報障壁を打ち壊した。昨今ではだれでも最高のリサーチ結果をインターネットで簡単に入手できる。時にはマーケットメーカーがインターネットで発表される重要情報の

動向を最後に知るという事態も起きている。

　最高のマーケットメーカーやトレーダーはトレーディングがチェスやポーカーに似ているということを知っている。成功のカギを握るのは自分の目的を隠しながら市場を読むことだ。過去最高のチェスプレーヤーのひとりであるエド・ラスカーは自分にとってチェスは心理戦だと語った。ゲーム中は「相手は今どんな心理状態にあるか。どうすれば一番相手を不安がらせられるか」ということを自問するという。チェス盤を客観的に見るだけでなく、むしろ相手が一番恐れていると考えられる手を打つ、とラスカーは説明した。「彼は時には相手を死ぬほど退屈させることによって、あるいは相手が本意でない攻撃を仕掛けるよう仕向けることによって勝利を得た」（インベスターズ・ビジネス・デイリー紙の「リーダーと成功」より）。こうしたことはすべてのトレーダーが直面せざるを得ない心理的問題であり、このことも本書で扱われている。

　本書は最高のマーケットメーカーを敵ではなく味方としてトレードする方法について書いている。トレーダーは本書で説明されている方法や戦術をしっかり守ることによって短期的な難局を機敏に乗り切れるようになるだろう。本書はトレーダーが適切なトレーディングの習慣を身につけ、自分のエッジ（優位性）に集中することによって恐怖や弱点を克服する手助けをしようとする。それによって確信と生き残る力が強まり、自分が制御できない要因の影響を受けることが少なくなって、さらに素晴らしいトレーダーになることができるだろう。

　　　　　　　　　　　　　　　　　　　ジョッシュ・リュークマン

謝辞

リュークマン・ライブラリー・マネジメントの有能なエージェントであるノア・リュークマンに感謝したい。その導きと監督のおかげで本書を世に出すことができた。

このプロジェクトを通して理解と支援を与えてくれたことについてフィアンセのヤナ・ポリシュクに感謝したい。

その指示と影響のおかげでマーケットメーカーとして成長できたことについてジョーゼフ・フェラレーセに感謝したい。

マシュー・デサルボとキース・ブリックマンも私のキャリアを手助けしてくれた。

マーケットメーカーとしてのトレーディングにおける成長の過程でたえず補助と励ましを与えてくれた家族に感謝したい。その支えについてもお礼を言いたい。

トレーダーとして乗り出したばかりの時期に指導と訓練をしてくれたことについてジョン・マルヘレンに感謝したい。デビッド・シュルマンとレニー・デステファノもその時期に私を支えてくれた。その支援について感謝の意を示したい。

マグローヒル社のステファン・アイザック、ジェフリー・クレイムズ、フィリップ・ラペルに対して、本書の最初の段階から与えてくれた支援と確信について感謝したい。彼らの職業意識と才能は出版業界のなかでも第一級のものである。

トレーディング世界における支援と支えについてポール・ブラッコ、トミー・クロカモ、ジョン・プロコピオン、ジョセフィン・シシリアーノ、スティーブ・サスロー、ロニー・コメルチェロ、ダニエル・アスランダーに感謝したい。

ブラス・ユーティリティーズのCTSチャーツおよびQMSシステムズに対して、本書を通してそのチャートとナスダックのレベルⅢの画

面の記載を許可してくれたことについて感謝したい。

　R・アーロン・メールマン、ミヤザキ・トヨタロウ先生、ダリン・ジリオ、ジョン・プロコピオン、アンソニー・トリカリオ、カール・アシュモウエーに対して、これまでの専門的助言と指導について感謝したい。

　たえず補助と励ましを与えてくれた両親のゲリーとショシャンナ、および家族のメリッサ、エイブラム、アダム、ダニー、ゾー、レミー、リー、ジョン、フレッド、レジーナ、エイビーに感謝したい。それがなければ本書は完成しなかっただろう。

第1部

リスク管理
RISK CONTROL

第1章 デイトレーダーとして成功するための資金管理

MANAGING MONEY TO SUCCEED AS A DAY TRADER

　大学を卒業したエイビー・レビチャックはデイトレードで大金を稼ぐ意欲に燃えていた。よく聞くうわさでは、「SOES（ナスダックの小口注文自動執行システム）の盗賊」と呼ばれる専門デイトレーダーたちは何度も売買を繰り返して1日に何千ドルも稼いでいるらしい。レビチャックはインターネット株の取引で1日に2回値動きをとらえれば十分と考えていた。そうすれば1日に5～10ポイント、1000株単位の取引なら5000～1万ドルは稼げるはずだった。

　レビチャックはブロード街のブローカーに行って、バルミツバー（ユダヤ教の13歳の成人式）でもらった2万5000ドルと祖父から借りた2万5000ドルで口座を開いた。4倍のレバレッジが可能だったので、この5万ドルで最高20万ドルまでのポジションをとれた。これだけあればヤフー、Eベイ、アマゾンなどの値がさ株のインターネット銘柄の取引にも不自由しないはずだった。

　取引初日、レビチャックはEベイを1000株買って短時間で4000ドルの含み益となった。だがその後、株価が下落に転じ、あっという間に3000ドルの損失に変わった――7000ドル分も下落したのだ。レビチャックは損切りの代わりに「ナンピン」をしてさらに1000株買った。だがEベイはさらに6ポイント下げ、わずか2

時間足らずの間に元手の30％に当たる１万5000ドルを失っていた。これ以上の痛みには耐えられないと感じた彼は2000株すべてを売った。それがちょうど底だった。３週間の間に５万ドルはすっかり消えてなくなった。それだけでなく、ブローカーに3000ドルの借金ができていた。レビチャックがリスク管理の原則を理解していたら、成功のチャンスは大幅に高まっていたに違いない。

　リスク管理はすべてのトレーダーにとって市場で生き残るための基本だ。トレーダーが制御できる市場の数少ない側面のひとつでもある。初心者のトレーダーが犯す一番多い誤りは大きすぎるポジションをとったときのリスク管理を無視することだ。初心者は過剰な期待から１回の売買でポートフォリオの50〜100％を投入してしまう。むやみに大きなポジションをとるのはトレーディングとは言わない——ギャンブルと言う。トレードの成功は着実な利益の積み重ねと、慎重な資金管理を通じて時間をかけて勝ち取るものなのだ。

　大きすぎるポジションのトレードは大幅な損失につながることが少なくない。初心者のトレーダーが短期間で破綻する最大の原因だ。ポジションが大きくなると強欲や恐怖の感情がそれだけ強くなる。過大なポジションのために損益が激しく上下すると、初心者はたいてい規律を失い、独断や感情に任せてトレードするようになる。額が大きいので損失を受け入れることが困難になる反面、ポジションが大きすぎるために利益を膨らませるゆとりがなくなる。その結果、少しでも利益が出ると確定してしまい、損が膨らむのを放置してしまう。成功の必須条件の逆を行ってしまうのだ。

余裕資金だけを使ってトレード

　孫子の言葉によれば、「どんな戦いも戦う前に勝敗が決まっている」。

つまり、戦う前に入念な計画と準備によって勝利が確実になる態勢を整えなければならない。戦いが始まった時点では、事前の計画のおかげで敵はすでに打ち負かされている（『孫子』）。同じ方法はトレーディングにも適用できる。トレーダーはトレーディングに取りかかる前に損失の影響の大幅な縮小によって勝利が保証されるような態勢を整えておかなければならない。

　生き残りを賭けてトレードに臨むと感情の落とし穴に落ちる危険が非常に高くなる。最高に成功したトレーダーはお金のことをほぼ完全に無視してきた。お金を稼ぐ必要に迫られると結果にこだわることになる。このこだわりによって恐怖が拡大され現実がゆがめられるために、どうしても意思決定に悪影響が及ぶからだ。

　トレーダーは最高の結果を思い描く前に最悪のシナリオを平気で受け入れられるようになっていなければならない。最高に成功したトレーダーは全額失っても平気な気持ちでいられた。逆説的なことだが、そう考えることで安心感が得られるからだ。

　あなたはどれだけの金額を失うゆとりがあるのかを決定しておく必要がある。トレードに投入する資金は二度と戻ってこなくてもよいものでなければならない。本格的なデイトレーダーになるための資金投入を決定する前に、以上の問題を慎重に考えておく必要がある。

小さいことは大きいこと

　ポジションに関係する財務管理の重要性はどんなに強調しても強調しすぎることはない。長年成功を重ねてきた熟練したトレーダーが「金額的に安心できる水準を超えたポジションをとるな」という最も古く最も重要な資金管理の原則を無視したために、破綻した話はウォール街に無数にころがっている。

　トレードでは、短期間で儲けたいという衝動は常にあなたの足を引

っ張る。この衝動を克服しないとひどくつらい教訓を学ぶことになる。トレードで成功するためには、大きなポジションでホームランをかっ飛ばすよりも着実な資金の保全によって生き残ることが何よりも肝心だ。自分のリスク特性に合ったポジションをとるためには厳格な規律と注意深い準備が欠かせない。ポジションが小さければ、含み益の乗っているポジションの増し玉や、損切り、利食いにあたっても機敏なトレードが可能になる。

ポジションの適正規模と高い収益性との間には直接の関係がある。トレーディングでは、損失は避けられない。だがポジションが小さければ損失が少なく、回復が速く、感情的な執着心も小さくてすむ。ここで大事なのは感情的な執着心だ。トレーダーにとって、リスクをとれる資金能力に応じて居心地の良いポジションサイズの範囲が決まっているものだ。ポジションが大きすぎるトレードでは平常心が失われ、しっかりした規律を維持する能力に悪影響が及びかねない。

居心地の良いポジションが2500株付近のトレーダーが１万株買うのはどんな理由からだろうか。強欲、資金管理方法の理解不足、間違ったトレード戦術、自己顕示欲、非現実的な期待など、さまざまな理由によってトレーダーは過大なポジションをとる。

大きな損失は大きなポジションから生まれる。損失を取り返すには、スリッページ、時間的要素、手数料などのため、より大きな利益が必要となる。

トレーダーにとって小さな穴よりも大きな穴のほうがずっと脱出が難しい。１カ月に６％ほどの損失ならば、自信も買い付け余力も揺らがない可能性が高い。有能なトレーダーは適正な損失を恐れない。その状況に耐えて損失分やそれ以上を取り戻せることを確信しているからだ。

だが１カ月で50％を失ったとすれば、自信と安定性を取り戻すのが非常に難しい。大きな損失は心を傷つけ、その後はびくつきながらト

レードするようになる。

　常に均一のサイズのポジションでトレードをしていないと、飛び抜けて大きい損失を取り戻すのが一層難しくなる。大きなポジションで失った損失分を取り返すだけでなく、スプレッドや手数料の分も穴埋めすることが必要になるからだ。過大なポジションが原因でめったにない損失を被ったトレーダーの多くは、それを取り戻すにはもう一度大きなポジションをとるしかないと考える。その場合、絶望感からくる心理的重荷を背負ってトレードすることを余儀なくされる。その結果、リスク特性が危機にさらされ、最良の防御手段が失われる。

適正規模のポジションでトレード

　株価の水準は銘柄ごとに異なるためそれに合わせてトレードのポジションサイズを変える必要がある。株価の水準が異なれば変動率の大きさが違ってくる。10ドルの銘柄と100ドルの銘柄を同じポジションサイズで保有していた場合、1ポイントの株価変動がポートフォリオの損益額に与える影響はどちらも同じだ。しかし、比率という点では大きく異なる。10ドルの銘柄が1ポイント動けば10％の価格変動が生じる。だが100ドルの銘柄では1％にすぎない。10％に比べて1％の株価変動は統計上の有意性が低く、したがってずっと頻繁に発生する可能性が高い。以上のことから、トレーダーがよく行っているように株価の水準の大きな違いを無視して銘柄のポジションサイズをそろえるのは妥当とはいえない。

　10ドルの銘柄が1ポイント動く変動率は、100ドルの銘柄が10ポイント動く変動率に等しい。ポジションサイズが同じであれば、10ドルの銘柄では同じポイントの変動によって10倍の金額の影響がポートフォリオに及ぶことになり、リスク配分のバランスがとれなくなる。ポジションサイズはトレードする銘柄の株価に従って調整する必要があ

り、株価の変動率が同じならポートフォリオの損益に対する影響も同じになるようにしなければならない（ジャック・シュワッガー著『テクニカル・アナリシス・オブ・ストックス・アンド・コモディティーズ［Technical Analysis of Stocks and Commodities］』）。

２％ルール

　リスク管理の原則のひとつとして２％ルールというものがある。このルールは、個々のトレードでポートフォリオ全体の２％を超える損失を出すことを禁じる（２％には手数料やスリッページの費用を含めることが望ましい）。言い換えれば、１回のトレードで許容される損失はポートフォリオの２％までということだ。このルールを間違って解釈して、１回のトレードにトレード資金全体の２％しか投入できないと考えている人がいるが、そうではない。２％ルールはトレーダーの損失を限定して資金を保全することを目的としている。このルールでは具体的な数字が示されているため強力な保険となる。トレーダーは売買を始める前に損失の限度額をはっきり意識することになる。この原則を適用することで、何回失敗してもそれを乗り越えて次の日にトレードすることが可能となる。

　１回当たりの損失を２％に限定するためには概して比較的小さなポジションのトレードを要求される。多くの初心者トレーダーは、ポジションが大きいほど成果も大きく、多大な利益を上げて月収を増やせると考えてこのルールを顧みない。これほど的外れなことはない。初心者は多額の損益を受け入れる許容度がまだ低いため、大きなポジションをとるとたいていは普通よりも速く資金を失う結果となる。利が乗った場合には概して判断の正しさに浮かれて、あわてて利益を確定してしまう。逆に、判断を間違えると、その痛手を受け入れるのを渋って損失を長い間放置しがちになる。

トレーダーが自分は勝てると考えて、前もって損失限度額を決めないままポジションをとってしまうのは珍しいことではない。その場合、トレードが逆行すると、手仕舞いの戦略がないためにたいていは感情や金銭的苦痛に突き動かされてポジションを解消する結果に終わる。トレーダーは自信を失うことなく損失を受け入れられるようになることを目標にしなければならない。この目標を達成するには、保険金支払いの計画を立てるのと同じように、トレードの**前**に損失の計画を立てて準備しておくことが必要となる。

　２％ルールが重要なのは、トレーダーの成功が必ずしも勝利したトレードの回数に対応していないからだ。ウォール街で最大級の成功を収めたトレーダーのなかには取引のわずか20％で利益の最大80％を稼ぎ出した者がいる。つまり、取引のほとんどは大きな利益を生み出さなかったわけだ。彼らがトレーダーとして利益を上げられるのは、損失を直ちに受け入れることによってしっかり管理し、損失を無視したり取り戻そうと試みたりしないことを身につけたからだ。優秀なトレーダーは常に損失のコントロールを念頭に置いている。損失をコントロールできれば成功が見込まれるトレードに心おきなく集中して利を伸ばすことが可能となる。

　個々の損失をポートフォリオの２％以下に抑えることによって損益なしや利益の出るトレードの確率が高くなる。損失がしっかり管理されているかぎり、そうしたトレードによってやがて収益力が増していく。２％ルールは特に初心者トレーダーにとって有益だ。売買の回数が増えるにつれて成功の確率も高くなっていく。初心者は２％ルールによって生き延びる期間が長くなり、その間に自分の過ちから学ぶ機会が得られる。

　１カ月に許される最大の損失は６～８％と考えるべきだ。２％の損失が４回続いたらその月のトレードは中止して問題の原因を突き止めるのがよい。常に月が変わればまた新しく始めることができる。損失

が続いたあとに休みをとれば自信回復の機会となり有益な効果がある。トレードの小休止はバスケットボールで失点を重ねたときのタイムアウトに似ている。タイムアウトは、リードした敵方の勢いにブレーキをかけ、激励や息抜きによって味方チームの自信を回復させるのに役立つ。トレードを始めても自信がぐらついているときはその日の売買をやめて、翌日に期待するのがよい。自分自身の能力と行動に対する自信が何よりも強力な味方となるのだ。

信用取引でわれを忘れる

　買い付け余力を高めるために信用取引を利用するのは許される方法であり、今日では大部分のデイトレーダーが実践している。ただし、信用取引のリスクを十分に自覚したうえで利用することにした場合には、強化された買い付け余力の効果的な活用法を身につける必要がある。信用取引でレバレッジを過剰に利かすことは危険なゲームになる。1999年春から夏にかけてインターネット関連株が急落したときはデイトレーダーや投資家への追証が大量に発生した。信用取引には高リスクが伴うため慎重な計画とより厳格なストップロス基準が必要になる。多くの投資家がレバレッジの利用に関する固有のリスクに気づいていない。そうした投資家は信用取引に近づくべきではない。レバレッジを大きく利かしたポジションをとって相場が裏目に出ると、たいていは最悪の時点で手仕舞うことを余儀なくされる。

　ウォール街で最も聡明で最も尊敬されたトレーダーでさえ過剰な信用取引の危険にさらされることがある。1997年の世界金融市場の苦境のなかで、ヘッジファンドのLTCM（ロングターム・キャピタル・マネジメント）は高リスクの取引で23億ドルの損失を出し、破産が迫っていると発表した。ファンドの設立者であるジョン・メリウェザーやそのパートナーのノーベル経済学賞受賞者マイロン・ショールズとロ

バート・マートンは驚くほど高水準のレバレッジを使って取引していた。時には20倍の倍率で巨大なポジションをとることもあった。債券ファンドでスプレッドのショートとロングを組み合わせてリスクの分散化を図ったものの、結局は膨れ上がった信用取引が致命傷となった。LTCMが用いたレバレッジの規模は株式トレーダーがわずか5000ドルの資金で10万ドルの株式を買ったのに等しいものだった。それほどのレバレッジ倍率だと、ほんのわずかな価格変動で簡単にトレーダーは破綻してしまう。

1999年8月9日に北米証券管理協会が発表した報告書は、ブローカーがデイトレーダーに対して、追証に応じるためにほかのトレーダーから借金するよう求めることがいずれまれではなくなると警告した。そうした行為は最も基本的なリスク管理実務に逆行するもので、いかなることがあっても避けなければならない。それは、トレーダーが資金的に絶望的状態にあり、破綻が間近に迫っていることを示す明瞭なシグナルなのだ。

信用取引を行うと決めた場合には、元になる手持ち資金の金額に焦点を合わせた厳格なリスクコントロール基準に従わなければならない。5万ドルの手持ち資金で信用取引のレバレッジを利用する場合、リスクの基準は用いている買い付け余力ではなく、原資金の5万ドルを基礎とすべきだ。2％ルールを適用するとき、許容される最大損失はひとつのポジションにつき1000ドルということになる。

デイトレードで成功するにはまず何よりも生き延びなければならない。デイトレーダーの生き延びる能力は資金管理方法に左右される。自分の資金を適切に管理できれば、どんな事業でも必要な貴重なリスク保険を手に入れたことになる。トレーディングでリスクを管理する最良の方法は損失を管理することだ。1回のポジションで許容される損失限度額を決定すべきであり、具体的には原資金の2％を超えない

ようにしなければならない。

　最初のころは、1回当たりの損失を2％以下に抑えるためには、多くの場合、小さめのポジションでトレードする必要がある。小さなポジションでのトレードは執着心が抑えられ、損切りが素早く容易にできるために優れた威力を発揮する。トレーディングで成功する秘訣はポジションに対する感情的執着心をできるかぎり抑えることだ。トレードでどうしても稼ぐ必要があると、結果への執着心が強くなり、それが意思決定プロセスに悪影響を与える公算が大きくなる。失ってもかまわない資金だけを使ってトレードすれば執着心が最小限に抑えられ、より良い成果が期待できる。

　トレーディングで成功するにはリスクコントロールが不可欠の要素となる。リスクの基準が不適切な場合、最も熟練したトレーダーでさえ破綻しかねない。トレーダーは期待を管理し、エクスポージャーを制御することを学ばなければ、ビジネスを続けることができない。リスク要因を検討する際はポジションサイズの重要性を肝に銘じるべきだ。資金力と比べて大きすぎるポジションをとってトレードしてはならない。そうした誘惑はいつも心につきまとうが、規律を通じてその衝動を管理できなければトレードの成功はおぼつかない。大きなポジションからスタートしてあとで後悔するよりは、小さなポジションから始めて次第に大きくしていくほうが常に勝っている。次の古い格言を頭に入れておくとよい。

規律の重さは数オンス、後悔の重さは数トン。

第2章 5つのステップで適切なポジションサイズを決定

FIVE STEPS TO DETERMINE THE PROPER POSITION SIZE

　トレーディングを続けることが成功への第一歩だ。特に初心者の場合、生き残ることで学習と進歩が可能になる。どんなトレーダーにとっても、生き残って次の日もトレードすることが最も基本的で重要な目標となる。簡単と思われるかもしれないが、この重要さはいくら強調してもしたりない。トレードの結果はトレーダーの意のままにならない。どれだけの損失を被るかは予測できない。損失を管理することだけが、トレーダーの唯一の安全手段となる。この安全手段がないと、大災害に襲われかねない。

　最大損失2％のリスク特性を維持するという方法では、あらかじめ適切なポジションサイズを決定しておくことが必要になる。この決定は5つの単純なステップから成る。毎日のトレードの前にきちんとこのステップを踏んでおかねばならない。

ステップ1──1ポジション当たりの資金の決定

　最初のステップは1ポジション当たりの最大資金額、つまり1トレードに投入する最大額を決定することだ。この金額は口座の資金総額を、予定するポジション数で割ることで算出される。例えば、トレードに使うリスク資金が10万ドルで予定のポジション数が4とすれば、

以下のように各ポジションに等しい金額を配分する。

１ポジション当たりの資金＝リスク資金÷ポジション数
リスク資金＝10万ドル
ポジション数＝４
１ポジション当たりの資金＝10万ドル÷４＝２万5000ドル

１ポジションに対して投入可能な最大資金額は２万5000ドルとなる。

ステップ２──１ポジション当たりの最大株数の計算

　各ポジションに資金を配分したら、次のステップは売買する各ポジションの株数の計算だ。そのために、１ポジション当たりのリスク資金（この例では２万5000ドル）を株価で割る。売買したい銘柄が４種類あって、株価が100ドル、50ドル、25ドル、10ドルだとすれば、計算は次のようになる。

１ポジション当たりの最大株数＝１ポジション当たりの資金÷株価
１ポジション当たりの資金＝２万5000ドル
株価＝100ドル、50ドル、25ドル、10ドル
１ポジション当たりの最大株数＝２万5000ドル÷100ドル＝250株
　　　　　　　　　　　　　　＝２万5000ドル÷50ドル＝500株
　　　　　　　　　　　　　　＝２万5000ドル÷25ドル＝1000株
　　　　　　　　　　　　　　＝２万5000ドル÷10ドル＝2500株

　これらの数値が、１ポジション当たりの買い付け余力を考慮したときの最大株数となる。

ステップ3――1トレード当たり2％のリスク金額の決定

1トレードで失うことが許される最大金額を決定するためには、1ポジション当たりの資金に2％を掛ける。この例では資金額は2万5000ドルだから、計算は次のようになる。

最大リスク金額＝0.02×1ポジション当たりの資金
1ポジション当たりの資金＝2万5000ドル
最大リスク金額＝0.02×2万5000ドル＝500ドル

この例では、1ポジションへの資金配分を踏まえると1トレードで失うことのできる最大額は500ドルとなる。別の例として、トレード資金が10万ドルで2つのポジションをとりたいと思ったとすれば、以下のように1トレード当たりのリスク金額は1000ドルとなる。

1ポジション当たりの資金＝リスク資金÷ポジション数
リスク資金＝10万ドル
ポジション数＝2
1ポジション当たりの資金＝10万ドル÷2＝5万ドル
最大リスク金額＝0.02×1ポジション当たりの資金
1ポジション当たりの資金＝5万ドル
最大リスク金額＝0.02×5万ドル＝1000ドル

ステップ4――ストップロス水準の決定

さまざまなストップロス戦略が第3章で詳しく説明されている。ここではとりあえず、最初の仕掛け時にストップロス水準を決定すると

仮定する。ストップロスの手仕舞い水準は株価の違いで大きく異なってくる。現在の例で見れば、100ドルの株での1ポイントの変動（1％）は、10ドルの株での1ポイントの変動（10％）よりも変動率が小さい。値がさ株では緩やかなストップ、低位株ではきつめにストップを置くのが賢明と言える。これまでの計算をもとにして低位株の銘柄で1ポイントのリスクをとるとする。25ドルの銘柄を例として使い、現在の気配値が25－25 1/8ドルだとすれば、ロングの側が1ポイントのリスクでトレードするときは24ドルがストップロスの水準となる。

仕掛けと手仕舞いのスリッページに関しては、流動性、ボラティリティ、技術、市場環境、執行手段など、多くのさまざまな要素が注文執行に絡むため（第13章参照）、その調整が難しいことがある。どんな場合でも手仕舞い時の不利な執行に備える余地を十分に設けておくのがよい。最悪に備えておいて最高の結果になればそれを喜ぶ、というのが常に賢明と言えよう。この例では売買の往復スリッページとして余分に1/4ポイントを見込んでおくことにする。

ストップロスのリスク＝現在の買い気配値－手仕舞い水準＋スリッページ

現在の買い気配値＝25ドル
手仕舞い水準＝24ドル
スリッページ＝1/4
ストップロス水準＝25ドル－24ドル＋1/4＝1 1/4ポイント

ステップ5──最大ポジションサイズの計算

2％の最大リスク金額とストップロス水準が決まれば最大のポジションサイズを計算できる。

最大のポジションサイズ＝１トレード当たり２％の最大リスク金額÷
　　　　　　　　　１トレード当たりのストップロス水準
１トレード当たり２％の最大リスク金額＝500ドル
ストップロス水準＝１ 1/4ポイント
最大のポジションサイズ＝500ドル÷１ 1/4ポイント＝400株

　１回のトレードに２万5000ドルを配分し、リスクが１ 1/4ポイントと想定される銘柄を選んだとすれば、最大のポジションサイズは400株となる。株価が25ドルならば買い付け余力のうち１万ドル（25ドル×400株＝１万ドル）だけを使用することになるが、１ 1/4ポイントのストップロス水準と500ドルの最大許容損失額をもとにすればこれが妥当だ。この例では、25ドルの銘柄に１万ドルの買い付け余力しか使っていないので、浮いた１万5000ドルの資金は別のポジションに配分する。
　ステップ２が資金配分を踏まえた最大のポジションの指針となる。

１ポジション当たりの最大株数
　　２万5000ドル÷100ドル＝250株
　　２万5000ドル÷50ドル＝500株
　　２万5000ドル÷25ドル＝1000株
　　２万5000ドル÷10ドル＝2500株

　資金配分額からすれば25ドルの銘柄の最大ポジションサイズは1000株になるが、それを目いっぱい売買することはできない。というのは、１ 1/4ポイントのストップロスで許容される損失が最大損失リスク許容額の500ドルを超えてしまうからだ。一方、同じ１ 1/4ポイントのストップロスのリスク特性を持つ100ドルの銘柄を選んだとすれば、最大ポジションサイズは250株になる。これが２万5000ドルの資金配分

で買える最大株数だからだ。

　値がさ株では通常緩やかなストップが必要になる。100ドルの銘柄はスリッページやボラティリティが大きいため、ストップロス水準を幅広くとることになるだろう。100ドルの銘柄を250株保有した場合には、最大のストップロス水準として2ポイントが考えられる。

　トレードに先立って慎重にリスク管理の準備をしておけば、結果は必ず対処可能なものとなる。適切なポジションサイズのトレードは初心者のトレーダーにとってもプロのトレーダーにとっても非常に重要なことだ。適切なポジションサイズは、ひとつのポジションで許容される損失をあらかじめ計算しておくことによって決定される。損失額が決まれば、当初のストップロス水準と株価をもとにしてポジションサイズを算定できる。

第3章 損失管理のメリット

PROFIT BY MANAGING LOSS

　トレードで損しても何の問題もない。それどころか、トレーダーがトレードの損失というものに慣れる唯一の方法は、ほとんど無意識のうちに損切りする規律を身につけながら何度も損を経験することなのだ。最大級の利益を上げるトレーダーのなかには正しい判断の回数が間違った判断の回数をわずかしか上回っていない人がいる。トップクラスの成功を収めたトレーダーは損失をゲームの一部として受け入れ、損失に切り捨てられるよりも損失を切り捨てる力を伸ばしている。損切りによって、負ける株よりも勝てる株に集中できるようになる。

　　本質とは個々の失敗にとらわれない心の内部の平静である──禅の格言

ストップロスを使って勝利する方法

　トレードに着手するときは、トレードの失敗に備えたストップロスによる手仕舞い戦略を持つ適切なゲームプラン計画を必ず立てるようにする。ストップロスは株式が見込みどおり動かなかったときの唯一の保険になる。株価が最初に決めたストップロス水準まで達したら、**何も考えずに損切りをするのが肝心だ**。

NYSE（ニューヨーク証券取引所）の上場銘柄はプロテクティブストップの注文が出せる。しかし、ナスダックのマーケットメーカーはほとんどがストップロス注文を受け付けないので、トレーダーは頭のなかで、あるいは紙に書き留めながらストップロス水準を追わなければならない。ストップロスに引っかかったあとで株価が反転することもあるが、長期的にはまったく何の影響もないことを心に銘じておくとよい。

　損失管理はリスクコントロールのすべてだ。適切に損するには、精神力や規律、決断力が必要になる。トレードの着手前にストップの位置を決める厳格なコントロールが欠かせない。トレーディング前にストップの位置を決めるということは、リターン追求前にリスクを考えていることを意味する。トレーディングを続ける唯一の方法は資金を維持することだ。前もって決めたストップの位置を動かさないことが資金維持につながる。

　ストップ注文を置いたら変更してはならない。変更は、トレードが裏目に出たときの裁量の余地を広げることになる。裏目に出た理由は問題にならない。トレーダーはいつも損失の正当化や言い訳を見つけられる。だが、株価の動きによって現実が変わることはない。ストップによって自分のポジションが間違っていたことを知るのが早ければ早いほど、その後の展開が楽になる。類推を使えば、多肢選択の問題では最初に選んだ答えが正解であることが多い。統計によれば、あとで考え直して答えを変えるとたいていは間違える。ストップを動かしたり無視したりするのはテストの考え直しに似ている――ストップロスの最初の選択が恐らくは正解であり、それを変えてはならない。

　ストップの設定には各種の戦略がある。大半のトレーダーは実践のなかで好みに基づいて自分自身のストップロス戦略を作り上げていく。

最初のストップロス

　最初のストップロスは多くのさまざまな水準に置くことができる。ポジションをとった理由次第では、最初のストップロスが当初の思考プロセスを維持する役目を果たす。トレードを始めたらすぐにストップロスを置かなければならない。テクニカルな観点から見てさまざまなストップの設定水準があるが、長期のポジションでは一般的なめどとして前日の安値の1/8ポイント下に最初のストップロスを置く。短期のポジションでは前日の高値の1/8ポイント上に置く。最初のストップロスを決めなければ、第2章で述べたような適切なポジションサイズを算定するステップに入ることができない。

　前日の安値と前日の高値は日中の支持線と抵抗線を示す最初のテクニカルな価格水準に相当する。前日の安値や前日の高値は強気派や弱気派が株価を動かした最も遠い価格帯で、それをブレイクすると方向が変わる。そうした価格レンジを上下に少し超えたあたりにストップが集中する傾向がある。前日の高値や前日の安値を超えるとストップが発動され、その後は抵抗を受けずに株価の勢いが増すことが多い。例えば、デルの買い気配値が40ドルで前日の安値が38 1/2ドルだとすれば、プロテクティブストップロス注文は38 3/8ドルに置くのがよい。

ブレークイーブンストップロス

　最初のストップロスの次に使うのはブレークイーブンストップロスだ。ポジションをとったあとの最初のストップロスに引っかからなかったら、次の目標は当然、利益が生み出されつつあるときに使う優れた出口戦略に向かうことになる。利が乗っているトレードを手仕舞うための最初のステップは、エントリーポイント（仕掛け値）の位置にストップロス注文を移動することによって利益を確保することだ。

ブレークイーブンストップは言ってみれば市場の尻尾にただ乗りしているようなもので、最悪のシナリオでも売買委託手数料以外は何も失うものがない。ストップロスをきつくすることで、当初の目標を達成する見込みがまだあるのに途中ではじき出される可能性が高くなる。だがそのポジションへはいつでも復帰できる。ブレークイーブンストップロスを設けることで心の平安と平静が得られる。トレードが順調に進み、ブレークイーブンストップロスが置かれると、ほとんどか、あるいはまったく負担のない収益機会が作り出される。

　ストップロスをブレークイーブン水準に引き上げる最適の時期は個々のトレーディングスタイルによって異なる。ブレークイーブンポイントへストップを置くときに有効と思われる指針は1.5％以上の順行だ。この方法では、ポジションがエントリーポイントを最低1.5％超えたらストップロスを移動させる。例えば、デルを50ドルで買って最初のストップロスを49ドルに置いたとする。この場合、株価が50ドルを1.5％上回って50 3/4ドルになったら、ストップロスをエントリーポイントの50ドルに引き上げる。1.5％の調整という尺度が有用なのは幅広い株価に一律に適用できるからだ。低位株に関しては、少なくとも1/2ポイント値が動いてからストップロスをブレークイーブンに引き上げることを勧める。例えば、25ドルの銘柄の1.5％の変動は約3/8ポイントになる。この場合はまず1/2ポイント以上動くのを待ってブレークイーブンストップロスを使うようにする。

　1.5％のブレークイーブンパラメーターは、各トレーダーの個人的スタイルや居心地の良い水準に応じて柔軟に使うことが想定されている。トレーダーによっては株価が望みどおりの方向に3/8ポイント動いたら、すぐにブレークイーブンの位置にストップを引き上げるかもしれない。別のトレーダーは最低１ドル以上動くのを待つかもしれない。どのあたりが適切かいろいろ試したうえで、この方法の心理的メリットを活用しよう。

トレーリングストップロス

　株価が1日中、方向感なく推移した場合、つまり1.5％のブレークイーブンストップロスの壁も超えられず、かといって最初のストップロスポイントも割り込まなかったときはトレーリングストップが必要になる。トレーリングストップとは、その日の値動きを考慮に入れて取引終了後に行う最初のストップ位置の調整のことをいう。最初のストップロスが前日の終値よりも1/8ポイント低い水準に置かれたとすれば、トレーリングストップを当日の終値の1/8ポイント下に移す。50ドルで買ったデルが49 1/4～50 1/2ドルのレンジで推移したとする。日中のデルは最初のストップロスである48 3/4ドルを割り込まず、1.5％水準の51 3/4ドルも突破しなかった。この場合、改めてストップロスを当日の終値の1/8ドル下の49 1/8ドルに引き上げる。上述のように、ストップではじき出されたとしても、そのトレードにまだ可能性があると考えられるならば、いつでも仕掛け直せる。はっきりした頭で何事にもこだわらずポジションを再検討できることが常に望ましい。はじき出されたあとも依然そのポジションが良いと思うのなら、その戦略は健全で客観的な理由に基づいていると言えるだろう。

利益確保のストップ

　別の種類のストップロスとして利益を守るためのストップがある。これは、ポジションが順行し、1.5％のブレークイーブンストップロスの水準を最低1/2ポイント超えたときに使用する。この時点ではブレークイーブンストップロスが置かれているが、今や含み益の一部を保全すべき時期に来ている。そのため、1.5％のブレークイーブンストップ・バリヤーの下1/2ポイントに利益確定のストップを置く。デルの例で言えば、50ドルで買って株価が51 1/4ドルになったときに、

ブレークイーブンストップを50ドルから50 3/4ドルに引き上げる。51 1/4ドルは1.5％のブレークイーブンストップロスを置く水準を1/2ポイント上回った株価に相当する。

　ストップロス戦略を使って含み益の一部を確保するのは、値上がり益を失う心配をせずにトレードする効果的な方法だ。それによってトレーダーは確実な利益を失うことなくさらに長い期間、利益を膨らませることができる。利益の一部の確保に使うストップロスの水準は、トレーダーのスタイルや扱う銘柄の種類によって調整してもよい。積極的なトレーダーは利益を守るのにもっと緩やかなストップを使うだろうし、消極的なトレーダーはよりきついストップを使うだろう。

　ストップを置くとき、安心できる水準を探り出すには実践と規律が必要になる。それぞれの銘柄には個性があって、1日を通して異なる動きを見せる。ある銘柄はすぐに上昇してはまた下落し、別の銘柄は着実にじりじりと上昇する。トレードする銘柄に慣れるにつれて、より効果的にストップを置くことができるようになる。

　ストップロス注文は防御的な手段で、完璧なものではない。市場の力が強いときは、株価がストップのポイントを通りすぎて予想を上回る損失をもたらすこともある。それでもストップはトレーダーにとって最も効果的な形の保険だ。優れたトレーダーはストップに引っかかると、何も考えずにすぐさまポジションを解消することを身につけている。明日はまた別の日であり、別のチャンスが待っていることを理解している。トレーダーはストップのおかげで力を抜くゆとりができ、ちゃぶつきや優柔不断による「感情的な」ポジションの手仕舞いを避けることができる。ストップはトレード前に決定を下すため、心の平安をもたらす。トレーダーにとっては、ストップロス注文を出しておくことでポジションの保有中に下すべき決断がひとつ減ることになる。措置を講じておき、前もって決めたストップによってポジションを手仕舞うことで、規律やゲームプランに対する自信が強まる。あらかじ

め定めたストップに必ず従うことを忘れてはならない。

流動性のある銘柄をトレードする

マーケットメーカーにとってもデイトレーダーにとっても、銘柄の流動性とボラティリティを適切に評価することが結果の成否を分ける。マーケットメーカーにとって特に難しい仕事は市場を適切に評価することだ。適切な評価とは、その時点の流動性とボラティリティを踏まえて、銘柄独自のリスクを正確に判断することだ。マーケットメーカーはたえず自己勘定でリスクを引き受けながら、より多くの注文を集めようとしている。そのために、インサイドマーケット（最高の買い気配値と最低の売り気配値）かそれに近い価格で株式を大口取引しようとする。その際、例えばアップルの現在のインサイドマーケットが53〜53 1/8ドルで1日の出来高が260万株だったとして、インサイドマーケットで何株の株式を売買するのが適切だろうか。インサイドマーケットから1/8ドル高い水準や安い水準で売るべき最大株数はどれくらいだろうか。買った株すべてを売り、空売りした株すべてを買い戻すまでにスリッページや価格変動があるとすれば、それはどんな種類のものだろうか。

過剰なポジションをとると、簡単に大損失を受ける可能性がある。マーケットメーカーが大口注文でリスクにさらされた場合、トレードの次の段階ではその注文を少額の利益や損失、あるいはトントンで売買することが目標となる。そうすれば先行リスクが取り除かれ、そのトレードの残り部分でたいていはリスクなしに利益を上げられるだろう。トレードに着手しようとしているデイトレーダーも、ポジションの仕掛けや手仕舞いまでにどれほどのスリッページが起きそうかを慎重に判断する必要がある。

マーケットメーカーの仕事のひとつは、オーテックス（Autex）と

呼ばれる電子システム（トムソン・ファイナンシャル・サービシズ社が所有）を通じて株式の売買意向のメッセージを広く知らせることだ。このメッセージは市場の取引開始前や取引中に送信され、各銘柄をいくらで売買する意向かを市場に通知することによって注文が集められる。ブローカーやトレーダーはそうしたメッセージを自由に見ることができ、関心があれば電話で連絡してくる。

　そうした売買意向のメッセージが注文に結びついた例を紹介しよう。ある日のこと、アップル・コンピュータが活発に取引され、その時点までの出来高は260万株に達していた。あるマーケットメーカーは取引への参加の機会をうかがっていたが、2万5000株や5万株といった大口の売り注文が出るなど取引は活況だった。彼は先行してリスクをとったうえで投資家の注文を集めるため、売値を提示することにした。そして買い113ドル、売り113 1/8ドルというアップルの気配値を考慮して、113 1/8ドルで10万株を売る「意向」を提示した。買い付けを求める機関投資家のトレーダーがこのメッセージを見て証券会社に電話をかけた。

　　「ジャック、君は113 1/8ドルでアップルを10万株売る『意向』を出したが、それを買うつもりだ。今その10万株を手に入れたあと、さらに10万株買いたい」

営業マンはそれをマーケットメーカーに伝えた。

　　「113 1/8ドルでアップルを10万株売る『意向』を出したが、それを買う。その後、成り行きで10万株手当てしたい」

　マーケットメーカーはこの時点で113 1/8ドルのオファーによりアップルを10万株空売りしている。この取引の成功は、売買意向の提示

にあたって下したアップルの流動性とボラティリティの判断にかかっている。今や市場にできるだけ影響を与えないで、空売りした株を買い戻すことが彼の目標となる。彼は少しずつ建値を変えながらできるだけたくさんアップルを買ってリスクを減らし、迅速にその口座に利益をもたらすつもりだ。

ポジションの分散化

　トレーダーはさまざまなポジションをとることで、市場リスクを最小化しつつ成功のチャンスを最大化することが可能になる。ウォール街のプロの投資家はたいてい一定セクター内でとるポジションを分散化させることで勝率を高める方法を追求している。分散化することで、セクターが予想どおりの方向に動いた場合、たいていはトレーダーが選んだほかの銘柄も同じ方向に動く確率が高くなる。
　ひとつのセクター内の個別株にリスクを分散化すると、各銘柄に固有のアルファ、つまり個別リスクが広く散らばる。市場のどんな株式も市場リスク（ベータ）と銘柄固有のリスク（アルファ）を持っている。株式の市場リスクとは市場全体の変動に従って動くことをいう。ポジションのベータリスクとは、市場全体が予想に反した方向に動いたとき買い持ちの銘柄もそれと同じように動くリスクを指す。ベータの大きさは銘柄によって異なり、それに応じて市場の変動に対するエクスポージャーも変わる。ベータが１の銘柄は市場と歩調を合わせて動くと想定される。つまり市場が２％上昇すると、その銘柄も平均して２％上昇する。銘柄のベータが２であれば、市場全体の変化率の２倍で上下する。つまり市場が２％上昇すれば４％上昇する。
　株式のアルファリスクとは各銘柄に固有の個別リスクをいう。そのなかには、その銘柄のみに関係するファンダメンタルズの報道など予測不能なリスクも含まれる。トレーダーは一定のセクターのなかから

数種の銘柄を選択することによって個別銘柄の不利な変動の可能性、つまりアルファリスクからポートフォリオを防御することができる。

　例えば、あるトレーダーがハードウエアセクターに強気の見通しを持っていたとする。その際、ひとつの銘柄に全資金を注ぎ込むのではなく、数種の銘柄に資金を配分して買い持ちするのがよい。5万ドルでIBMを買うのではなく、IBM、デル（DELL）、ヒューレット・パッカード（HWP）、コンパック（CPQ）、ゲートウェイ（GTW）を1万ドルずつ買うのだ。買う株数は各銘柄の株価によって変わってくる。この5銘柄はすべて連動している。この方法はバスケットトレーディングと呼ばれ、ポートフォリオのアルファリスク低減に役立つ（ベータリスクは低減されない）。バスケットトレーディングでは手数料やスプレッドの経費が増えるが、個別銘柄のリスクに保険をかけることができる。

　ベータリスクも減らそうとするトレーダーもいる。市場全体のリスクを減らすには、先物やオプションによるヘッジ、ペアトレーディング、セクター間の分散化、ロング対ショートの比率の変更などさまざまな方法がある。

　例えば、関連する銘柄のロングとショートのポジションをとる方法を考えてみる。ロングとショートのエクスポージャーの比率はその時点の基本的な市場トレンドのほか選択した個別株を考慮して決定することになる。市場が上昇トレンドにあると予想するときに市場全体のリスクを減らそうと思ったら、ロングとショートのエクスポージャーの比率を2対1とし、最低でも2対2を下回らないようにする。つまり2つのロングポジションに対して、少なくとも1つのショートポジションを保有する。

　特定業種のポートフォリオに悪影響を与えないようにする目的でロングとショートのエクスポージャーの比率をセクター間に拡張することができる。ロングとショートのポジションを同時にとってベータリ

スクを低減させる方法は、選択した異なるセクターが類似したベータを持つときにかぎり効果がある。例えば、ソフトウエアセクターを選好するが、ハードウエアセクターはそうでもないという状況で市場全体が上昇すると予想する場合には、2銘柄のハードウエア株をロング、1銘柄のソフトウエア株をショートとする戦略をとる。市場見通しがもっと中立的な場合には、ハードウエアセクターの2つのロングとソフトウエア株の2つのショートを組み合わせる。ハードウエアとソフトウエアの両セクターはベータが類似しているため、この戦略でベータリスクを減らすことができる。

ゲーム計画の堅持

　トレーダーにとって最も困難なことは計画を維持することだ。なぜこのことがそれほど困難かといえば、厳格な規律と結果に対する感情的な無関心が必要になるからだ。すべきことを知っているからといって、それが実行できるとは限らない。トレーディングには非常に多くの予測不能な要素や市場の要因が絡むため、最上級者のレベルでも災難やあいまいな考えが生じ得る。計画がしっかりしていれば市場要因に振り回されないための盾となる。
　経験豊富なトレーダーが損失を出す主な理由は自分自身のルールを破ることだ。自分のルールに反してトレーディング計画から逸脱する理由や口実は山ほどある。長期的に見れば理由は問題にならない。人は結局、言い訳の善し悪しではなく、結果によって判断される。さまざまな理由によっていろいろな方向に突き動かされる無秩序な状況では、ルールが成功を支える基盤となる。
　トレーディング計画は予測可能だ。どんな状況にも対処できる。雑音を取り除き、規律をうながしてくれる。トレーディング計画の立案と堅持には計り知れない価値があることを覚えておく必要がある。こ

の事実を自覚するだけでも自分の計画を堅持する動機となり得る。

　敗北に結びついている連想は非常に根が深いことがある。無価値や屈辱の感情は子供時代に植え付けられたことが多く、思いもよらない仕方で行動に影響する可能性がある。トレーディングでは損失は避けられない。最高のトレーダーは損しても動揺せず平静を保つ。熟練したトレーダーは損失を性格や専門能力の欠点とは考えない。むしろ、成功に向けた必要かつ重要なステップと位置づける。損失を恐れてはならない。考えることなく、直ちに損切りすべきだ。

第4章 金融の大混乱をもたらす心理戦

MIND GAMES THAT PROPAGATE FINANCIAL HAVOC

　トレーダーは心の迷いに誘われて市場の動きを主観的に解釈するワナにはまりやすい。人々はさまざまな形でストレスに反応する。デイトレードでは精神力が激しく消耗し、そのことで身体的エネルギーも必要となる。トレードの成功は、大金がかかっているときに素早い決断を下せる冷静な精神から生み出される。最高のトレーダーは過去を振り返らず、ストレスのかかった状況で客観的に決定を下すことができる。

　多くのトレーダーは主観的解釈と客観的解釈の中間を揺れ動いている。その原因は必要以上に結果やその影響にこだわることにある。例えば、負け癖がついたトレーダーは後ろ向きの心理状態になりやすいために思うような成果が上がらない。ひとつのことばかり考えていると実際にそうなりやすい。負け続けているとどうしても損失のことが頭から離れず、それがさらに損失を呼び込む。自分が望んだ結果を達成できなかったという事実の受け入れを拒んでいると破滅的な心理作用につながる。静かに損失を受け入れ自分をさいなむことがなければ、考え方が改善され、自分が望む方向に注意を集中できるようになる。それによって成功のチャンスが高まる。

避けるべきこと

避けるべきことを学んで負けないようになったときにはじめて、なすべきことを学んで勝てるようになる──（エドウィン・ルフェーブル著『欲望と幻想の市場──伝説の投機王リバモア』[東洋経済新報社]）

　トレードで成功するには活動と休止という２つの側面が必要となる。積極的に攻撃的活動を展開するのは勝つためのステップだ。活動では決定を下し、自分を危険にさらしながら、その決定に基づいて行動する。活動はポジションの仕掛けと手仕舞いの条件を定めた計画に基づいて実行すべきだ。活動はそこから利益を得る目的で何かを実行するために必要なアプローチだ。そしてすぐに着手することが必要となる。

　だが行動によって攻撃を仕掛けることは方程式の半分にすぎない。トレードの成功につながる等式のもう半分は休止、つまり消極的選択だ。休止とは負けないためにトレーディングを控えることをいう。保険を目的とした予防的な姿勢だ。一定の状況で活動を控えることは行動することより難しい場合がある。実際、退屈して面白いことを探しているときや稼ぐのに夢中になっているときに行動を我慢するのは非常に難しい。

　多くのトレーダーは常に市場でポジションをとっていなければならないという間違った考えを持っている。「ここはロングとショートのどちらなのか」という問いかけ方をする。もはやロングではないと感じたらショートを仕掛けなければならない（その逆も同様）と考えている。しかし、トレードしないこともひとつの意思決定なのだ。一部のトレーダーは、ある時点の銘柄や市場の趨勢に確信が持てないことがあるということを認めたがらない。だが、統計的に見てポジションをとらないことが長期的な勝利のチャンスを高めるという時期が存在

する。ロングとショートに加えて様子見という選択肢を考慮するようになれば、以前ほどの我慢や努力を要することなく投資機会を探せるようになる。

　デイトレードにおける休止の一例は理想的なエントリーポイントを超えて深追いしないということだ。多くの場合、深追いしないことで不必要な損失が避けられる。デイトレードでは仕掛けが方程式の決め手となっており、むやみに実行すべきではない。エントリーポイントを逃したら放っておくのがよい。何もしないのだ。深追いしてはならない。次の機会を待つべきだ。

　トレーダーはトレーディングの間中、自分が歩哨の任務に就いていると考えるべきだ。歩哨の任務は最も困難な軍務のひとつである。ほとんどの時間は何も起こらず非常に退屈になる。それにもかかわらず、どんなときも細かな点に対する入念な注意と集中力を欠かすことができない。タバコやコーヒーの休憩中に犯した1回の些細なミスが、自分だけでなく分隊全体の生死を分けることになりかねない。

　人の心は退屈を避けるためにはどんな苦労もいとわないものだ。だがトレーディングでは、退屈を避けようとする生まれつきの傾向がマイナスに作用することを自覚し、それを抑制しなければならない。

　一定の行動を避けることでトレーダーの命が守られ、予測不能な難局を免れることができる。防御的なトレーディングとは、損害や損失の原因となりかねない行動方針をとらないことを意味する。トレーディングにおける休止は防御的な運転法に似ている。そうしたテクニックでは、周囲を確認するまでレーン変更をしないとか、信号が変わりそうなときにスピードを上げないなど、事故を引き起こさないために避けるべきことを銘記することが必要となるからだ。

　成功を目指すトレーダーは、最初に負けない方法を学ばなければ勝つことができない。どんな活動を避けるべきかを知ることは、どんな活動をなすべきかを知ることと同じくらい重要である。

底値買い

　どんな株価も割安あるいは割高なことはない。ちょうど値ごろなのだ。先週、80ドルで取引されていた銘柄が今40ドルなら割安と感じるのが普通の考え方だ。だが、株価には過去や将来とはかかわりなく、現在の需給関係が反映されている。デイトレーダーの目的は長期的価値を分析することではなく、今日、利益を上げることにある。トレーディング日には必ず過去と将来を完全に無視して仕事にとりかからなければならない。現在のこの場がすべてなのだ。利益を上げる日は昨日でも明日でもなく、今日なのである。

　デイトレーダーは、安く買って高く売ることで利益を上げられると一瞬たりとも考えてはならない。これはデイトレードでは間違っている。底値買いや天井売りはお金を稼ぐ方法ではなく、失う方法なのだ。安く買ったり高く売ったりすることは底値買いや天井売りに相当し、すべてのトレーダーの敵となる。底値買いはトレーディングに対する誤った自信過剰のアプローチにすぎない。そこには、市場のコンセンサスに対抗しようとする当て推量が絡んでいる。底値買いの望みは放棄したほうがよい。

強気相場ではロングだけを考えてトレードする。弱気相場ではショートだけを考えてトレードする――（ウォール街の格言）

　この格言は単純すぎて本当とは思えないかもしれないが、トレンドの底や天井で仕掛けようとするベテランのトレーダーは財産を失うはめになる。底値買いや天井売りは居心地の良い正当な行動と感じられるかもしれない。だがトレーディングというゼロサム以下のゲームでは、居心地の良さや正当化は可能なかぎり避けるべき犠牲の大きいゴールなのだ。

大成功を収めるトレーダーは高く買ってさらに高く売ることによって、あるいは安く空売りしてさらに安く買い戻すことによって利益を上げる。市場は自分が進む方向を決めるとき、トレーダーの意見を考慮することはない。高く買ってさらに高く売る方法に従えば、非常に多くのトレーダーが巻き込まれている当て推量をほとんど排除できる。市場が進もうとする方向はいつも市場に示してもらうのがよい。市場がいつその動きをやめるのかを推測しようとしてはならない。**居心地の悪い行動、すなわち高いときに買い、安いときに売ることを実行できるようになるべきだ。**

ナンピンの神話

　トレーダーはどんなことがあってもナンピンをしてはいけない。ナンピンとは買値より下がった株をさらに買い増したり、元の売値より上がった株をさらに売り増すことをいう。ナンピンでは反転を期待して負け株の持ち高を増やすことになる。どんなときも「ナンピン」という言葉を聞いたら逃げ出すのがよい。「ナンピンするつもりだ」というのは実際には「自分が間違ったことを認めない」という意味の言い訳にすぎない。

　自分に不利な方向ではなく有利な方向に動いている株を買う、ということを忘れてはならない。目標はモメンタム（勢い）に沿ってトレードすることだ。損の出ているポジションに資金投入するというのはモメンタムに刃向かうことになる。ナンピンすると損失がたちまち雪だるま式に膨れ上がるおそれがある。負け株の増し玉はイラ立ちやヤケでサイコロを振るのに似ている。そもそも規律を保っていれば、負け株に資金を追加投入して損失が倍々で増えるのを見るという苦境に追いやられることはなかったのだ。

　負け株の増し玉は失敗した事業にさらに資金をつぎ込むようなもの

だ。その資金を勝ち株のために生かせばもっと良い結果を生み出せるだろう。ナンピンを行うと、少額の管理可能な損失がたちまち巨額の管理不能な損失に変わりかねない。単純なルールとして、どんな場合でもけっして負け株に資金を追加してはならない。

一か八か

　偉大なトレーダーは、確率が自分に有利かどうかの判断に基づく投機によって一貫して勝ち続けられることを繰り返し証明してきた。統計的に見て利益を上げられそうなリスク・リターンを発見し実行に移してきた。その成果は同じ戦略を一貫して追及したときの統計分布による確率計算に基づいている。初心者もプロのトレーダーもたいていは投機とギャンブルを混同している。

　投機は確率を基にしているが、ギャンブルは期待に基づいている。ギャンブルはゼロサム以下のゲームで、その結果は確率計算とは無縁だ。トレーダーがポジションを使ってギャンブルすることもあるし、ギャンブラーがカードをカウントし確率が有利なときだけプレーすることもある。投機とギャンブルの違いを知ったうえでトレードすれば、運任せのギャンブルではなく利益の出るトレーディングシナリオに従って繰り返し行動できるようになる。

　ギャンブルでは確率上有利な賭博場（胴元）が結局は儲けを手に入れる。ギャンブラーが勝ったとしても自分では理由を説明できず「ついていた」としか言えない。スリルを求めてトレードしているとすればギャンブルと言ってよい。ギャンブルでは計画や規律がないときでも勝負を強いられる。

　ギャンブルは病気であり依存症患者が大勢いる。ギャンブルはストレスやプレッシャーの大きい時代に大幅に増えると言われている。ギャンブラーはたいてい真の成功確率を知らず、あるいは気にもかけな

い。絶対的な正体不明の直感を頼りにする。米国には400万〜1600万人の常習的ギャンブラーがおり、多くのデイトレーダーがそのなかに含まれる。トレーディングのギャンブラーは長続きするとしても最低レベルの成績しか上げられない。たいていはメディアで騒がれている過熱セクターに手を出す。衝動的なギャンブル本能に操られて無分別に行動し、時にはすべてを賭けた破滅的な勝負に出る。ギャンブラーのなかには目の前の熱狂を見逃すことを恐れて、何が何でもトレードしてしまう者がいる。

　成功するトレーダーはギャンブラータイプとは対極点にいる。市場にスリルを求めることはない。明確な計画と秩序だった探索手順の準備を完全に整えてから仕掛ける。合理的なトレーダーは優れた規律を維持しているため、ギャンブラーによく見られる期待や退屈といった感情的偏りの影響を受けない。

ホームラン狙い

　トレードでホームランをかっ飛ばしたいと思うのは初心者の印だ。デイトレードで利益を上げる秘訣は一貫性にある。プロは着実に単打や二塁打を放って得点を稼ぎ、長期的に大きな成果を生み出す。統計的に見て、ある銘柄の注文を発注した途端に株価が大きく変動することはまずない。しょっちゅう急激に大変動する銘柄はリスク特性の詳しい調査が必要であり、小さなポジションで離れたところにストップロスを置かなければならない。

　単打や二塁打を重視するからといって利益を最大化できないわけではない。それは単にテクニック重視を意味するにすぎない。野球でバッターがホームランを打つのは普通の努力の結果ではない。同じことはトレードのホームランにも言える。ホームラン級のトレードは意識して狙うべきではない。有能なトレーダーはテクニックとリスクコン

トロールを重視しながら利益を積み重ね、自然に利益を伸ばそうとする。トレーディングをほかと同じようなビジネスとしてとらえ、希望に基づく考え方は最小限にとどめようとする。

ホームランにこだわるバッターはそのせいで注意がおろそかになり、かえって成績が落ちることが多い。優れたバッターは打席に入る前にまず正しいテクニックを思い浮かべる。姿勢や視線、グリップ、スイングやほかの細かな点の動きやテクニックに集中し、それが一貫性と好成績を生み出す。適切なテクニックはホームランにつながるが、ホームランが適切なテクニックにつながることはない。トレーディングの正しい手順の中軸は適切な方法を思い浮かべて実行することであり、大振りのスイングを狙うことではない。

トレーディングではホームラン狙いはいくつかの理由で破滅的だ。ひとつにはホームラン狙いが非現実的な期待の産物ということがある。非現実的な期待を持つと、望んだ出来事が起きる可能性は非常に低いため将来失望を味わう公算が大きい。大きな期待が満たされずに終わると、トレーダーはえてして失望やイラ立ちの感情を経験する。そうした感情は最適のトレーディング遂行の邪魔となり、自信喪失の悪循環につながりかねない。

ホームラン狙いが破滅的なもうひとつの理由は、オール・オア・ナッシングの考え方の温床となり、ひとつのポジションで必要をはるかに超えるリスクをとるようになることだ。過度に大きなポジションをとると、予想に反した動きになったときに損切りが困難になる。迅速に損切りしようとしないトレーダーは長続きしない。トレーダーがホームランを狙うとほかの有利な収益機会から目がそらされてしまう。

ポジションサイズのやっかみ

トレーダーは他人のポジションサイズのやっかみから往々にして必

要以上に大きなポジションをとる。このやっかみは「上限などない」と自尊心がささやきかけるときに生まれる。つまり、ほかのトレーダーが自分よりも大きなポジションをとっているのを見て、「人にできるなら自分にだってできる」と思ってしまうのだ。そして、まずつま先を水面につけて水温を調べることなく水に飛び込んでしまう。もしその水が氷のように冷たかったらショック死のおそれがある。トレーダーのリスク許容度は経験や自信、損失に耐える感情的・資金的能力とともに長い時間をかけて培われるものなのだ。

大きなポジションを扱えるトレーダーは長くきつい学習プロセスを経て、そこまで到達した。70キロのベンチプレスしか経験したことのない人がいきなり140キロを持ち上げることはほとんど不可能だろう。それを可能にする唯一の道は、持ち上げる重量を徐々に増やしながら時間をかけてゆっくりと筋力と耐久力を強化することだ。同じことはポジションサイズを大きくするときにも言える。やはり資金力、心理的・感情的発達、規律、勇気などを基礎としたゆっくりとしたプロセスなのだ。**トレーダーは自分のゴールのみに基づいて判断を下す必要がある。**

トレーダーが過大なポジションをとる理由のひとつは極めて強い強欲の本能にある。強欲なトレーダーは金銭に対する飽くなき執着を持っている。ウォール街で最も優秀なトレーダーは金銭に無頓着なことを忘れないでほしい。トレーダーが損益にこだわると客観的に行動する能力が制限される。だれしもある程度は強欲になるものだが、トレーダーはそうした人間的特性をコントロールできなければならない。執着は感情に左右される主観的判断の原因となりトレーディングの足を引っ張る。トレーダーは連想や執着が少ないほどよい。

金銭とそれに備わる力に対する感情的執着はトレーダーの動きをこわばらせ、特に大きく膨らんだ損切りを難しいと感じさせる主因となる。トレーダーは資金面や心理面で準備のできていない状況に直面す

ることになる。彼らにとって最も難しいことのひとつは、感情のせいで物事のバランスが失われたときにゲームプランを堅持することだ。動きがこわばったトレーダーは素早い行動や思考ができなくなる。多くの場合、こうしたためらいの有無が利益と損失と大損失を分ける原因となる。

トレーダーが大きなポジションを抱えるもうひとつの理由は負け株の増し玉、つまりナンピンにある。負け株のナンピンは恐らくトレーディングで最も致命的な罪だが、大部分のトレーダーが一度や二度はそれを経験しているだろう。たいていは単なる希望や絶望からナンピンに手を染め、自分の過ちを素直に認めない。ナンピンは大きなポジションを抱える口実として最悪のものだ。希望的観測や失ったものを取り戻したいという願いはしばしば巨額の損失を引き起こす。損失は雪だるま式に膨らみ、状況が一段と勢いを増して悪化する。

ナンピンを避けるひとつの方法は「今損切りしたあといつでも元に戻せる」と考えることだ。有能なデイトレーダーは常に少額の損失で持ち株を売り、モメンタムが有利な方向に動き始めたと判断した時点で、そのポジションを再びとり直す。**増し玉をするのは損したポジションではなく、利の乗ったポジションなのだ。**

リスク許容度を超える損失を抱えると、迅速に動いたり、自分が間違えたという事実に直面することが一層難しくなる。口座の資金が増えるにつれてポジションサイズが次第に大きくなるはずだ。そのことによって、財務の健全性に基づいてリスク許容度を徐々に引き上げることが可能になる。トレーディングのポジションサイズは希望ではなく、リスクコントロールによって決める必要がある。ポジションがコントロール不能になると、トレードで失敗した苦悩が格段に大きくなる。心と財布が大きな損失に慣れていなければ、迅速な行動と損切りが非常に困難になる。

リベンジトレード

　リベンジトレードはトレーダーがトレードで失敗したあと、その銘柄で損失を取り戻そうとするときに生じる。普通、トレードが失敗した理由は問題にならない。トレーダーは責任をとる代わりに腹を立て、その怒りをほかにぶつけようとする。多くの場合こうした見当違いの突発的感情が純粋な復讐心に結びつく。トレーダーにとって、損した銘柄で失った面目と資金を取り返すことがこの心理的混乱状態のただひとつのはけ口となる。片意地な気持ちがくすぶり、やがて全面戦争となって燃え立つ。

　「大手証券会社のマーケットメーカーのスコット・オーライリーはこう考えた。『今朝はインターネット株が大きく売り込まれる展開になるだろう。昨日大幅に上げたところだし、AOLとアマゾンに悪材料が飛び出したことで下げが加速するはずだ』。実際インターネット株は下落し、オーライリーはすでに２ポイント安のＥベイを2000株空売りすることにした。だが何らかの理由でAOLは反転上昇し、アマゾンとＥベイもそのあとを追った。『何という株だ！　Ｅベイは10ポイント下げているはずなのに、何かバカげた理由で今や２ドルも上げている。私が正しく市場が間違っていることを証明してやろう。もう2000株売って損を取り戻すのだ』。オーライリーはさらに2000株を空売りし、損の出ているポジションをナンピンした。Ｅベイはすぐに３ポイント値上がりした。このときすでにオーライリーの顔は真っ赤になっており、頭にはＥベイで損を取り戻すことしかなかった。彼はＥベイをのしり、市場全体やコンピューター画面にも毒づいた。
　取引時間中、Ｅベイはほかのすべてのインターネット株とともに上昇し続けた。オーライリーはあくまで損切りを拒んだ。時間

とともに理性を完全に失い、恐怖で全身が立ちすくんだ。目は画面にクギ付けとなり、果てはコンピューターや机をたたく始末だった。Eベイをののしり続け、トントンにするためにさらに売り増した。Eベイが10ポイント上げた時点で7000株を売り持ちしていた。大引けではEベイは15ポイント値上がりし、オーライリーは10万ドルの損失を出して、失職寸前になっていた。

リベンジトレードは、もともとトレードの方向が間違っていたために最初の損失が生じたことに端を発している。リベンジトレードが最初の損失トレードと逆の方向で実行されることはまずない。熟練したプロでないかぎり、最初に間違えたポジションの方向を変えることができない。リベンジトレードが同じ方向で実行されるのは、トレーダーにとって自分が最初から正しく、損失は自分の責任でないことを証明する必要があるからだ。損益をトントンにして失墜した自尊心を元に戻さなければならないからだ。

よくある誤解は、打ち破るべき敵である市場との戦いとしてトレーディングを考えることだ。最近アメリトレードはオンラインのデイトレーダーに向けた広告を展開し、市場と戦う用意があるかと問いかけた。その広告文には、「市場を打ち負かすだけでは足りない。そのやせこけた貧弱な身体を地面に組み伏せて許しを請わせてやりたい」とある。これは誤ったエゴ丸出しの非現実的思考法で、利益ではなく損失をもたらす。市場はけっして間違えることはなく、打ち負かすことはできない。市場は利己的でなく、勝利や敗北の感情を持たない。市場は冷たい戦場であり、参加者が互いに生死を賭けた戦いを繰り広げる場なのだ。

身体や心、あるいは外部の戦いのすべては自己との戦いである
　　――（禅の格言）

リベンジは特に強くて執拗な感情であり、リベンジトレードはたちまち厄災となりかねない。リベンジトレードは時間とエネルギーと資金の無駄使いだ。それにとらわれるとなかなか抜け出せず、明確な思考と利益が妨げられる。トレーダーにとって資源が枯渇するだけではない。損失のトレードで達成できなかった結果に注意を奪われ、別のトレードの発展方向に目を向けられなくなるため、ほかの有望な機会に充てる時間がなくなってしまう。

　損失に腹を立て、感情を持たない市場に仕返ししようとするのではなく、もっと有望なほかの状況に集中するために時間とエネルギーを使うべきだ。

　結果をコントロールしようとするのをやめれば、すぐにでもトレーダーとしての成長が始まる。コントロール不能なものをコントロールしようとすれば現実がゆがめられ、成功の妨げとなるストレスと心理作用に悩まされる。正直に自分と向き合い、個々のトレードが次々と到来する出来事のひとつにすぎないことを自覚すれば、客観的状況の認識が容易になる。自分が行動の結果とは別物であることを認めれば、自分自身から離れてより冷静かつ客観的にトレードできるようになる。

第2部

基本的状況
UNDERLYING CONDITIONS

第5章 トレンドの発見が利益の秘訣

TREND SPOTTING IS THE KEY TO PROFITS

　デイトレードで特に強力な方法は基本トレンドを発見し、それに従ってトレードすることだ。基本トレンドは市場の重力と言ってよい。トレンドは価格変動やセクターのモメンタムの背後にある真の要因をなす。道筋にあるあらゆるものを巻き込んで進んでいく。
　技術の発達によってトレンドの発見が以前より易しくなった。今ではトレンドの発見に必要なツールはソフトパッケージとして簡単に手に入る。トレンドを見つけだす最も効果的な方法は単純なチェックアンドバランス（抑制と均衡）のシステムを持つことだ。
　トレードに関心がある人なら、たいていは「トレンドはフレンド」という格言を聞いたことがあるはずだ。それなのに、なぜ多くの初心者とプロのトレーダーがトレンドに従ったトレーディングという考え方を無視するのか。それは自分のトレーディング目的に合わせたトレンドの定義方法に確信が持てないからだ。さらにトレンドの明確な定義を確立している場合でも、変動の底や天井をとらえようとして自分のルールを無視することが少なくない。
　しばしば「変動の実体」と呼ばれるトレンドの中間部分こそ、トレードの対象として狙いを定め、捕まえる価値がある。変動の頭と尻尾は重要ではない。トレンドの底と天井を逃してもたいした害はない。
　トレンドは終わりに近づくと最も凶暴になり息絶えるまで戦い続

ける。そうなるのは、通常トレンドは成熟するにつれてますます多くの関心と出来高を集めるからだ。ホットな銘柄やセクターの人気が絶好調に達する時点では多くの買い手がすでにその株式を所有している。楽観的な強気派や悲観的な弱気派がトレンドをその限界まで押しやるとき、そうした最後の必死の攻撃にはたいてい大商いが伴う。これは「出来高の降伏」と呼ばれる。これまでトレンドを動かしてきた要因がすべての買い付け余力や売却力を使い果たして白旗を上げるからだ。トレンドが投降する理由は需給バランスが変化したことにある。命を賭けて戦うとアドレナリンが噴出し、おかげで限界まで力をふるえるようになる。そのアドレナリンが尽きると、以前よりも力が落ちる。出来高の降伏はアドレナリンの投降が市場で起きたようなものだ。

　実際、変動の天井や底は変動全体のごくわずかな部分にすぎない。トレンドの中間をとらえるために途中で参戦してもまだ多くの利益を上げることが可能だ。中間部分を無視して底で買ったり、天井で売ったりしようとするトレーダーは不可能の世界に引きずり込まれる。彼らは完全に正しく行動し、天井や底を言い当てて称賛を得ようとする強い性向を持っている。

　トレンドの形態や規模にはさまざまなものがある。短期的デイトレーダーのトレンドの定義は長期的投資家とは異なっている。長期的投資家は50日移動平均線を使ってトレンドを定義できる。短期的デイトレーダーは8日移動平均線を使ったほうがうまくいくはずだ。デイトレーダーや短期トレーダーの保有期間は2分から3日、ないしそれ以上といったところだろう。3日という期間は通常短期的トレンドの展開に十分な長さと言える。多くのデイトレーダーは1日以内に手仕舞うことを好むため日中のトレンドが最も重要になる。株式の保有期間が2分でも3日でも短期トレンドは同じように定義できる。

　多くのデイトレーダーは正式なトレンドの発見には複雑な手順がいるという考えにとらわれている。これは真実にはほど遠い。トレンド

は８期間移動平均線、始値シグナル、ネットプライスルールなど少数の基本テクニックを使えば見つけだせる。トレンドの発見方法を知れば収益性や仕掛けの有効性がすぐに向上する。

　変動の底や天井を逃してもかまわないという考え方に慣れると、見る見るうちに利益が上がる。トレンドの実体をつかもうとするトレーダーは二重の恩恵を受けられる。第一に、個別株や市場の動きがいつ止まるかを推測しないようになるため、お金や時間を失うことが少なくなる。第二に、株価による確認の前ではなくあとにトレードする習慣がつくため、以前よりも一貫して稼げるようになる。個別株、セクター、市場全体の価格によって予測が確認されたあとで動けば、トレードで成功する可能性はずっと高くなる。トレンドとともにトレードすることによって、市場の言うことを聞き市場の動きに従うようになり、自分の意見を市場に押しつけようとすることはなくなる。

　最も偉大なトレーダーはたいていトレンドを定義する単純なルールを持っており、それに従って造作なくトレードする。人々は苦労や緊張によって効果が上がると考えてトレーディングを複雑にしがちだ。だが偉大なトレーダーは単純な計画と冷静な心で勝利する。彼らは雑音を無視し、市場が語りかけることに集中し続ける能力を身につけている。

ニュートンの運動法則

　アイザック・ニュートンは慣性（モメンタム）の法則を説明する科学理論を打ち立てた。当時は想像できなかったが、有名なニュートンの運動法則は350年ほど前にデイトレードで成功するための最初の手がかりを提供することになった。

　ニュートンの最も重要な発見は物体の動き方、デイトレーダーにとっては価格の動き方の原理を発見したことだった。ニュートンは、Ｆ

＝maという数式によって、物体の加速度（a＝速度の変化率）は物体に対する力（F）を物体の質量（m）で割った値に等しいことを示したのだった（マイケル・ハート著『ザ・ワンハンドレッド［The 100 : A ranking of the Most Influential Persons in History］』）。トレーダーの観点からすればこの物理法則はトレンドにも応用される。つまり、株価の加速度、すなわちモメンタムはその株式の出来高（力）を浮動株数（物体の質量）で割った値に等しいことを意味すると解釈できる。大きな力が加わる、質量の小さな銘柄は力強く動くわけだ。

ニュートンの運動法則によれば、動いている物体は外力によって止められるまで動き続ける。これをトレーディングに応用すれば、強い株を買って弱い株を売る、つまりトレンドとともにトレードするのが正しいことになる。それは、全体の方向に沿って動く株を売買することが確率の法則にかなっているからだ。確率的に見れば、価格は物体と同じように外力によって止められるまで最小抵抗の道筋に従って動き続ける。外部の出来事、つまり売り手がモメンタムを止めようとすると、モメンタムに従うよりも大きな働きが必要となる。電車が全速力で走っているときにそれを減速させ、最終的に反対方向に変えるには時間と努力を要するのだ。

トレンドのモメンタム

モメンタムは買われ過ぎや売られ過ぎの動きを作り出すエネルギーとして働く。ニュートンによれば慣性（モメンタム）は質量と速度の積で表される。慣性は物体が外力によって減速、あるいは停止させられるまで一定の速さで一定方向に動く能力を示すとニュートンは教える。

トレンドフォローの手法でトレードするリスクは、トレンドが方向転換する際の最初のリターンを逃す可能性があることだ。だが長期的

に見れば、トレンドの天井や底を拾うリスク・リターン・レシオはトレーダーや投資家にとって有利とはいえない。トレンドの底で買い、天井で売ろうとする試みは、ほかのどんなトレーディング手法よりもたくさんのトレーダーを破滅させてきた。トレンドが軌道に乗ってから仕掛けて変動の実体をとらえるようにすれば、リスク・リターン・レシオは劇的に改善する。

　トレーダーが動きの底や天井を拾うことが必要と感じるひとつの理由は、多くの人が自分の正しさを証明したいという根強い欲求を持っていることにある。トレンドが天井に達したと考えたとき、ロングポジションの一部を売ったり実際に天井を付けたことの確認を待ったりしないで、自尊心のそそのかしや勧めに従って動き出して空売りを実行してしまう。この最初の推測が間違っており、トレンドがまだ天井に達していなかった場合、自尊心の締め付けが一層強くなる。トレーダーは自分の間抜けさを認めたくないばかりに負け株をナンピンするか放置してしまうのだ。

　高くなった株を空売りし、安くなった株を買うのは理にかなっていると思われるかもしれない。だが、高いとか安いとかは何を基準としているのか。大半のトレーダーは自分なりの高い安いの定義を持っている。**有能なトレーダーは安く買って高く売ることで稼ぐのではない。高く買ってさらに高く売ることによって、あるいは安く空売りしてさらに安く買い戻すことによって利益を上げるのだ。**

　オシレーターや基本的なチャートパターンなどの方法はトレンドが変化しつつある時点の特定に役立ち、それによって市場が反転するときのボラティリティから幾分利益を上げることも可能になるだろう。しかしトレンドの天井や底という変わり目を認識したとき、最初になすべきことは既存のポジションを軸としてトレードすることだ。トレードで成功するにはどんな場合もひとつのエントリーポイントとひとつのエグジットポイントしかないと考えるのはやめたほうがよい。膨

大な利益を手にするトレーダーは中核的ポジションを軸としてトレードし、たえずその規模を調整している。市場が天井を形成しつつあるというシグナルを受け取ったら、それに基づいてロングポジションの一部ないし全部を売るのがよい。天井と考えただけで空売りするのは自重しなければならない。

セクターのパワー

　トレンドに従ったトレーディングの第一歩はどのトレンドに目を向けるべきかを知ることだ。どんな銘柄をトレードする場合にも、それと一緒に売買され、共にセクターを構成する高相関の銘柄がいくつか存在するものだ。そうしたセクター全体の変動は個別株の短期的方向性に大きな影響を与える。

　たいていのトレーダーはトレードの対象銘柄のみに注意を向け、その銘柄が所属するセクターの価格変動を無視する癖を身につけてしまっている。トレーダーはひとつの考え方に凝り固まる傾向がある。その場合、対象銘柄のセクターや市場全体が違う動きを見せているときにその考え方をなかなか放棄できなくなる。

　トレンドに従ってトレードするためには、ポジションをとることを決める前に3つの基本要素をチェックする必要がある。3つすべてが同じ方向を示していれば、トレードが成功する公算が大きい。第一の要素は個別株、第二は個別株の所属セクター、第三は市場全体だ。その全部が確認されるのを我慢して待つことができれば、確信と効果と収益性が向上する。

　例えばデル（DELL）の買いを考えている場合には最初に個別株、つまりデル自体に目を向ける。次にデルの所属セクター、つまりアメリカン証券取引所（AMEX）で取引されるコンピューターハードウエア指数（HWI）に着目する。第三に市場全体を監視するが、この

場合はナスダック100がそれに相当する。ナスダック100はハイテク株を取引するときに監視すべき総合株価指数だ。

デルの株価変動はコンパック・コンピュータ（CPQ）、ゲートウェイ（GTW）、IBM、ヒューレット・パッカード（HWP）といったほかのハードウエア株と相関がある。これらの銘柄はすべてHWIに含まれている。HWIは個別株とまったく同じように取引時間中にチャートを見ながら動きを追跡できる。セクターの日中トレンドはセクター内の個別株のパフォーマンスに対してほかのどんな要因よりも大きな影響を与える。

買いか売りかを決定する前に入念にチェックすべき市場全体の指標としてナスダック100とS&P500の2つがある。市場全体が上昇するとき個別株を買い、市場全体が下落するとき個別株を空売りすれば、成功の可能性は劇的に高くなる。

トレンドの逆を行くとゲームに負けることになる。理屈上は自分が正しくて、最終的にはトレードが思いどおりの結果になるのかもしれないが、広い影響力を持つトレンドの短期的威力によって撤退を余儀なくされることがあり得る。目標は今日利益を手にすることであり、損失の出たポジションを抱えながらやがて流れが変わって救われるのを祈ることではない。

ポジションをとる前に、どの銘柄がトレード対象の所属セクターの先導株かを知ることが重要となる。http://www.Bigchart.com/ には多くの銘柄のリストとその関連セクターが記載されている。トレードの対象銘柄との相関が高い場合にはグループ内の先導株も監視するのがよい。例えば半導体資本設備セクターの先導株はアプライド・マテリアルズ（AMAT）だ。半導体資本設備株のひとつであるKLAテンコール（KLAC）のポジションをとるときはその前にアプライド・マテリアルズの動きを調べる必要がある。セクター内で最大の比重を持つ銘柄はほかの銘柄を牽引することが多い。トレード対象のセクター

とともに個別的な先導株を監視することは有益と言える。

　セクター内の2つの先導株間に株価の大幅な食い違いがある場合には、そうした食い違いのないセクターのトレードを追求したほうがよい。セクター内で下げ圧力を受けている銘柄は、たとえその悪材料が企業固有のものであっても関連銘柄の足かせとなる可能性がある。時には、ある会社の悪材料が実際に企業固有のものなのか、それとも業界内のより根深い問題の兆候なのかをアナリストが見極めるのに時間がかかることがある。

　例えばコンパック・コンピュータ（CPQ）が1999年春に倒産したとき、この悪材料は少し前に合併したデジタル・イクイップメント（DEC）の統合に関連した内部問題に原因があるとされた。だが企業固有の原因だったにもかかわらず、寄り付きではパソコン株すべてが売られた。その日の遅くにかけてほかのパソコン株は上昇したものの、初めの段階ではその材料によって関連株が売り圧力にさらされたのだった。

トレンド追跡の時間枠

　日中のトレンドを追跡するときは複数の時間枠を監視する。複数の時間枠によるアプローチをとることで週単位から2分単位までのさまざまな程度の確認が得られる。このアプローチでは週足チャート、日足チャートのほか2～3種類の日中足チャートでトレンドを追跡することが必要になる。

　週足チャートはアイデアを最初に発見したり、追求中のアイデアを評価したりするのに役立つ。このチャートでは大局的状況を点検して全体的なトレンドがどの方向に向かっているかを判断できる。このチャートは取引時間中に監視する必要はないが、日足チャートを見る前に調べておくのがよい。アイデアが週足チャートによって確認された

ら、日足チャートや日中足チャートに切り替えることができる。

　週足トレンドは必ずしも日足チャートに基づくアイデアの確認になるとは限らない。週足トレンドと日足トレンドが別々の方向を指すことがあるのだ。それが一致していれば成功の可能性が高くなる。

　週足による確認がなくても日足に基づくアイデアやトレンドを活用できる場合もある。時にはデイトレーダーが週足での確認を待って行動する忍耐力に欠けることもある。それらの状況でも日足トレンドでトレードして成功することは不可能ではない。だが普通よりは小さなポジションでトレードし、ストップロスを狭めにし、より柔軟に対応するのがよい。

　週足での確認を受けたら、次に着目する時間枠は日足だ。日足チャートはトレーディングのアイデアを見つける主な手段となる。日足チャートは取引時間中もほかの日中足チャートとともに監視する必要がある。大半のチャート作成ソフトでは1ページに少なくとも4つのチャートを描くことができる。自分のページでは日足チャートを主要なチャートのひとつとすべきだ。

　日足チャートの次は日中足の時間枠を監視することになるが、できれば時間枠の異なる2種類以上の時間枠を用いるのがよい。好みにもよるが、最初の2つの時間枠としては60分足と15分足の使い勝手がよい。60分足と15分足は5分足や2分足よりも雑音の影響を受けにくい。5分足や2分足も有用だが、間違ったシグナルや重要でない価格変動に影響されることがある。60分足や15分足の時間枠と組み合わせて使うべきだ。

　図5.1のチャートは1999年11月30日のナスダックの急落を示している。時間枠は日足、15分足、5分足、60分足だ。11月26日には流星の日足が現れているが、これは短期的なリバーサルのパターンだ。11月30日になると日足チャートで8日移動平均線を割り込み、先の短期リバーサルパターンが確認された。29日には日中足チャートでも8期間

第2部　基本的状況

図5.1　ナスダックの急落を示す日足チャートと日中足チャート

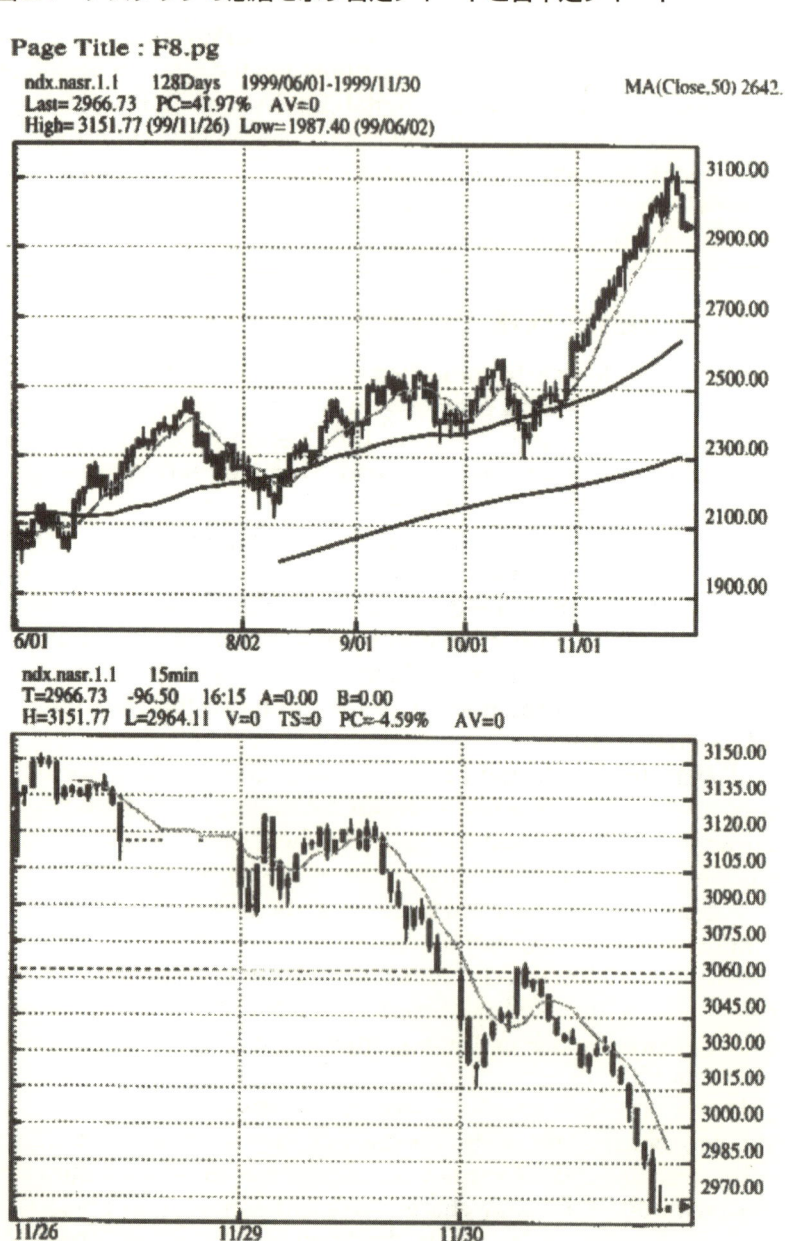

第5章　トレンドの発見が利益の秘訣

図5.1　（続き）

1999/11/30 16:15

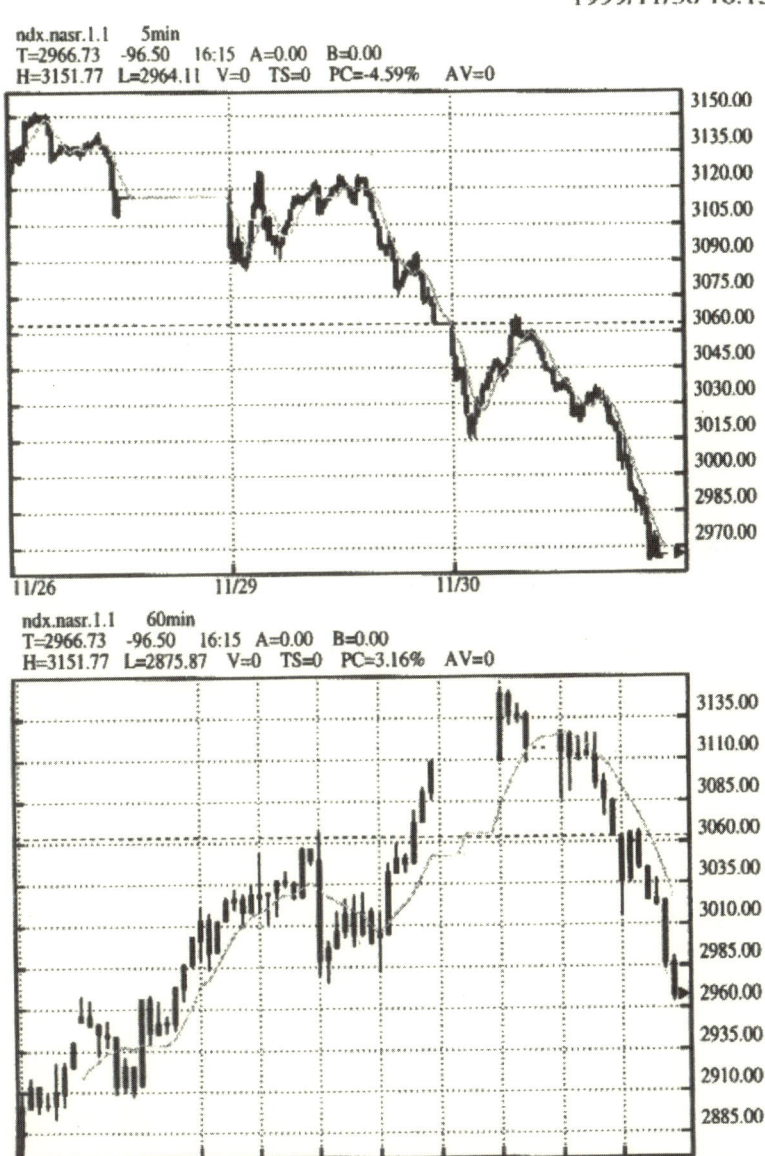

移動平均線を割り込んでいるが、このことで短期トレンドが変化したことが確認される。

複数の時間枠の日中足を追跡する利点は客観性が向上することだ。デイトレーダーにとって日中足チャートは足元のトレンドに従いながら仕掛けと手仕舞いのタイミングを測る優れた手段となる。日中足の時間枠を追跡する場合、最初に最長の時間枠で確認を行い、最後に最短の時間枠を見る。例えば60分足、15分足、5分足の日中足チャートを監視している場合には、まず60分足チャートで確認を行い、次に15分足、5分足の順に見ていく。

個別株、所属セクター、市場全体について週足、日足、日中足で確認すれば最高の確信度が得られるだろう。トレンドの正しい側にいる公算は非常に高くなる。複数の時間枠と複数の基本的確認によって基本的条件が自分に有利であることが重ねて確認されたとすれば、仕掛ける前にゲームの勝利が約束されたようなものだ。

トレンドをとらえる最善の方法は十分に準備を整えておくことだ。何よりも変動の底や天井を逃したときに自分に対して平静でいることが重要となる。高値で売ったり安値で買ったりできなかったからといって後悔することはない。そうした水準でトレードを開始することを目標としているのではないことを忘れてはならない。目標は変動の実体をトレードするという規律の実行にある。実体をとらえるという目標の下でトレードすれば、推測のゲームをやめて確率が最も有利なときにトレードを仕掛けることができるようになる。

第6章 トレンド発見のための4つのトレーディングシグナル

FOUR TRADING SIGNALS FOR SPOTTING A TREND

　トレンドを見極めてとらえるためにどんなトレーダーでも使える4つのシグナルがある。それらのシグナルは単純な性質のものだ。その威力は客観性と使いやすさにある。マーケットメーカーにとっては、短期トレンドが自分に有利かどうかを瞬時に判断できることが決定的に重要となる。この4つのトレーディングシグナルはトレンドの状況に関する市場の見解と根本的なセンチメントの変化に関する手がかりを与えてくれる。

前日の高値と安値

　前日の高値と安値は支持線と抵抗線の短期的尺度として使える。それらの価格は前日から引き継がれた強気派と弱気派の力の範囲を示している。それらの価格がブレイクされるとその勢いでさらに先に進むことがよくあるため、ストップはそのやや上か下に集中して置かれる傾向がある。通常、その近辺には買い手や売り手が価格を防御しようとしていたり、前日に安値で仕掛ける機会を逃した買い手は戻ってきているはずだ。彼らはその価格で買えなかったことを覚えており、それを後悔している。また、前日の高値を逃した売り手も戻ってきて、売ろうと待ち構えている。彼らもその高値で売れなかったことを後悔

している。

　株価が前日の高値や安値をブレイクすると、仕掛けに絶好のチャンスが訪れる。抵抗線の上や支持線の下に株価がブレイクすると、さらなる上昇や下落への道が開かれるからだ。それらの水準のやや上や下に集中して置かれていたストップが巻き込まれると需要や供給が突然増えるため、バネのような働きによって価格が一層大きく動かされる。

　株価が高値をブレイクするよりも安値を割り込む場合のほうが、少ない出来高で大きく動く傾向がある。これは、ショートよりもロングのトレーダーが多いため、どうしても下落時の恐怖のほうが大きくなるからだ。また1990年代の大強気相場の影響が残っていることに加え、アップティックルール（直近の株価を下回る水準での空売りを禁止）によってショートに制限が課せられているため、デイトレーダーがロングに偏りがちなことも作用している。

　マーケットメーカーが重要な支持線水準や抵抗線水準に狙いを定めていることも少なくない。株価がそうした水準に近づいたり達したりすると出動のベルが鳴る。株価が抵抗線付近にあるときに売り注文が少なくなったり、支持線付近で買い注文の勢いが衰えたりすると、各マーケットメーカーが２万5000株ほどの大量注文によって出物を一掃して株価を大きく動かすことがある。こうした一押しで、ダムの門が開けられたかのように株価が一気に新しい領域に進むこともある。

　株価が史上最高値や史上最安値を付けると需要や供給の規模がさらに大きくなる。そうなると、突然トレーダーが先を争って売買しようとし始める。発動されるストップは上場株式や先物のように逆指値注文の場合もあるし、ナスダック株のようにトレーダーが決めて執行する場合もある。S&P先物市場でストップが発動されると、現物市場にもそれが跳ね返ってくる。

　S&P先物市場のローカルズ（自己勘定で取引するフロアトレーダー）は株価を競り上げて前日の高値の上にあるストップを巻き込み、

空売り筋の踏み上げを狙うことがある。こうしたモメンタムを利用したテクニックによって株価が急激に動くことがあるため、トレーダーはＳ＆Ｐ５００やナスダック１００の先物市場の支持線や抵抗線に注意する必要がある。

支持線水準や抵抗線水準として最初に考える必要があるのは前日の高値と安値だ。その価格がブレイクされると日中の短期的なトレンドが明確に決まる。前日の高値を上回って取引される銘柄はロングの側でトレードする。前日の安値を下回って取引される銘柄はショートの側でトレードする。

８期間移動平均線

短期的移動平均線は単純で効果的なトレンドフォローツールとして使える。移動平均線は価格変動を平滑化する強力な方法であり、それによって短期トレンド、支持線や抵抗線の領域、トレンドの反転時期などを決定できる。変動の実体をとらえようとする短期トレーダーにとって、価格変動のどちら側でトレードするかを決定する理想的な方法が短期的移動平均線から得られる。

多くのチャート使用者はトレンドを定義する唯一の正しい方法はトレンドラインを引くことだと考えている。確かにトレンドラインが役に立つこともあるが、主観的な解釈や考えやごまかしの余地があまりに大きすぎる。デイトレーダーは、あるアイデアが直接、短期トレンドに確認されるかどうかを決定するための迅速で一貫した方法を必要としている。トレンドラインでは損失ポジションを正当化する余地が大きく残される。例えば、３カ月間の日足チャート上に引かれたトレンドラインと１年間の日足チャートのトレンドラインがまったく違って見えることもある。こうした不確実性は何があっても避けなければならない。

トレーダーが不適切なポジションを正当化したり、現実をゆがめたりするためにチャートを使うのは珍しいことではない。トレーダーは守るべき明確なトレーディングルールや規律がないと、チャート上に見たいものだけを見てしまいかねない。例えば、痛手となるポジションを持っているときに損切りをしないで、希望の芽を探すためにチャートを使ったりすることがある。このような場合には、常に短期的移動平均線の正しい側にいるようにすることで短期トレンドによる現実的確認が得られる。そうすれば、動揺したデイトレーダーがチャートパターンの都合の良いところだけ見て損失を正当化することも防げる。

　移動平均線は任意の期間数について価格変動を滑らかにする。通常は終値を使うが、大引けの買い気配値や売り気配値を使ってもよい。移動平均線には、単純移動平均線、指数移動平均線、加重移動平均線の３種類が使用されている。指数移動平均線は直近の取引日に大きなウエートを与え、変化への反応が素早く、古いデータを除かずに組み入れるという理由で現在最も広く利用されている。

　個別株やセクターの価格が一貫して日足チャート上の８期間移動平均線を上回って取引されてきたのが、ある時点でその始値と終値がその移動平均線を割り込んだ場合、短期的な上昇トレンドが崩れたとされる。これは、保有株の売却による利益確定や様子見やショート側でのトレードを示唆するシグナルとして使える。より長期的な変動をとらえたい場合や損失の許容度が比較的大きい場合には、15日、21日、50日などの長期的移動平均線を使用することになる。

　短期的移動平均線はトラブルを避けるための規律尺度として使える。単純なトレーディングルールとして、移動平均線の上下でポジションを分けるべきだ。ある銘柄が８期間移動平均線の上側で売買されているときはロングの対象としてトレードするのはよいが、ショートすべきではない。ある銘柄が８期間移動平均線の下側で売買されているときはショートの対象としてトレードするのはよいが、ロングすべきで

はない。このルールを守れば、移動平均線によって定義される短期トレンドと同じ側でトレードすることになるため、底値買いや天井売りの試みが避けられる。

単純で効果的なトレード戦術は8期間移動平均線の上か下かでとるポジションを変えることだ。直近の価格が8期間移動平均線の上にあるときはトレンドは上昇している。直近の価格が8期間移動平均線の下にあるときはトレンドは下降している。

8期間移動平均線は個別株、セクター、市場全体について使用するのがよい。例えば、デルの買いを考えているときの理想的シナリオは、デル、ハードウエア指数（HWI）、ナスダック100のいずれもが8期間移動平均線を上回っていることだ。

8期間移動平均線は週足、日足、日中足など複数の時間枠で適用できる。また全体的トレンドや市場の日中変動に照準を合わせるために、始値シグナルやネットプライスと併用することもできる。

同じ時間枠を一貫して使うかぎり、どんな短期的期間を使うかはあまり問題にならない。例えば5日移動平均線が自分に合っていれば、それを使い続ければよい。損失ポジションを正当化するためにトレードの途中で5期間から8期間に変えてはならない。そもそも移動平均線を使う理由は常に規律を持ってトレンドを特定し、それに従ってトレードすることにあるのだ。短期的観点からすれば8期間の時間枠が十分機能する。さまざまな期間を試してみるとよい。使いやすいものが見つかったら時間をかけてそれに慣れるようにする。

最初に目を向けるべきは8週移動平均線だ。それによって長期トレンドの状況と全体的な力の水準を知ることができるからだ。週足チャート上で直近の株価が8週移動平均線を上回っていれば、週足でのトレンドは強気と言える。下回っていれば弱気と言える（**図6.1**参照）。

図6.1のチャートには1999年3月5日にアドビ・システムズ（ADBE）が8週移動平均線を上にブレイクしたことが示されている。

始値と終値が8週移動平均線を上回ったあと、株価はその後10カ月にわたり移動平均線の上側で素晴らしい上昇トレンドを描いている。8期間移動平均線に基づくトレンドルールを使っていたトレーダーならば、その期間中はけっしてショートの側でアドビをトレードすることはなかったであろう。

週足の時間枠の次は日足の時間枠に目を向ける。日足チャートは週足チャートよりも細密なトレンドを確定する尺度となる。日足チャート上で直近株価が8日移動平均線を上回っていれば、日足でのトレンドは強気と言える。下回っていれば弱気と言える（**図6.2**参照）。

図6.2のチャートにはベリタス・ソフトウエア（VRTS）が9月2日に抵抗線と8日移動平均線を上にブレイクしたことが示されている。9月2日以降、ベリタスは2日を除き、常に終値が移動平均線を上回っている。8期間移動平均線のルールに従うトレーダーはこの上昇トレンドに反して空売りすることはなかったはずであり、単にトレンドの正しい側でトレードすることで素晴らしい利益を手にしたに違いない。

週足と日足でのトレンドとで互いに確認できれば、トレンドの尺度は最も強力になる。日足のトレンドは週足のトレンドの影響を強く受けることが多い。しかし、当日の超短期の市場の動きに関心を持つデイトレーダーにとっては、日足でのトレンドのほうがより大きな重要性を持つ。トレーディング対象の銘柄の週足のトレンドと日足のトレンドが互いに異なる場合は日足のトレンドに従う。

日足のトレンドによって確認されたときは次の段階としてさらに細かく日中のトレンド状況を調べる。直近の株価が8日移動平均線の上にあれば日中足でのトレンドも強気であり、下にあれば弱気と言える。日中足でのトレンドを調べるときは必ず最初により長い期間を対象とする。例えば、まず60分足の8期間移動平均線の上に株価があるかどうかをチェックし、もしそうなら次に15分足の8期間移動平均線につ

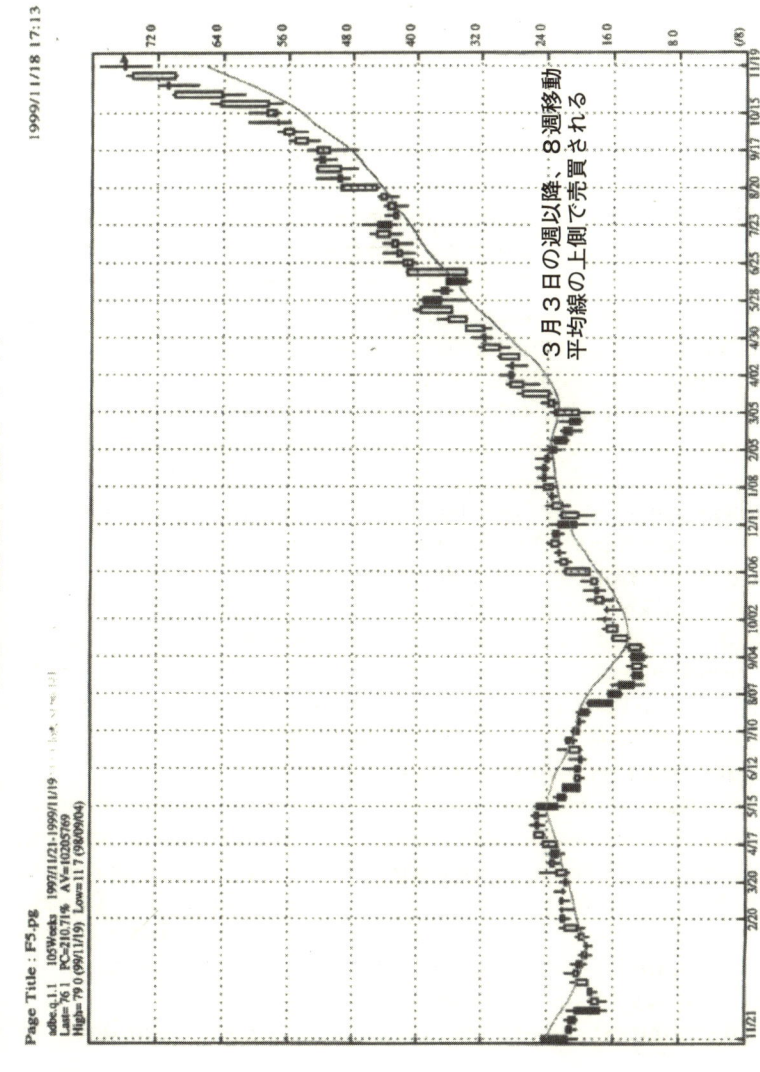

第6章 トレンド発見のための4つのトレーディングシグナル

図6.1 アドビー・システムズが週足の8週移動平均線をブレイク

第2部 基本的状況

図6.2 ベリタス・ソフトウエアが日足の8日移動平均線をブレイク

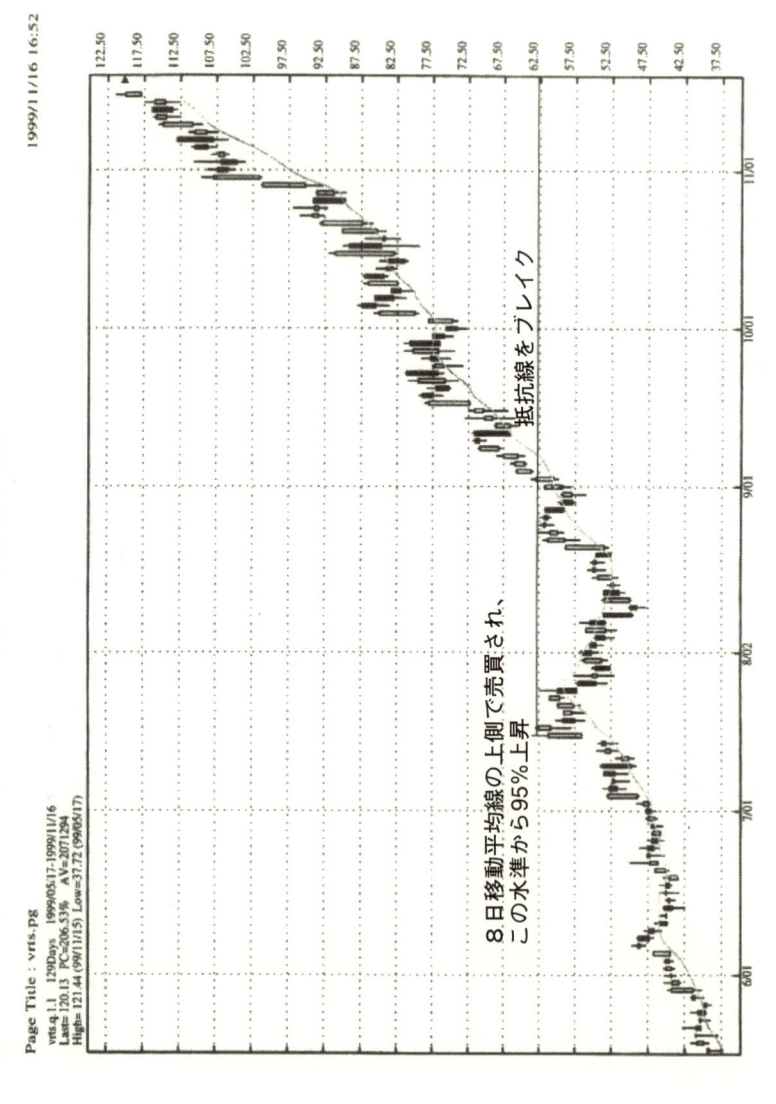

いても同じことを調べる。5分足と2分足の8期間移動平均線はダマシの影響を強く受けるため、トレンド指標としての信頼度が比較的低い。これらのより短い時間枠でのトレンドはより長い時間枠のものよりも先行して動くため、反転（リバーサル）に基づいた利食い（手仕舞い）に役立つことがある。

　日中足の移動平均線を使って仕掛ける最も効果的な方法はより大きなトレンドの方向に反しないようにすることだ。例えば、直近の株価が8日移動平均線の上にあるが、60分足チャートの8期間移動平均線の下にある場合には新たにロングもショートのポジションもとらないようにする。買い持ちがあるときに60分足チャートの8期間移動平均線を割り込んだら、利益を確定する。直近の株価が日足チャートと60分足チャートの移動平均線の上にあるが、15分足チャートの8期間移動平均線の下にある場合には新たにロングもショートのポジションもとってはならない。買い持ちしているときに15分足の8期間移動平均線を割り込んだら、利益を確定する。

　8期間移動平均線の正しい側にとどまるのは優れたリスク管理方法だ。保有の許容度に応じて、日足、60分足、15分足のどれかを使う。この単純な方法によってトレンドに逆らったり、底値買いを試みたりする多くのトレーダーの過ちを防げる。これは防御的な日中の仕掛けや手仕舞いの戦術であり、これに従えばナンピンを避け、短期的な株価の方向性を見つけだすことが可能になる。

　日中足チャートの8期間移動平均線をチェックするひとつの利点は、あるトレンドが終わりに近づき、反転の過程に入る時点を発見できることにある。長期的な動きのあとに、株価が最初に移動平均線を上か下にブレイクしたときは利益を確定し、株価反転の可能性に備えるべきだ。

　デイトレーダーは自分の見解が価格変動によって確認されるかどうかを判断する最初のステップとして8日指数移動平均線を使うのがよ

い。株価が上側にあればロングでトレードをし、ショートは避ける。下側にあればショートでトレードをし、ロングは避ける。この単純なルールは、株価が移動平均線の上か下にあるという理由だけでポジションを持つことを強制するものではない。だが、このルールはアイデアの評価の際に客観的な尺度を提供してくれる。

始値シグナル

　始値シグナルはある銘柄の日足トレンドを決定するための単純で効果的な尺度だ。始値シグナルとは直近の価格から始値を引いた値をいう。その差が1/4ポイント以上のプラスならば強気の始値シグナルとなる。1/4ポイント以上のマイナスならば弱気の始値シグナルとなる。始値シグナルの方向でのみトレードすべきだ。始値シグナルを数式で表せば次のようになる。

始値シグラル＝直近の価格－始値

　始値シグナルがマイナスからプラスに変わった場合、その銘柄の根本的なセンチメントが上向きになった最初の兆候と言える。プラスからマイナスに変わった場合は、根本的なセンチメントが下向きになった最初の兆候と言える。

　始値シグナルと同じ側だけでトレードすべきだ。短期的リスクの観点からいって、始値シグナルに従うことによって、その日のトレンドの正しい側につくことができる。この原則を守り、その教えを尊重すれば、トレンドに逆らったり底値買いや天井売りに走るのを避けられる。

　株式のネットプライスは前日の大引けから当日の寄り付きまでの市場センチメントを示しているのに対して、始値シグナルは始値から直

近の価格までの市場センチメントを表している。始値シグナルを見れば、始値が真の需要によって決まったのか人為的な値付けに原因があるのかを判断できる。また、始値を生み出す市場の寄り付きの背後にどんな種類の力が働いているかが分かる。

マーケットメーカーは始値を注意深く見守る。取引が前日の終値よりも高く始まったあと直近の株価が始値を割り込んだ場合、ロングでの仕掛けを控え、恐らくはショートに動くシグナルとなる。また大きく下げて始まったあとに直近の株価が始値を上回れば、ショートの仕掛けを控え、恐らくはロングに動くシグナルとなる。ギャップアップ（前日の終値よりも高く始まる窓空け）やギャップダウン（前日の終値よりも安く始まる窓空け）のとき、マーケットメーカーは始値を指標として使い、株価が上昇するか下落するかを判断する。

ここでマーケットメーカーが始値シグナルを使って人為的な値付けから利益を上げた例を紹介しよう。

午前9時28分のS&P先物は15ポイント上げており、ダウ平均や個別株が素晴らしい寄り付きを迎えることが予想された。マーケットメーカーの机の上には個人投資家の買い注文が列をなしており、小口の投資家は買い気にあふれていた。直近の生産者物価指数（PPI）はインフレの気配のない良好なもので、FRB（連邦準備制度理事会）が近々利上げを実施する可能性は低かった。小口注文は主としてアマチュアの投資家から出され、極端な感情の影響を受けることが多いものだ。大口の洗練されたトレーダーの大部分は朝方の極端な上昇を追いかけることはなく、むしろその機会をとらえて利益を確定したりマーケットメーカーとともに空売りを仕掛けたりする。

市場の強気センチメントを背景として、WCOMはインスティネット（インスティネット社の電子証券取引システム）で前夜の

終値よりも2ポイント高い83ドルの買い気配で始まった。個人投資家からWCOMの買い注文を受けたマーケットメーカーは83 1/4ドルの最良の買い気配で何とか買い付けようとしていた。商いが成立しないため、多くのマーケットメーカーはセレクトネット（ナスダックの電子証券取引システム）を使って83 1/4ドルの売り気配を出しているほかのマーケットメーカーに注文を回し、その価格で株式を売るか売り気配を引っ込めるかのどちらかを余儀なくさせた。

まもなく買い気配が解消され、WCOMは2 3/8ドル高の83 3/8ドルで寄り付いた。市場全体とWCOMは寄り付きの個人投資家の注文による行きすぎた値付けからすぐに反落した。WCOMは83 3/8ドルで寄り付いたあと15分で82 1/2ドルまで売り込まれた。一部のマーケットメーカーは最初の上昇を利用して83～83 1/2ドルの株価で個人投資家の買い注文に売り向かい、素早く稼ぎを上げた。WCOMの上昇が行きすぎたことを即座に示した手がかりは始値シグナルがマイナスになったことだった。表面的には市場全体とWCOMは強力な上昇トレンドにあるように見えたが、図らずも始値シグナルが事実は違うことを示していた。

この例でWCOMと市場全体の短期トレンドはあたかも強気のように見えたが、実際には買われ過ぎだった。マイナスの始値シグナルが短期トレンドが強気ではなく、弱気である最初の手がかりを提供していた。

最も強力なトレンドの指標は始値シグナルとネットプライスがどちらも同じ方向を示すときに得られる。その両方がプラスを示すときはロングでトレードする。両方がマイナスのときはショートでトレードする。

前日の終値より高く寄り付いてギャップアップになるとネットプラ

イスがプラスになる。株価が始値を割り込みながら前日の終値より高い水準に踏みとどまっている場合、ネットプライスがプラスで始値シグナルがマイナスになる。例えば、株価が前日比２ドル高で寄り付いたあと1/2ポイント下落すると、始値シグナルは－1/2、ネットプライスは＋１ 1/2となる。こうした状況ではマーケットメーカーは短期的に市場のどちら側でトレードするかを決定する際、始値シグナルを最初の尺度として使用する。

　始値シグナルとネットプライスが両方とも自分に有利な方向に向くのを我慢強く待てば報われる。両シグナルが一致すれば、日足でのトレンドの正しい側でトレードする最適の条件が整う。だがマーケットメーカーは、状況が完全でなくネットプライスと始値シグナルが一致しないときも、決定を下す必要に迫られることが少なくない。その場合には始値シグナルがより有用な短期トレンドの指標となる。それは、始値シグナルは前日の終値ではなく当日の始値との比較に基づいてトレーディングの方向を評価するからだ。それはまた、ネットプライスの変化に関する先行指標として働く傾向もある。始値シグナルは夜間や早朝に報じられたすべての出来事を考慮に入れることによって、直近の価格を足元の市場センチメントと比較する。

　始値シグナルは大部分のソフトで日中全体を通じて簡単に監視できる。追跡しようとする各銘柄について「直近の価格－始値」という数式を入力しさえすればよいのだ。始値シグナルがプラスからマイナス、あるいはその逆方向に変わるのを追跡することによって、根本的なトレンドが変化するタイミングに関する有益な仕掛けの戦術を使える。始値シグナルのシグナルが変わる時点を変曲点という。どんなときも始値シグナルが自分の有利な方向に最低1/4ポイント動くのを待つのがよい。始値シグナルが１ポイントの1/4ないし1/2変化した時点が最高の仕掛けどころだ。

　図6.3は銘柄のモニターページの写真で、マーケットメーカーがど

図6.3　始値シグナルなどの指標が表示されているモニター画面

Symbol	Net	Signal	Bid	MA	Bounce	Retrace
aapl	0.5625	-1.19	59.0625	69.3750	1.06	2.19
qwst	.65625	-1.56	28.375	29.1625	0.19	2.12
		1.94	38.9375	142.0125	4.00	5.50
inkt	-1.875	-1.81	23.1875	132.0500	0.19	4.81
mspg	-0.75	-0.94	27.8125	28.8375	0.12	0.94
elnk	-1.5	-1.31	43.75	42.3500	0.19	1.62
adbe	-0.5	-0.50	110.125	108.0938	0.38	3.88
erts	-0.5	-0.50	73.9375	72.4375	2.38	1.62
vrts	.65625	-4.09	76.5	77.3000	0.09	4.91

のように銘柄を追跡するかの一例を示している。モニターページにはネットプライス、始値シグナル、買い気配値、短期移動平均線のほか、安値からの上昇幅と高値からの下落幅が表示されている。

　トレードの方向づけに始値シグナルが使用された例をもうひとつ紹介しよう。

　　Eベイが前日比４ポイント高の134ドルで売買され、始値シグナルは＋２となっていた。前日の終値130ドルから２ドル高の窓を空けて132ドルで寄り付き、さらにそこから２ポイント上げていたのだ。だがインターネット株指数が下落に転じたのに伴い、Eベイの直近の価格も131ドルに下落し、始値シグナルは＋２から－１となった。前日比ではまだ１ドル高ながら始値シグナルは１ポイントのマイナスとなったわけだ。この動きはモメンタムの変化の前触れと見られる。ビンという名のウォール街のトレーダーは予定したポジションの半分に当たる１万5000株のEベイ株を空売りした。半分にとどめたのはまだ前日比プラスの水準にあっ

たからだ。

　始値シグナルがマイナスになってすぐ、Eベイは前日の終値の130ドルも割り込んだ。この時点でビンはさらに1万5000株を空売りし、ショートポジションは全部で3万株になった。Eベイは下げ続け、最終的には7ポイント安の123ドルで引けた。ビンはEベイの下降トレンドの中間部分である実体をトレードし、その結果として大きな利益を上げた。

　始値シグナルの方向変化は持ち株を売り、ショート側からのトレードを準備する最初の手がかりだった。
　変曲点は日中のネットプライスの変化に備える有力な仕掛け領域となる。ある銘柄のネットプライスがプラスからマイナス、あるいはマイナスからプラスに変化した場合、その日の根本的なセンチメントも変化する。この変化をエントリーポイントやストップロスポイントとして活用するのがよい。始値シグナルの変化は常にネットプライスの変化に先行するため、根本的な投資家心理や市場の基調の変化に関する先行指標として使うことができる。

ネットプライスルール

　ネットプライスルールはネットプライスと同じ側でだけトレードすべきだと教える。ある銘柄を買おうとする場合には、ネットプライスがプラスでなければならない。空売りしようとする場合には、ネットプライスがマイナスでなければならない。プラスのときは空売りしてはならない。マイナスのときは買ってはならない。
　ネットプライスルールは個別株、その株の所属セクター、市場全体について使用すべきだ。インターネット株のトレードを考える場合、まずその株自体のネットプライスに目を向ける。それがプラスならロ

ングでトレードする。マイナスならショートでトレードする。

　個別株の次は所属セクターのネットプライスに着目する。インターネット株をトレードする場合はインターネット株指数（DOT）を見ることになろう。インターネット株指数が前日比プラスなら、ショートではなくロングでトレードする。前日比マイナスなら、ロングではなくショートでトレードする。

　インターネット株指数の次は市場全体のネットプライスに目を向ける。ナスダック100が前日比プラスならば、ショートではなくロングでトレードする。前日比マイナスならば、ロングではなくショートでトレードする。

　個別株、そのセクター、市場全体のネットプライスは必ずしも相互に確認し合うとは限らない。そのすべてが同じ側にあれば、トレンドの正しい側にいる可能性が高くなる。3つが一致しない場合には個別株とセクターのネットプライスを、従うべき2つのガイドラインとして使用する。

　個別株やセクターのネットプライスは市場のコンセンサスがどちらの側にあるかを指し示す。プラスのネットプライスは強気派に味方し、マイナスのネットプライスは弱気派を応援する。ネットプライスはその銘柄が前日の終値よりも上げるか下げるかに関する市場の判断を反映する。

　株式が前日の終値よりも高い理由や安い理由は重要でない。トレーダーはあまり深く分析したり考えたりすると、トレンドに逆らうワナや底値買いのワナに落ちることがある。固執した見解を作り上げると自尊心が絡んでくるため負けを認めるのが難しくなる。自分の見解を他人に告げると困難の度合いは一層高くなる。トレーダーは他人の前で「愚か者」や失敗者に見えることを避けるために、あらゆる種類の正当化を作り上げる。

　ネットプライスは、前日との比較で当日にその銘柄をどのようにト

レードすべきかについての市場の見解を知る最も早道の指標だ。市場の見解に耳を傾ければ、トレーディングは最も抵抗の少ない道筋を進める。ネットプライスの方向性はトレーダーに代わって市場が教えてくれる極めて重要な情報なのだ。

ネットプライスの側でトレードする利点のひとつはトレンドに逆らわないですむことだ。ロングの側でトレードすることに決めてその機会をうかがっている場合、マイナスのネットプライスが買いを押しとどめるよう作用する。市場の重力が不利な方向に働いていると教えてくれるからだ。

アマチュアのトレーダーはネットプライスがマイナスの銘柄を割安と考えて買い持ちすることがよくある。人は特に数日前や極端な場合には数時間前と比べて値下がりした商品を目の前にするとバーゲン買いに走ってしまう。トレーダーは当日の値下がりした銘柄を「割安」と考えて買うと、価格に見合ったものしか得られない。つまり大した成果は上げられない。

先に述べたように、物体が動きを止めて逆方向に動き出すためには同じ方向に進むときよりもたくさんのエネルギーと力を必要とする。デイトレーダーは自分に不利な方向ではなく、有利な方向に動く銘柄を売買すべきだということをけっして忘れてはならない。価格が大きく反転するのは法則ではなく例外的なことなのだ。価格が反転したとき、ネットプライスが有利な方向に変化したあとでも利益を上げるチャンスは十分ある。大きく価格が反転したときは、モメンタムが大きく長く持続することが多いため、ネットプライスが自分に有利に変化したあとで仕掛けても素晴らしいチャンスが得られる。

ここで、検討対象となる時間枠ごとにトレンドをつかむうえで最も望ましい条件をまとめておこう。トレーダーはすべてのトレンド要因が自分に有利に働いているときに、そのアイデアを実行できるというぜいたくを許されるとは限らない。もしも多くのトレンドシグナルが

自分にとって有利な方向を示すようなことを発見できたならば、最高の確信を持ってよい。すべてのシグナルが自分にとって有利ではないけれども、そのアイデアを気に入っているときは有利なシグナルが多いほどよい。

週足

最初は週足チャートを検討する。週足の上昇トレンドを示す最も強力な指標は次のような特徴を持つ価格変動である。

A．株価が前週の高値を超えている
B．株価が今週の始値を超えている
C．株価が8週移動平均線の上にある
D．株価が前週の終値を超えている

日足

週足トレンドの強さを判断したら、次は日足でのトレンドを検討する。日足の上昇トレンドを示す最も強力な指標は週足と似ている。

A．株価が前日の高値を超えている
B．株価が前日の終値を超えている
C．株価が8日移動平均線の上にある
D．株価が始値を超えている

日中

日中足でのトレンドは短期的な価格変動に最も直結するシグナルだ。このトレンドによって仕掛けや手仕舞いの最初の手がかりが得られる。日中足でのトレンドと日足でのトレンドの違いは日中の価格変動にある。日中の移動平均線を見れば、風向きを簡単に判断できる。セクタ

ーが60分足チャートや15分足チャート上の８期間移動平均線を超えて売買されていれば、短期トレーディングのトレンドは強気と言える。また直近の価格が始値と前日の終値を超えていることも必要となる。

A．株価が日中足の８期間移動平均線の上にある

　変動全体をとらえることがデイトレーダーの目的ではないことを忘れてはならない。全体をとらえようとするのは非現実的であり、誤った推測や希望的観測が紛れ込むことになる。デイトレーダーは、完全に正しく行動したいという衝動を抑えて常にトレンドの中間部分である実体のトレーディングに集中することによって最も報われる。またトレンドをとらえる確率は自分に有利なシグナルが多いほど高くなる。
　トレンドの中間部分である実体に集中し続けることが重要な理由のひとつは最もとらえやすいということにある。最もとらえやすいのは、株価には一定方向に動き続ける傾向があるからだ。一定方向に動くトレンドの発見に使える客観的なツールとしては日足と日中足の短期移動平均線、始値シグナル、ネットプライス、前日の高値・安値などがある。これらの要因すべてが自分に有利な方向を示しているときは自信を持って行動することができる。

第3部

ファンダメンタルズ
FUNDAMENTALS

第7章 ファンダメンタル分析

FUNDAMENTAL CATALYSTS

　マーケットメーカーはファンダメンタル要因とテクニカル要因が一致したときに一層強い確信を持って行動する。ファンダメンタル分析とテクニカル分析はどちらも大きな価値がある。一層強い確信を持って行動できるようにするために、その2つを組み合わせて使わない手はない。戦略的観点からして、デイトレーダーはファンダメンタルズに関するどんな材料がウォール街の大きな反応を引き起こす傾向が強いかを知っておく必要がある。

　ファンダメンタルズに基づいてトレードする場合にはどんなときも価格変動によって自分の見解が確認されるのを待つのがよい。デイトレーダーの目的はお金を稼ぐことにあるのを忘れてはならない。考えすぎたり分析しすぎたりしてはならない。正しいことよりも稼ぐことのほうが大切なのだ。ファンダメンタルな情報を得たら価格変動を通じた市場の解釈に任せるべきだ。真に重要なのは、自分ではなく市場の見解であることを忘れてはならない。

　機関投資家が行動を起こす理由を知っておくと、プロに合わせて考え行動できるようになるのに役立つ。大口保有者が容赦のないスピードで行動するきっかけとなるファンダメンタル要因がある。投資信託はバリュー、グロース、モメンタムなどと大きく分類されるが、その多くが特にネガティブなファンダメンタル情報に基づいて行動を起こ

す。ポートフォリオマネジャーは大切に保有している企業の特定の欠点に対しては容赦しない。

　市場を動かすファンダメンタル要因は、市場の状況や最近のパフォーマンスによって最大の関心を集めているアプローチによって年々変化する。積極的な景気循環上の強気相場では、投資家は保守的なインカム（定期収入）よりもキャピタルゲインを狙っているため、積極的なモメンタム重視のアプローチが好まれる。調整局面や景気循環上の弱気相場では投資家は神経質になっており、PBR（株価純資産倍率）が良好で配当利回りの高い銘柄を狙うディフェンシブなアプローチが好まれる。

　有力投資週刊紙のバロンズに、株式の買いや売りの主な理由を機関投資家に聞いた調査の記事が掲載されたことがある。その回答によれば1999年後半時点での上位3位はアーニングサプライズ、ROE（株主資本利益率）、アナリストによる収益の見直しだった（バロンズ「むやみな批判――メリルリンチの調査により厳しい懲罰について解明がなされた」［1999年12月8日］）。

アーニングサプライズ

　機関投資家は企業のネガティブサプライズに即座に反応する。そうした素早い反応は大口の株主がその株を手放す可能性があることを意味する。アーニングサプライズは継続する公算の大きいファンダメンタルのトレンドと言える。

　企業に悪材料が出たとき、ポートフォリオマネジャーは損失ポジションの保有に固執した責任を問われたくないと考える。収益のネガティブサプライズは何かが間違っていたことを示す冷徹な事実にほかならない。ポートフォリオマネジャーは年度末にパフォーマンスを総括するときに、好業績を上げられないことが明らかとなった企業に対す

る大きなポジションを持続することを決めた理由を説明させられることを望まない。収益のネガティブサプライズのあとでは常に下押しの圧力やパニックが発生するため、デイトレーダーはバーゲン買いをしないよう特に気をつける必要がある。失望的な収益をきっかけとする底値買いは避けるべき愚かな行動だ。

収益のポジティブサプライズは企業が順調であり約束を守ったことを示す価値ある証拠となる。ポートフォリオマネジャーは言葉よりも行動が大事と考えているが、収益の好材料は優れた行動の最高の反映と言える。収益のポジティブサプライズが報じられたときによくみられるパニックは空売りの踏み上げだ。

新たな決算発表方法

企業が決算を発表する新たな方法が混乱を招き、不適切なトレーディング戦略の原因となっている（エリザベス・マクドナルド「企業によるさまざまな決算発表が混乱を招く」ウォール・ストリート・ジャーナル紙金融欄、1999年8月）。今日、通常の収益額のほかに見積額を付け加えるなど宣伝色の濃い発表を行う企業の数がますます増えている。さまざまな決算発表方法としては見積収益、営業収益、調整後収益、連結収益、為替調整前収益、希薄化後収益、希薄化前収益などがある。そのために、決算が報道されたとき瞬時にトレードしようとするトレーダーの意思決定が遅れることがある。

この戦術を使うのは主に、不調な収益の見栄えを良くしようとするハイテク企業だ。それらの企業は買収、のれん、従業員賞与など臨時費用となる項目を含まない見積収益や営業収益を強調する。それらの費用を除外すれば業績全体の見かけは良くなるが、企業の実際の活動をゆがませ、一般投資家の間に混乱を引き起こしかねない。

アナリストは一般顧客が業績の真の意味を理解できるようにするた

めに企業の報告書の解釈を余儀なくされることがある。その際にはハイテク企業の指示に従い、予想値を調整して営業収益に焦点を合わせることがある。

例えばアマゾンは1999年7月に複数の柱をもとに決算報告をした。それによれば、見積営業損失は6730万ドル、見積純損失は8280万ドル（買収費用が含まれない）、純損失は1億3800万ドルだった。トレーダーはこのように多くの決算額を消化しないまま行動すると、たちまち間違いを犯しかねない。インターネット企業は四半期収益の前期比変動率、登録加入者の伸び率、オンライン利用者数などの収益以外の要因を代わる代わる使用することを覚えておく必要がある。

収益の柱に反応する前に深呼吸して、その柱が意味するところを理解できているか確認すべきだ。見かけは良好だが実態は違う数値にだまされてはならない。決算発表後の数分間は混乱、乱高下、少なからぬ勝者と敗者に満ちている。

収益モメンタム

5年間の利益成長予想は短期的な変動を無視して長期的な収益成長潜在力に焦点を合わせることから、ポートフォリオマネジャーの間で広く使われるようになっている。1999年にはインターネット企業のIPO（新規株式公開）が続出したが、そのほとんどは1セントも利益を上げておらず、その時点の異常なほど高いバリュエーションは5年間の収益潜在力によって、ある程度正当化されていた。5年間の利益成長予想を分析するひとつの方法は、企業の来年度の予想PER（株価収益率）に対する5年後の予想収益の比率として表される収益率を検討することである。

アナリストやポートフォリオマネジャーは収益速度も分析する。収益速度とは前年同期と比較した四半期収益の純変化の指標を指す。次

にこの数値を株価で割って、同じ業種の競合他社の業績と比較するための指標として利用するのだ。

　ウォール街が検討する別の重要な速度指標として収益、収入、キャッシュフローの連続的成長率がある。ポートフォリオマネジャーは収益と収入の連続的成長率に着目する傾向がある。あるインターネット企業の四半期収益が前年同期比で50％伸びたとすれば、表面的には目覚ましい達成と見えるかもしれない。だが前期比という連続ベースで見たときに減速していたとすれば、成長モデルの要素が伸び悩みの時期に達した可能性を示す赤信号と受け取る必要がある。

キャッシュフロー

　ポートフォリオマネジャーやアナリストは、インターネット株、ケーブルテレビ株、電気通信株、無線通信株のように企業の大半がプラスの収益を生み出さない業種については、さまざまな形態のキャッシュフローなど収益と関連しない項目を重視する。多くのポートフォリオマネジャーやアナリストはキャッシュフローが収益と無関係に企業の活力を測る重要な指標だと考えている。

　投資家、アナリスト、ポートフォリオマネジャーはさまざまな形でキャッシュフローをとらえる。単純キャッシュフローとは当期純利益に、減価償却費、償却費、消耗償却費など当期純利益を減らす帳簿上の費用を加えた金額を指す。それらの費用は、実際には企業のキャッシュを減らすことがないのに帳簿上は減額の要因として処理されているのである。より重要なキャッシュフローの指標は、企業が生み出す税引前・財務費用控除前のキャッシュである営業キャッシュフローだ。営業キャッシュフローは買収の専門家が好んで使用するが、それは彼らが営業キャッシュフローで賄える水準までの債務を負うことができるからだ。営業キャッシュフローがすべて負債の返済に充てられると

すれば利益は生み出されず、したがって税金もかからない。

　フリーキャッシュフローは企業が自由に使える資金で、営業キャッシュフローよりもさらに厳格な指標だ。企業は相互的な影響なしにフリーキャッシュフローをしまい込んでおける。フリーキャッシュフローは配当支払い、自社株買い、債務返済、事業拡張などさまざまな用途に使用できる。

　キャッシュフローに着目すると、報告される収益とはまったく異なる情報が得られることがある。収益が好調でもキャッシュフローが少ない企業は、将来債務を返せないことが原因で破綻に直面する恐れがある。一方、企業はさまざまな理由で、収益が不調なのにキャッシュフローが潤沢な状態になることもある。この場合、キャッシュフローを見れば企業の健全性が見かけほど悪くないことが分かる。

　以上の3種類のキャッシュフロー指標は企業財務の全体的健全性を評価するときの尺度として使用されるが、以下でその説明をしておく（ジェフリー・M・レイダーマン「収益に関する説明——キャッシュに着目」ビジネスウィーク誌、1989年7月24日号、p.56）。

キャッシュフロー＝当期純利益＋減価償却費＋償却費＋消耗償却費

　当期純利益——すべての税金と費用を支払ったのちに企業が報告する利益を指す。当期純利益は通常、希薄化後と希薄化前の1株当たり利益として報告される。希薄化後の数値はウォール街が着目する最終利益で、買収による租税費用やほかの課税項目を考慮に入れる。希薄化前の数値は課税項目を考慮に入れる前の当期純利益を指す。

　減価償却費——キャッシュの出入りを伴わない費用で、営業利益を算定するときに収益から控除する。この費用は資産の耐用年数にわたってその原価から差し引かれる。企業は時間とともに価値が減少する資産を保有している場合、毎年その減少する価値を費用として報告利

益から差し引く一方で節税に使うことができる。

消耗償却費──天然資源である資産について、その存続年数にわたって資産の原価から差し引いていく会計上の費用を指す。天然資源の資産の例としては石油、天然ガス、鉱物などがある。

償却費──無形資産あるいは短期資産の評価減を指す。償却される項目のなかには節税になるものもならないものもある。

営業キャッシュフロー＝キャッシュフロー＋支払利息＋法人税費用

支払利息──企業の営業活動によって生み出されるキャッシュというより広範な指標の算定のために、利息費用をキャッシュフローに戻し入れる。

法人税費用──企業が買収の標的となっているとき、発生する債務の穴埋めのために報告利益の大部分を使うことができる。報告利益が存在しないときは納めるべき租税も存在しない。

営業利益（EBIT）──企業が生み出す税引前の利益で、税引前・利払前のすべての営業利益を含む。

フリーキャッシュフロー＝キャッシュフロー－資本支出－配当

資本支出──有形固定資産など企業が機能するために必要な新規項目と取替項目に関する支出。フリーキャッシュフローを算定するためには必要な資本支出項目をキャッシュフローから差し引く。

配当──フリーキャッシュフローを算定するためには配当をキャッシュフローから差し引く。これまで配当を欠かしたことがなく、無配の予定がない企業についてもこの措置をとる。

市場を動かす重要なファンダメンタル要因を理解すればデイトレー

ドの成果が向上する。収益を上げていないインターネット企業がナスダック市場に上場する例がますます増えるにつれ、大株主がどんな決算報告に基づいて動くかを理解することが次第に重要になっている。見るべき収益がない場合には連続的な収益成長やキャッシュフローの指標が注目されることになる。大株主が動く理由を理解することによって、ファンダメンタル要因とテクニカル要因が連動するときにトレードを行う準備を整えることができる。

第8章 レシオの威力

RATIO POWER

　レシオ（比率）はファンダメンタルなデータを解釈して企業の健全性に関する見解を得るための強力な数学的ツールだ。レシオは競合他社やベンチマークと比較して企業を評価するための単純な方法と言える。レシオによる検討や分析の対象となるファンダメンタルズとしては、資本、資産、負債、収益、キャッシュフロー、株価などがある。

　レシオを使えば、企業や業種のトレンドを検討し、足元の業績が過去の業績から外れる時点を明らかにすることができる。レシオは先行指標ではなく遅行指標であり、将来の結果を予測するために過去の業績を分析する。過去の業績を見ることでファンダメンタルなトレンドやモメンタムが明らかとなり、そのことが企業の強みと弱みに関する全体像を描くのに役立つ。

　レシオの統計的分析を使って経営手法の一貫性や企業収益の変動性を判断できる。レシオの検討に使われる統計的手法のひとつとして標準偏差がある。標準偏差は経営陣による営業管理の変動性を評価するのに役立つ。

　財務比率は単独で使うのでは意味がない。例えば、ある企業のPER（株価収益率）が35倍だったとする。だが、その企業の競合他社のPERが分からなければ　それが高いのか低いのか判断しようがない。さまざまな業種におけるレシオのベンチマークに関するアナリストや

101

ポートフォリオマネジャーの解釈が一致しないことはよく知られている事実だ。

収益性比率

収益性比率は収益を生み出し、費用を管理し、収益性を強化し、業績を上げる企業の能力を測るものだ。収益を適切に評価するためには企業の事業のほかの分野も考慮する必要がある。そうした領域としては総売上高や総設備投資額などがある。特に重要な収益性比率を**表8.1**に示す（マイケル・グリフィス著「比率分析」。Stockguide@About.com、1998年）。

表8.1　収益性比率

収益性比率	数式	定義
売上総利益	純売上高－売上原価	売上総利益は企業の生産活動による収益性の最も広範な指標
売上総利益率	（純売上高－売上原価）÷期間1の純売上高	売上総利益率は売上高全体に対する売上総利益の比率
純売上高成長率	（期間2の純売上高－期間1の純売上高）÷期間1の純売上高	純売上高成長率はある期間から次の期間にかけて企業の売上高がどの程度伸びたかの指標
当期純利益成長率	（期間2の当期純利益－期間1の当期純利益）÷期間1の当期純利益	当期純利益成長率はある期間から次の期間にかけて企業の純利益がどの程度伸びたかの指標
営業利益率	（純売上高－売上原価－営業費）÷純売上高	営業利益率は営業利益に照らして企業の営業費を検討するために使われる
EBITDA利益率	（税引前利益＋支払利息＋減価償却費＋償却費）÷純売上高	EBITDA利益率は利息、租税、減価償却、償却を考慮する前の純売上高によって生み出される営業キャッシュフローの指標
純利益率	当期純利益÷純売上高	純利益率は売上高1ドル当たりの収益の指標

表8.1　収益性比率

収益性比率	数式	定義
株価収益率	株価÷1株当たり利益	株価収益率は1株当たり利益と比較した株価の指標。株価収益率は過去の利益または予想利益を基にして測定される。高い株価収益率は企業の将来の収益潜在力について市場が強気であることを示す
株価キャッシュフロー倍率	株価÷1株当たりキャッシュフロー	株価キャッシュフロー倍率は企業のキャッシュフローに対する株価の関係を示す
株価純資産倍率	株価÷1株当たり純資産	株価純資産倍率は企業の純資産に対する株価の関係の指標。純資産倍率が高ければ、市場がそれだけ楽観的に企業を評価している
株価売上高倍率	株価÷1株当たり売上高	株価売上高倍率は企業の1株当たり年間売上高に対する株価の関係の指標。この比率は業種によって適用のされ方が異なる。利益率の低いセクターは株価売上高倍率が低く、通常は1を下回る。利益率が高いほかの業種では株価売上高倍率も高くなる

ROE

　企業のROE（株主資本利益率）は、企業が株主の投資を基にしてどれほど利益を生み出すかを検討するために算定される。ROEは企業の当期純利益を普通株主の資本で割ることによって得られる。ポートフォリオマネジャーはROEを非常に入念に検討し、その結果を基にして売りか買いかを決める。ROEは企業がキャッシュを食いつぶしているか、それとも資産を生み出しているかを判断するために使われる。企業が1000万ドルの投資で250万ドルの利益を上げたとすれば、ROEは25％となる。

ROEが高い場合、レバレッジまたは債務に対する利益の比率が高いか、総資産利益率が高いことを意味する。企業が帳簿上に多くの債務を持たないのにROEが高いとすれば、総資産に対する利益率が比較的高い公算が大きい。企業のレバレッジが大きくてROEが高いとすれば、総資産利益率は比較的低くなる。

ROEはほかの財務比率と同じように、競合他社との比較で企業を評価するときに効果が最も大きくなる。ROEは収益や当期純利益を使って算出されるため、アーニングサプライズはROEのトレンド変化に関する最初の兆候となる。

流動性比率

流動性比率は企業の短期負債の返済能力を評価するために使われる。この比率は、企業が注文を受けた時点から買掛債務や債務を履行するまでの間にどのように現金化して債務を返済するかを考慮に入れる。最も広く使われる2つの流動性比率を**表8.2**に示した。

流動資産にはキャッシュ、市場性のある有価証券、短期間で現金化可能な投資資産、売掛債権、そのほかの債権、棚卸資産、前払金、などが含まれる。流動負債とは12カ月以内の返済が必要な、企業に対する短期請求を指す。そのなかには買掛債務、賃金、給与、配当、租税、そのほかの短期債務（債券、社債、銀行ローンなど）が含まれる。

レバレッジ比率

レバレッジ比率では企業が資金調達のためにどの程度の債務を活用しているか、またその債務が企業の健全性に対してどんな種類の責任を課すかを検討する。劣後債務が存在する場合は、企業の優先債務と資本性資金あるいは有形資本性資金を考慮に入れたレシオを使用する。

表8.2 流動性比率

流動性比率	数式	定義
流動比率	流動資産÷流動負債	流動比率は請求に対する企業の支払能力を測るための短期的な流動性比率である。この比率の許容範囲は業種によって異なる。例えば小売業の企業は製造業の企業に比べて流動比率の許容水準が低い
当座比率	当座資産÷当座負債	当座比率は即座に現金化できる資産を考慮に入れる。この比率は企業の流動性に関する短期的で保守的な評価を表す。当座資産にはキャッシュ、市場性のある有価証券、短期間で現金化可能な投資資産、売掛債権が含まれる

それは、劣後債務によって企業の帳簿上の純資産が増加するためである。つまり劣後債務はローンが存在するかぎり資本とみなされる。特に重要なレバレッジ比率を**表8.3**に示した。

活動比率

活動比率は企業がどれほど効果的に資産を活用しているかを示す。この比率では企業の収益と資産基盤を比較する。特に重要な活動比率を**表8.4**に示した。

財務比率は企業の財務諸表を解釈するツールとなる。業種が違えば資本の枠組みが異なることから、業種によって異なるレシオが適用される。こうした使用法の差異のため、レシオは業種のベンチマークや競合他社と比較しながら使用すると最も大きな成果が得られる。レシオを使う目的は企業の収益性、債務返済能力、過去の四半期や年度と比較した業績、競合他社と比較した業績、ベンチマークと比較した業績について判断を下すことにある。

表8.3 レバレッジ比率

レバレッジ比率	数式	定義
負債自己資本比率	長期債務÷株主資本	負債自己資本比率は企業の株主資本に対する長期債務の比率を示す。この比率は企業が事業遂行のためにどれほどのレバレッジを用いているかを検討するために使用される。また企業の長期的な持続可能性を評価する際のリスク指標として広く使われている
負債純資産比率	総負債÷純資産	これはレバレッジに関する最も広範な指標で、企業のすべての債務とすべての純資産を考慮に入れる。総負債には企業の流動負債、長期負債のほか繰延税金も含まれる。企業の純資産とは株主資本を指す
負債有形純資産比率	総負債÷有形純資産	この比率は容易に現金化できる資産だけを考慮に入れているためレバレッジの最も保守的な指標といえる。有形純資産は株主資本から無形資産を除いたものである。無形資産とはのれん、特許権、商標など簡単には現金化できない項目をいう
負債資本性資金比率	優先債務÷資本性資金	この比率は優先債務だけを考慮に入れ、より短期的な負債を無視しているため最も寛容なレバレッジ指標といえる。またこの比率では、ローンの存続期間にわたって企業の資産の一部とみなされる劣後債務によって純資産が強化されている。劣後債務とは企業が負う銀行債務を返済したのちに返済される債務をいう。資本性資金とは純資産、つまり株主資本に劣後債務を加えたものを指す

図8.4 活動比率

活動比率	数式	定義
売掛債権回転率	純売上高÷純売掛債権	売掛債権回転率は売上高との比較で売掛債権が何回転するかを示す
棚卸資産回転率	1期間の売上原価÷棚卸資産	棚卸資産回転率は1会計年度中に棚卸資産が何回転するかを示す
買掛債務回転率	1期間の売上原価÷買掛債務	買掛債務回転率は企業が仕入先に支払うのに要する期間を分析する
総資産回転率	純売上高÷総資産	総資産回転率はさまざまな資産タイプを区別せずに企業の資産基盤全体が成果を生み出す能力を示す。この比率は株主資本利益率の検討に利用される

第9章 経済指標とデイトレードへの影響

ECONOMIC INDICATORS AND THEIR IMPACT ON DAY TRADING

　金融市場に影響する経済統計にはさまざまなものがある。毎週、しばしばその日の市場活動の力強い底流を生み出す可能性を持つ経済指標が発表される。多様な経済分野を追う数多くの指標が存在するため、各指標の重要性が見逃されがちになる。この章では特に重要な指標を取り上げて、それらが市場にどのような影響を与えるかを説明する。

　経済指標は、株式、債券、米ドル、外国為替、海外市場に影響を与える。経済活動の伸びや将来のインフレの可能性を示唆する指標は好材料となる。生産や経済成長の減速を示唆するニュースは悪材料となる。株式にとって最も強気な材料は経済成長と緩やかなインフレの組み合わせだ。この強力なペアは1990年代の大強気相場の原動力となった。1990年代には技術とインターネットが経済成長を促し、物価にインフレ圧力を加えることなく生産を押し上げたのだ。

　力強い成長を伴う好況は需要を刺激し、そのことが物価高の原因となることが多い。物価高は通常インフレにつながるが、それを回避するのがFRB（連邦準備制度理事会）の役目だ。FRBはインフレの兆候を認めると引き締め政策をとる。つまり、利上げによってマネーサプライを絞り込み、経済成長を減速させようとする。

　株式市場は経済成長の刺激策を好み、抑制策を嫌う傾向がある。FRBの利上げによって成長が減速すると、概して株式と債券が下落

する。利下げによってマネーサプライが増えて景気が刺激されると、概して株式と債券が上昇する。利上げがあっても、その後当分再利上げはないと観測された場合にも株式と債券が値上がりすることがある。逆に、利下げされても、その後当分再利下げが望めないとのコンセンサスになれば、株式と債券は値下がりすることもある。

インフレ圧力を伴う経済成長では、利上げスタンスが強まって株価の逆風となる。インフレ圧力を伴わない経済成長では、金利に対して中立スタンスがとられ、株価の追い風となる。

生産や経済成長の減速はマイナスの経済指標となる。景気が減速すると需要が減少する。需要が減少すれば供給過剰となるため物価が下落する。こうした状況ではインフレ懸念は生じない。景気が低迷するとFRBは経済成長の刺激に関心を向けるようになる。利下げによって借り入れや支出を刺激しようとするのだ。景気低迷の指標が現れて利下げスタンスが強まると、株式や債券が値上がりする。

経済指標と米ドル

好調な景気指標に伴って債券価格が下落し金利が上昇すると、他通貨に対して米ドルが上昇する。米ドルの価値は米国経済の強さに対応する。景気が好調なときは、その国の資産を他国の投資家が所有しようとする。例えば、1999年初秋に日本円が対米ドルで急上昇した背景には日本経済の好調さに対する認識があった。

一方、低調な景気指標に伴って債券価格が上昇し金利が低下すると、他通貨に対して米ドルが下落する。米国経済が弱いと認識されると米ドルも弱含む。米ドルが対日本円で第二次大戦以降の最安値を付けたのは、1990年代の大強気相場が始まる直前のことだった。この時期、米国経済はまさに景気後退から抜け出そうとする状況にあった。

経済指標とその影響（『景気指標および金融市場に対するその影響』ナットウエスト・ファイナンシャル・マーケッツ・グループ、1995年を参照）

　市場が開く前に景気指標が伝えられたときも決算発表と同様に、市場の受け止め方がカギを握る。市場は発表された指標とウォール街の予想との違いに基づいて動く。短期的影響に関しては、前四半期や前年と比較した変化の大きさは重要でない。指標が発表される前に準備しておくことが肝要だ。ウォール街の予想と、指標がその予想を上回ったり下回ったりしたときの市場への影響を考えておく必要があるのだ。

　24時間の売買が可能になって、あらゆる種類のトレーダーや個人投資家がますます多く寄り付き前や大引け後のトレーディングを実行するようになっている。こうした流動性の増大は経済指標発表直後のトレーディング機会が増えることを意味する。

　市場がどう反応するかは、その後の政策の行方に対する認識が大きく関係している。先に述べたように、FRBの利上げに対して株式と債券が上昇する場合や利下げに対して株式と債券が下落する場合もある。例えば、1999年11月16日にFRBは金利を0.25ポイント引き上げた。これを機に株式は値上がりしたが、それはFRBが同時に将来の利上げに対して中立スタンスをとり、市場の懸念を払拭したからだった。株式や債券がある出来事を予想して一定方向に動いたあと、出来事の発表と同時に反転するということがよく起きる。これは発表前の動きによってその出来事が織り込まれてしまうからだ。利下げの予想に基づいて株式と債券が上昇したあと、実際に利下げされると下落することがあり得るのだ。

　表9.1は景気指標と市場に対するその影響、あるいはほかの条件が同じとした場合の最も可能性が高い価格変動を示している。それらの指標はFRBの対応の仕方が不明確なために価格に影響する。時には指標が強くても弱くても株式や債券が予想どおりに反応しないことも

表9.1 景気指標

指標	内容	市場への影響	説明
消費者物価指数(CPI)(月次)	平均的な消費者が使用する商品の固定的バスケットの価格変動。物価インフレの水準を決定するために測定。	予想を上回った場合、 　株式は下落 　債券は下落 　利回りは上昇 　米ドルは上昇 予想を下回った場合、 　株式は上昇 　債券は上昇 　利回りは低下 　米ドルは下落	高いCPIは物価上昇とインフレ加速を示唆し、FRBの利上げにつながることがある
新規住宅着工件数(月次)	当月中に着工された住宅戸数	予想を上回った場合、 　株式は下落 　債券は下落 　利回りは上昇 　米ドルは上昇 予想を下回った場合、 　株式は上昇 　債券は上昇 　利回りは低下 　米ドルは下落	新規住宅着工件数は通常景気の強さに影響される。過熱するとFRBによる減速のための動きが予想されることがある
景気先行総合指数(月次)	景気の総合的変動を予測するために作成された11の景気指標の合成指数	予想を上回った場合、 　株式は下落 　債券は下落 　利回りは上昇 　米ドルは上昇 予想を下回った場合、 　株式は上昇 　債券は上昇 　利回りは低下 　米ドルは下落	この先行指標のバスケットが上昇する場合、景気加速が示唆され、インフレ抑制のためにFRBが利上げすることもあり得る
鉱工業生産指数および設備稼働率(月次)	製造業、鉱業、公益事業の生産高の指標	予想を上回った場合、 　株式は下落 　債券は下落 　利回りは上昇 　米ドルは上昇 予想を下回った場合、 　株式は上昇 　債券は上昇 　利回りは低下 　米ドルは下落	製造業、鉱業、公益事業のセクターにおける生産高急増は、経済が好調で、FRBが成長減速のために利上げする可能性を示唆することがある

表9.1 景気指標（続き）

指標	内容	市場への影響	説明
新規失業保険申請件数（週次）	失業保険給付を初めて申請した人数	予想を上回った場合、 　株式は上昇 　債券は上昇 　利回りは低下 　米ドルは下落 予想を下回った場合、 　株式は下落 　債券は下落 　利回りは上昇 　米ドルは上昇	失業者数の増加は、成長減速によって提供雇用数が減少していることから、景気悪化を意味することがある。その場合、FRBは利下げによる景気刺激に動くことがある
非農業部門雇用者数（月次）	重要な経済指標。この月次指標は景気の全体的動向を決定するために各セクターの生産活動を考慮に入れる	予想を上回った場合、 　株式は下落 　債券は下落 　利回りは上昇 　米ドルは上昇 予想を下回った場合、 　株式は上昇 　債券は上昇 　利回りは低下 　米ドルは下落	好調な雇用の伸びは景気の加速を示しており、需要のひっ迫と物価上昇を通じてインフレにつながる可能性がある。FRBは好調な指標を受けて利上げに傾く可能性がある
生産者物価指数（PPI）（月次）	月次ベースで卸売レベルの物価を示す。生産者が出荷する商品の卸売物価の変動を表す	予想を上回った場合、 　株式は下落 　債券は下落 　利回りは上昇 　米ドルは上昇 予想を下回った場合、 　株式は上昇 　債券は上昇 　利回りは低下 　米ドルは下落	生産者物価が上昇すると上昇分が消費者に転嫁されてインフレにつながる可能性がある。FRBはインフレ抑制のために利上げに動くことがある
実質国内総生産（GDP）（四半期ごと）	生産された財とサービスの総合的価値を示す	予想を上回った場合、 　株式は下落 　債券は下落 　利回りは上昇 　米ドルは上昇 予想を下回った場合、 　株式は上昇 　債券は上昇 　利回りは低下 　米ドルは下落	米国内の生産高が急増するとインフレ圧力を高め、そのことがFRBの利上げにつながる可能性がある

表9.1 景気指標（続き）

指標	内容	市場への影響	説明
小売売上高（月次）	消費者への小売売上高によって消費支出を測る。耐久財と非耐久財が含まれる	予想を上回った場合、 　株式は下落 　債券は下落 　利回りは上昇 　米ドルは上昇 予想を下回った場合、 　株式は上昇 　債券は上昇 　利回りは低下 　米ドルは下落	消費者が小売品目への支出を増やした場合、需要が増えて物価が上昇する可能性がある。FRBは小売売上高の増加によるインフレ圧力を緩和するために利上げに動く可能性がある
失業率（月次）	６万世帯を対象に調査し、何人が求職活動をしたかを調べる	予想を下回った場合、 　株式は上昇 　債券は上昇 　利回りは低下 　米ドルは下落 予想を上回った場合、 　株式は下落 　債券は下落 　利回りは上昇 　米ドルは上昇	失業率が上昇した場合、景気が減速している可能性がある。FRBは利下げにより景気を刺激して失業者のために雇用を生み出そうとする可能性がある

ある。指標を解釈するとき、発表までの価格の動きやFRBのスタンスなどほかの各種要因が影響することがあるからだ。

FRBとその金融政策

　FRBの目的は米国経済の力強く着実な成長を促進することにある。FRBは持続可能な成長と物価の安定性を推進するために通貨と信用の利用可能性を監督する。FRBを指揮する理事会は米国の通貨と信用の流れを規制する政策の立案と実施にあたっている。FRBの金融政策は経済成長、物価上昇、雇用などに直接影響する。

　FRBは金融政策の実施のために次の３つの手段を活用する。

1．預金機関の預金準備率の操作
2．FRBが民間銀行に貸し出すオーバーナイト資金の金利である公定歩合の調整
3．公開市場での米国債の売買。この操作によって米国の銀行システムの準備金が増減して需給関係に作用するため、金利が直接の影響を受ける。

　FRBが金融政策の実施で最もよく使用する手段は公開市場操作だ。公開市場操作の政策はFOMC（連邦公開市場委員会）が決定する。この委員会は12人の委員で構成されており、連邦準備制度のために信用・金利政策を決める。またFRBのために短期金融政策も定める。その政策決定は国内外の景気指標がもとになっている。
　FOMCの12人の委員は、7人の連邦準備制度理事、ニューヨーク連銀総裁のほか、ほかの11人の連銀総裁が残り4つを回り持ちで担当している。FOMCは少なくとも毎年4回、首都ワシントンで開催されることになっている。1980年以降は5～8週の間隔で年8回開かれている。
　FOMCの会議では短期的なフェデラル・ファンド金利（FF金利）を変えるかどうかが主な議題となる。FF金利とは銀行間で貸し出されるオーバーナイト資金の金利を指す。FOMCはFF金利の目標を決めると、米国債を売買する公開市場操作によって米国債相場をその水準に誘導する。FF金利が動くとそれに応じてほかの短期・長期金利がすべて変動する。
　FRBがFF金利の引き上げを発表した場合、金融引き締め政策を実施することを意味する。金融引き締めは経済が力強く成長してFRBがインフレ加速を懸念するときに実施される。こうした環境ではFRBは米国債を売却し、そのことによって銀行システムの流通資金を吸収してFF金利を目標水準まで引き上げる。

FRBがFF金利の引き下げを発表した場合、金融緩和政策を実施することを意味する。金融緩和は経済成長が低調でFRBが景気の刺激を狙うときに実施される。こうした環境ではFRBは米国債を購入し、そのことによって銀行システムの流通資金を増やしてFF金利を目標水準まで引き下げる。

債券価格と金利

債券価格と金利について覚えておくべき最も重要なことは、両者が反対の関係にあることだ。つまり、これらは逆に動く。好調な景気指標が発表されると、概して債券の価格が下落して利回りが上昇する。

債券価格が上昇すると利回りは低下し、債券価格が下落すると利回りは上昇する。金利上昇に伴って債券価格が下落するのは、金利がより高い新発債に比べて既発債の価値が下落するからだ。金利低下に伴って債券価格が上昇するのは、金利がより低い新発債に比べて既発債の価値が上昇するからだ。

利回り曲線は債券利回りと満期までの残存期間の関係を示したものだ。残存期間の長さに応じて利回りが高くなることが多いため、その形状は通常は右肩上がりとなる。満期の長い債券を保有すればそれだけ大きなプレミアムを得られるが、これはインフレ、金利上昇、機会コストなど時間に関係するリスク要因が作用するためだ。

将来好調な経済成長が予想されると、利回り曲線は傾斜が大きくなる。その理由は、将来の好況に関連して金利上昇とインフレが予想されるため、利回り曲線の右端ほど大きなプレミアムが織り込まれるからだ。

FRBが引き締め策をとって短期金利が上昇すると、利回り曲線が平坦化する。利上げに伴い、市場は将来のインフレ圧力の予想水準を引き下げ、利回り曲線の右方のプレミアムが減少する。利回り曲線の

短期側が上昇しプレミアム減少によって長期側が下降するために、全体の形状が平坦になるのだ。

長期金利が短期金利よりも低くなると利回り曲線が逆転する。通常、好調な景気を受けてFRBが短期金利を連続的に引き上げることによって、そうした逆転が生じることが多い。利回り曲線の長期側が低下するのは、短期金利の引き上げによって将来のインフレが減速すると、市場が予想するからだ。

重要な景気指標が発表されるとその日1日の基調が決まってしまうことがよくある。FRBはそうした指標を注意深く見守っており、それをもとにして将来の方針を決める。力強い経済成長を示す指標はFRBが懸念するインフレ圧力に結びつく傾向がある。FRBはインフレの兆候を感じとると引き締め策をとる。そうなると金利が上昇し、株価が下落する。

力強い成長と低インフレを示す景気指標は株式市場にとって最高の組み合わせだ。このシナリオでは、FRBは引き締め策をとることを考えないため、経済は妨げられることなく成長を続けられる。景気指標が低調で減速が予想されると、FRBは緩和策の採用を促される。その場合、金利が低下し、株価が上昇する。低金利のおかげで企業は以前よりも低コストで借り入れができるようになり、支出を増やして成長を実現する。高金利では借り入れコストが高くなるため成長が減速する。

発表される景気指標を見ていると、FRBが将来どんな政策を実行するかを予想できる。発表の前から指標を十分に理解し、市場の予想を上回ったり下回ったりしたときにFRBがどんな方向に進みそうかを想定しておけば、迅速に行動して利益を増やす態勢が整うことになる。

第10章 情報の流れの整理

ORGANIZE YOUR INFORMATION FLOW

　トレーダーは毎日押し寄せる情報の波に押し流されてしまうことが少なくない。株式の最新ニュースから節税の秘訣に至るさまざまな専門分野のウエブサイトだけでも数千に上る。当日の取引に関するゴールや目標に直接関係しない情報に貴重な時間を費やしてしまうと遅れをとることになる。利用可能な情報を効率的に発見し管理し整理することができれば、円滑な取引が約束される。

インターネットの効果的な活用

　十分な情報に基づくトレーディングの意思決定に向けた情報フローの特定と整理に大いに役立つ金融関連ウエブサイトが数多く存在している。今日ではインターネットからふんだんに情報を入手できるが、デイトレーダーにとっては良い面と悪い面がある。良い面としては、その情報を管理してアイデアの発見やトレーディングの意思決定の支援材料として活用できれば有利な立場に立てるということがある。悪い面としては、どんな種類の情報をどこで探すべきかを実際に知らなければ、行きすぎた分析のワナにすぐに陥って日々のトレーディングに差し障りが出るということがある。
　多くの投資家、トレーダー、ポートフォリオマネジャーは毎日あふ

れるほどの情報への対処を迫られている。1999年春には数多くのゴールデンアワーのニュース番組がオンライン革命による情報攻撃の問題を取り上げていた。今日のビジネスマンは平均して1日50件以上の電子メールと30件以上の電話と10件以上の迷惑メールを受け取るという。デイトレーダーにとって情報の洪水はもっと深刻な問題になる。情報をきちんと管理できないと、その量に圧倒されて「アナリシス・パラリシス（分析によるマヒ）」と呼ばれる危険な症状に陥りやすくなるのだ。

行きすぎた分析はワナだ。分析しすぎると時間ばかり取られて決断を下せなくなる。トップクラスのトレーダーは少数の単純な方法を使って行動方針を決める。仕掛けの基準が満たされれば、行動に移れるのだ。そして、けっして過去を振り返らない。

本章の後半に載せたウエブサイトは投資や金融の総合的な情報源となる。このリストはマーケットメーカーや金融関係者が頻繁に利用する最高人気のウエブサイトを集めたものだ。テクニカルやファンダメンタルズの貴重なツールとしてトレーダーの意思決定プロセスの強化に役立つ。それらを上手に使うコツは、求めるべきものを知り脇道に入らないようにすることだ。

ウオッチリスト

ウオッチリストはトレーダーの準備に使われる強力な情報整理のツールだ。ウオッチリストというのは毎日更新されるダイナミックな銘柄リストで、価格アラートを使いながら銘柄の追跡ができる。価格アラートは、追跡対象の銘柄が所定の価格レンジに入るとそれを知らせてくれる。自分の狙い株から成るウオッチリストを使えば、自分にとって最も重要な情報に焦点を合わせることができる。

ウオッチリストは、大部分のソフトパッケージに含まれる空白のモ

ニターページで簡単に作成できる。本章の後半に挙げたウエブサイトのなかには電子メールで必要な情報を送ってくれる無料のウオッチリストが使えるものがある。例えば、clearstation.com は効果的なダイナミックウオッチリストを作成できるウエブサイトのひとつだ。

ウオッチリストが特に有効なのは、アイデアを最後まで追いかけやすいという点だ。チャートを点検していくつかのトレーディングアイデアを思いついたら、それをウオッチリストに載せる習慣をつけるとよい。その日うまくいかなかったアイデアも明日、あるいは1週間後には有効になるかもしれない。またウオッチリストはそこに載せながら失敗した銘柄を検討するのにも役立つ。そうした銘柄は安価で貴重な学習経験として機能することがあるのだ。

セクター指数の支持線領域と抵抗線領域も指値アラートを付けてウオッチリスト上で監視すべきだ。例えば、ナスダックの日足の抵抗線が4000だったとすれば、指値アラートはその水準がブレイクアウトされたときにすぐにその情報を知らせてくれる。

デイトレーダーのための強力ウエブサイト

マーケットメーカーやプロのトレーダーが積極的に活用しているウエブサイトを挙げておこう。

BigCharts.com——多岐にわたる効果的なチャート作成ツールが使える。使い勝手の良い投資リサーチウエブサイトで、インタラクティブなチャート、株価、ニュース、分析が利用できるほか当日の銘柄の調査も可能。また一度に最大50銘柄の日中の株価を表示できる（オプション価格とダイナミックなチャートも含まれる）。

Bloomberg.com——総合的な金融関連ニュースとサービスのサイトで、幅広い情報を提供している。利用者は91カ国以上の14万人超に

及ぶ。

Briefing.com——株式や債券の当日の取引状況に影響する最重要の出来事に関する簡潔な情報を提供。定期的に訪れるべき優れたサイト。

Cbsmarketwatch.com——市場に影響する第一級のニュースのほか表彰された分析、リサーチ、教育記事を提供する人気サイト。

Clearstaion.com——使いやすく効果的なインターフェース、ウオッチリスト、アラートの特徴を備えた、トレーディング手法とアイデア中心のサイト。テクニカル分析、ファンダメンタル分析、トレーディング業界からの情報という3つの主要な投資観点が統合されている。

Cnbc.com——CNBCが、使い勝手が良く総合的で教育的な形で提供するオンラインの最上の情報（過去と現在の記事にアクセス可能）。

Cnnfn.com——CNNの金融関連ニュースサイトで、市場や投資などのセクションがある。

Companysleuth.com——発見が難しい情報を追跡し、その結果を毎日電子メールで知らせてくれる。自分がトレードしている企業について有用な手がかりを提供してくれる私的なリサーチ機関として使える。ある銘柄が大きく動いているのにその理由が分からないときはこのサイトをのぞいてみるとよい。

Dailystocks.com——ブックマーク必須のサイト。市場の最新情報、ニュース、決算発表スケジュール、リサーチレポート、銘柄スクリーニング、IPO、公開情報、企業変化など必要な全市場情報の有力ウエブサイトへのリンクを提供。

Edgar-online.com——SEC（証券取引委員会）提出ファイルに関する最新情報への素早いアクセスを提供。

Finance.Yahoo.com——総合的な金融関連サイトで、税金からローンや米国株に至る広範囲の米国内外の投資問題を扱う。幅広いトレーディングの話題に関する良質のチャットルームを探しているのなら必見。

Financialweb.com——金融関連のコンテンツ、株価、チャート、証券データ、ニュースなどを提供。Quote Central、Rapid Research、Stock Detective、Wall Street Guru、The SmallCap Investor、Stock Tools、The Bear Tracker、NewsVest、Mr.EDGAR、Strike Price、YourFunds.com、Bull Mart、Annual Report Online、InvesToonsなどほかのさまざまな金融関連サイトを統合。

Fool.com——楽しくユーザーを教育するインターフェースにより金融情報を提供。

Hoovers.com——企業概要を含めた詳細な企業情報を提供する優れた情報源。コンテンツは楽しく読みやすい形で示される。また企業の主要な競争相手の発見と絞り込みに向けた優れた情報源にもなっている。

Investext.com——トムソン・ファイナンシャル・サービシズの一部門、インベステックスグループが世界中の企業の巨大な電子データに基づき企業報告や分析などの投資リサーチを提供。

Investorama.com——個人投資家向けの第一級インターネットディレクトリである investorama.com が、ウエブ上で利用可能な最大の金融情報源の宝庫を提供。

Investors.com——インベスターズ・ビジネス・デイリー紙の公式ウエブサイト。トレーディングの着想を発掘するための有用な手段を提供。有望な銘柄やセクターが広範囲の注目を集める前にその手がかりを与えてくれる点がユニーク。インベスターズ・ビジネス・デイリー紙は独自の表やチャート、評価指標を使って、勝つ可能性の高い銘柄を正確に示してくれる。

IQC.com——ユーザーがローソク足のパラメータを使って銘柄に関する投資アイデアを検索できる点がユニーク。例えば、強気のリバーサルパターンを形成したハイテク株を見つけだそうというような場合に最適。またファンダメンタルズを使って投資アイデアを検索するこ

ともできる。さらに、ローソク足チャート作成やテクニカル指標などのトピックを含む教育セクションも備えている。

Justquotes.com——気配値、総合的な企業リサーチ、分析、チャート、競争に関する情報を提供。

Marketguide.com——市況解説、クイックリンク、リアルタイムの気配値、格上げ・格下げ、主要なニュース、話題株、DRIPS（情報処理ソフトウエア）、証券会社のリサーチなどの諸領域を対象とする質の高いリサーチの情報源。

MarketHistory.com——クオンツに関する投資アイデアを探しているのなら訪れる価値のあるサイト。定量的リサーチを通じて高リターン・低リスクのトレーディングアイデアを提供。プロのトレーダーもよく利用し、ほかに例のない独自性を誇る。正会員の会費が比較的高いサイトのひとつだが、それだけの価値は十分にある。

Money.com（MSN）——市況、ニュース、投資、不動産、保険、自動車、退職、税金、トレーディングツールなどのトピックを扱う金融戦略センター。

Moneycentral.com——多様な金融の必要性を満たすワンストップショッピングの提供サイトとして高い人気を誇る。さまざまな有価証券、ファンド、投資ツールに関する詳細情報を提供する最大規模の金融ウエブサイト。MSNの投資家セクションはポートフォリオ管理、銘柄スクリーニング、投資の追跡、ニュース、投資アイデアと投資実績、リサーチ、電子メールの通知と警報などに焦点を合わせている。

Moneypaper.com——教育を通じて独立した投資家の財務の健全性を高めることを主眼としたウエブサイト。月刊誌も発行。投資家の現在の戦略を踏まえてとるべき行動方針に関し、具体的な投資の推奨を提示。

Morningstar.com——Morningstar.net は投資信託と株式に関するリサーチ、分析、投資情報の第一級プロバイダー。このサイトでは重

要なデータ、ニュース、市場情報、インタラクティブなツール、教育が提供され、投資家はさまざまな投資プロセスに習熟できる。

Mredgar.com──SECへの提出書類、企業情報、ウオッチリストにアクセスでき、新たにSECに書類が提出されたときに電子メールで通知してくれる。

Multex.com──リサーチレポートの主な入手源で、証券会社、投資家、機関投資家を投資リサーチや情報サービスと結びつける。

Mutualfundsinteractive.com──投資信託への投資に主眼を置く投資家の教育を目的とした総合的な教育的資料を提供。

Nasdaq.com──ナスダック株式市場のホームページ。ナスダック銘柄の世界に影響する情報を分単位で提供。

Nasdaqtrader.com──マーケットメーカーの取引データなど、ナスダック銘柄の取引活動や関連する規制の情報を提供。マーケットメーカーの全体的取引活動に関する月次情報を入手するために訪問する価値がある。

Newsvest.com──金融業界にとって総合的なニュースソース。

Nyse.com──NYSE（ニューヨーク証券取引所）のホームページ。取引フロア、株式市場、上場企業、会員と金融機関、規制、上場株式に影響するニュースに関する情報を提供。

Professionalcity.com──投資から法律にまで及ぶ専門家に狙いを定めて広範な情報を提供。

Quicken.com──ワンストップショッピングの金融ネットワークとなることを目指して制作された広範な仮想ツールを提供する個人向け財務管理サイト。Quicken.comとMoneycentral.comは個人的な財務ニーズに対応しようとするウエブサイトとして双璧をなす。Quicken.comには保険、住宅ローン、投資の税務処理、退職計画のニーズなど多様な問題を支援するコンテンツが含まれている。このサイトで必要なものを見つけたら、さらに一歩を進めて双方向的に書式に記入し

ていけば目的のものが入手できる。

Quote.com——株式、オプション、コモディティ、先物、投資信託、株価指数の気配値など、総合的な金融市場のデータ群を提供。またニュース、市場分析、チャート、企業情報、ファンダメンタルズのデータも提供される。

Ragingbull.com——掲示板、ニュースと解説、気配値、データを楽しく使いやすい形態で提供する人気サイト。

Redherring.com——レッドヘリング誌の公式サイト。IPO、企業内部者のニュースと分析、ベンチャー・キャピタルのほか重要な業界ニュースを提供。

TechStocks.com（Silicon Investor）——掲示板や最新の話題に関心があるなら訪れるべき重要サイト。あまり知られていない情報を求めるトレーダーに人気がある。トレーディングツール、市場に関する洞察、ポートフォリオのセクションなどが含まれている。

Thestreet.com——ウォール街のインサイダーの観点から記事や論説を書く一流の経済ジャーナリストが集まっている点でユニーク。米国株式から海外債券に至る幅広い市場を対象にして定評ある徹底的な市場分析を毎日提供。

WSJ.com（Barrons.com）——ウォール・ストリート・ジャーナル紙のオンライン版。月額10ドル以下で使い勝手の良い形式によって同紙の高質の記事をすべて提供。会員になれば、バロンズのほか過去の記事を検索できる総合的なデータベースもオンラインで利用できる。有用な記事を安価で容易に整理し保存できる。

Zacks.com——決算報告、見積り、修正、格上げ・格下げなど、企業収益に関する主な情報源として有名。

ZDNetinteractiveinvestor.com——ジフデイビス（ZD）は世界有数の技術メディア企業。経済に影響する最新の動向、技術、インターネット動向に関するデータを収集するうえで第一級のウエブサイト。

インターネットによってすべてのユーザーが有用な情報をいつでも利用できるようになった。以前なら非常に高価で入手しにくかった情報が今では、探す場所さえ知っていればだれでも入手できる。ここに挙げたウエブサイトは、トレーディングの知識と能力を高めるのに必要なテクニカル情報、ファンダメンタルズ情報、ツール、教育資料、解説を提供してくれる。

第4部

トレード
THE TRADE

第11章 仕掛け

ENTRY

　正確な仕掛けがトレードのカギを握る。適切に仕掛けることができれば成功の確率は目を見張るほど高くなる。ほとんどのトレーダーは、十分に計画を練ったのに仕掛けの時点でつまずいて、見込んでいた利益が損失になった経験をしているはずだ。

　仕掛けの成否は、価格、タイミング、執行という3つの要素で決まる。最高の仕掛けの価格帯と最高の仕掛けのタイミングの見分け方を知れば、利益が伸びる。また、あまり考え込まずに迅速に行動する習慣が身につき、成功の可能性が高くなる。行動の準備を整えておく利点は前もって決断を下すということにあり、それによってほとんどためらわずにトレードを実行できるようになる。

　仕掛けの残りの要素は取引が迅速に執行されるかどうかだ。取引は素早く執行される場合も執行されない場合もある。トレーダーは必ずしもそれを自分でコントロールできない。迅速な執行には、行動のスピード、市場全体の動き、銘柄の流動性、使っている執行システム、その時点の銘柄の状況などが絡んでいる。

　トレーダーにとって、望んでいた執行が実現できなかったときに支払ってもよいと考えるプレミアムはコントロールが可能だ。狙った価格帯を逃したときにあくまでその銘柄の仕掛けを追求して高いプレミアムを支払うことは、トレーダーが特によく犯す誤りのひとつだ。こ

の種の誤りは準備と規律と忍耐によってのみ避けられる。仕掛けのプレミアムについては本章の後半で詳しく取り上げる。

段階的仕掛けのアプローチ

段階的仕掛けのアプローチでは徐々にポジションを増やしていく。一度にポジション全体を買ったり空売りしたりするのではなく、最初は意図したポジションの一部だけを仕掛ける。望ましいのは半分から3分の2までの株数だ。最初の仕掛けのあと、望ましい方向に進んだときにだけポジションを増やす。だから最初よりは仕掛けの価格が高くなる。

段階的仕掛けのアプローチを使えば、柔軟性が増し、底や天井をとらえる可能性が高くなり、リスク特性が良くなる。複数の水準でポジションをとることによって柔軟性が増すのは、仕掛けのときに完璧に正しくなくてもかまわないからだ。マーケットメーカーはたいてい複数の水準を使ってポジションをとったり解消したりする。

優秀なマーケットメーカーは、自分は絶対に正しくなくてはならないという自尊心を克服している。市場は常に動いているため、動きのピークや底にぴったり合わせて仕掛けたり、手仕舞ったりすることは不可能に近い。そのような自尊心に駆り立てられた願望を捨てて自由になれば、相場が思いどおりに動いたときには増し玉し、そうでないときには減らすことがより大胆にできるようになる。そうしたトレーダーは基本的に、価格情報を受け取る前ではなく、あとにトレードしている。

段階的仕掛けによって可能になる価格発見は便利な機能だ。そのおかげで、自分の戦略が正しいことを確認できたときは確信して行動することがより容易になる。最高の確認は注文執行後の価格変動によって得られる。価格変動やタイミングだけでなく、自分の戦略について

も確信が持てるのだ。ある銘柄を買ったあと思いどおりに値上がりすれば、自分の戦略が正しいことを確認できる。裏目に出たときは自分の戦略が正しくなかったことが分かる。思いどおりに動けば確信を持てるだけでなく、利益と含み益によるバッファーという心理的強みも手に入る。裏目に出たときは、ポジションの一部しかとっていないため損失を限定できる。

　含み益のあるポジションを増し玉するときは、必ずすでに含み益のあるポジションの半分以下の量にする。そうすれば、増し玉のタイミングが最悪だった場合でも──例えば、株価が値上がり幅の50％も下落したとしても──損を出さないですむ。含み益のあるポジションを増し玉するときのタイミングとしては、どんな場合でも小幅に下落した動きが収まるのを待つ。そして、その下落が当初のエントリーゾーンの上で止まったときに増し玉する。

　　あるマーケットメーカーが段階的仕掛けのアプローチによって５万株のABCD株を買おうとしていた。現在の気配値は40-40 1/16ドルで、1/16ドルの水準には３万7500株の売り物が出ている。そのトレーダーはセレクトネットを使って発注し、直ちに40 1/16ドルで２万5000株買った。株価はすぐに40 1/4-40 5/16ドルに跳ね上がった。だが５分後には押されて40 3/16-40 1/4ドルで止まった。トレーダーはこのタイミングをとらえて40 1/4ドルで１万2500株を買い増し、株価は再び上昇に転じた。今や３万7500株の買い持ちとなっている。株価が40 1/2ドルを超えたあと彼は残る１万2500株を40 9/16ドルで買い、結局５万株を平均40 1/4ドルの価格で買った。

　成功した多くのデイトレーダーは通常の株数を一気に仕掛ける前に段階的仕掛けの手法を使ってまず様子を見る。例えば、２万5000株の

ABCD株を買うことが目標ならば最初に１万〜１万5000株を買う。そうすることで、方向やタイミング、モメンタムに関する自分の短期的見通しが正しいかどうかを素早く見極められる。

　一般的原則として買いにくい株は上昇しやすく、売りにくい株は下落しやすい。ABCD株を買ってそれがすぐに下落したら、自分の短期的戦略に何か問題があったかもしれないと分かる。まだポジション全体を保有していないため、腰を据えてそれほどのリスクなしに計画の成り行きを見守れる。ストップに引っかかった場合には、予定したサイズの一部しか買っていなかったため損失の限定がうまくいったことになる。

　ABCD株の上昇スピードが早すぎるため買い付けが難しかった場合、自分の短期計画が正しかったことが分かり、持ち株の半分以下という適切な増し玉に確信が持てる。最初に１万5000株を買ったとすれば、増し玉分はその半分の7500株とするのがいいだろう。買い持ちしたあとで狙いどおりの方向に2.5％以上動いたときはいったん利益を確定してから増し玉する。

　成功株の増し玉は深追いとは違う。最初のポジションをとるときはどんな価格で仕掛けるかを決めておくことが大事だ。仕掛けに動くときは、最初のエントリーポイントがバッファーゾーンを超えないようにする。バッファーの基準は株価によって変わるため、厳密な数字というよりおおまかな目安として使うのがよい。仕掛けにあたってはトレード対象銘柄の知識や自分の常識を活用し、仕掛けのバッファーゾーンを軸にして柔軟に対応する。

　ほとんどの場合、株価が一直線に動くことはなく、最初に値固めや反転が生じる。どこかで一息入れたあとで上昇を再開する可能性が高いのだ。インターネット株は動きが激しいため、仕掛けの開始時点を基準として広めにバッファーゾーンをとる。仕掛けに夢中になっているときは、株価がステップを踏んで進行するという事実を忘れがちに

なる。株価は前進、休止、後退を繰り返しながら動くものなのだ。仕掛けのバッファーを決めておくことは大事だが、あまりに急速にバッファーを超えるときは次のトレードに移るのがよい。

仕掛けのバッファーゾーンを逃しても、最初の動きが仕掛けの基準の2倍を超えていないときは押したときに再び仕掛けることができる。例えば、50ドルで買いたい株の最初のバッファーゾーンが3/8ポイントだとする。1株も買えないまま株価が3/4ポイント上がったとしても、最初の領域である50－50 3/8ドルの範囲に押されたら仕掛けてかまわない。株価が3/4ポイント以上上がった場合には、押しても手を出さないようにする。市場状況が変化した可能性があり、最初狙っていた仕掛けは見逃したと考えるのがよい。

仕掛けの領域を大幅に超えたあと元に戻ってきた株式を落ちた星という（これについては本章で詳しく後述する）。落ちた星は強力な抵抗を受けており、同じ方向に進む勢いを取り戻すのに苦労する。落ちた星と出合った場合には市場状況を再評価し、それでも仕掛けたいと思うときは、新しいトレードとして仕掛けるのを検討するのがよい。

段階的にポジションをとる利点は、トレードが順調なときに使える買い付け余力をとっておけることにある。この買い付け余力はポジションが不調なときは絶対に使ってはならない。どれほど魅力的に思えても、裏目に出た銘柄を買ったり売ったりする衝動は抑えなければならない。最初の仕掛けよりも高い価格だけを支払うようにすべきだ。株価が安そうだから買い、高そうだから空売りするといった気ままで安易な行動に身を任せてはならない。

大型の投資信託は出来高加重平均価格（VWAP）を改善するためにナンピンするぜいたくが許される。デイトレードは投資信託とは目的が違う。デイトレーダーは自分の目的が今日稼ぐことだということを忘れてはならない。稼ぐことの背後には大きく損しないことがある。初心者もプロも同じように損する2つのワナはナンピンと底値買いだ。

それらの間違ったトレーディング戦術がどれほど危険で高くつくかを自覚できれば、利益力がすぐに改善に向かう。

段階的仕掛けこそがトレーディングに成功する秘訣である。成功しているデイトレーダーやマーケットメーカーが利益力を維持できるのは、損失を少額に抑えながら利益を最大化する手法を習得しているからだ。通常の規模の半分のポジションをとれば、裏目に出ても損失は半分ですむ。一方、ポジションが思いどおりにいった場合には、まだ増し玉が可能なため利益が半分に減ることはない。半分になるのは最初の利益にすぎない。いずれにせよ、銘柄によっては追い求めるべき変動の実体ですらないのだ。段階的仕掛けを使えば最初の戦略が正しいという確認もできるし、アプローチの柔軟性も維持できる。

深追い

どのようにポジションを仕掛けるかを知るのと同じくらい重要なのは、どのようにポジションを仕掛けないかを知ることだ。仕掛けで最もよく見かける２つの失敗は、理想的なエントリーポイントを超えた銘柄を深追いすることと、エントリーポイントに向かう動きに先回りしてしまうことだ。

仕掛けの決断を下すとき、狙っていた理想的な仕掛けの範囲を超えすぎた銘柄の深追いをしないようにする。これはその銘柄をあきらめるという意味ではない。あわててその銘柄にプレミアムを払うのではなく、元に戻るのを待って仕掛けるべきだと言っているにすぎない。エントリーポイントを大幅に超えて動いたのでなければ、元に戻ったときに仕掛けてかまわない。だが、あまりに大きくエントリーポイントを超えたときは元に戻っても、(落ちた星に) 手を出してはならない。表11.1は株価を基準としたバッファーの範囲に関する一般的な指針として使うことができる。深追いを避けるための一般的な基準として

この範囲を頭に入れておいてほしい。ただし、これは厳密なものではなく、トレード対象の銘柄やトレードしているときの状況に応じて柔軟な仕方で利用する必要がある。

表11.1　仕掛けのバッファーゾーン

株価	バッファーゾーン
0～25ドル	1/4ポイント
25～50ドル	3/8ポイント
50～75ドル	1/2ポイント
75～100ドル	5/8ポイント
100ドル以上	3/4ポイント

　ほとんどのマーケットメーカーは、個人顧客の注文に応えるために仕掛けの範囲を超えすぎた銘柄を深追いするのを避けたがる。範囲を大幅に超えたときは、その価格で買うよりは個人投資家にその銘柄を空売りするほうを好む。株式というものは上昇のあと押すというステップを踏んで動く癖があるからだ。

　例えば、気配値が39 15/16－40ドルの株が動き始めたときは、40 3/8ドル以上の価格で仕掛けてはならない。最初の動きをとらえ損ねたら、自分の仕掛けの範囲まで押すのを待ってから手をつける。40ドルの株が40 3/8ドルから1.5％を超えて（つまり41ドルを超えて）値上がりした場合は手出しを避ける。市場の状況は変化する可能性がある。トレーダーの目標は自分に不利な方向ではなく、有利な方向に動く株を買うことにある。リターン減少の法則によれば、仕掛けのコストが高ければそれだけ利益が少なくなる。この原則を理解してそれを守れば利益が着実に増えるであろう。

　エントリーポイントを2.5％以上超えた株がいったん押して値固めをしないまま上昇し続けるというのは、通常の出来事というよりも例外に属する。動きが始まったときの価格を大きく超えた株を追い続け

る習慣のあるトレーダーは、いつも仕掛けでプレミアムを払っていることになる。より高い参入コストを支払うのが不利なことは、トレーディングに限らずあらゆる事業で証明されていることだ。いつも平均を超える価格で仕入れる企業は利益率が低く、収益の確保に苦労している。

多くのトレーダーが仕掛けのコストを無視する傾向がある。20ドルの銘柄が1/2ポイント動けば2.5％になる。比率として見た場合、これは100ドルの銘柄が1/2ポイント動いた場合（0.5％の動き）よりも力強い値動きだ。トレーディングは確率のゲームである。順行する動きによって自分に有利な確率が高くなれば、トレードで成功するチャンスが大きくなる。動きが始まったあとでプレミアムを払って仕掛けることを繰り返すようならば、ほとんどの状況で継続的な成功の確率が低くなる。

株価が高ければ仕掛けのバッファーはそれだけ大きくなる。例えば株価が100ドル超の銘柄については、動きが始まったあとのバッファーゾーンをおよそ3/4ポイントに広げる。エントリーポイントをとらえ損ねた場合、いつでもその銘柄に立ち戻ってかまわないが、それは新たなトレードであり、新たな短期トレンドをとらえ直すようにすべきだ。

インターネット株のIPOのような例は普通のトレーディング状況とはいえず、完全に別のトレーディングゲームとみなす必要がある。インターネット株のIPOを手掛けようとするデイトレーダーは、自分が売買するほかの大部分の株式とは違った戦略を用いる。インターネット株のIPOでは株価が激しく動くため、深追いが仕掛けや手仕舞いの唯一の手段となることも少なくない。スリッページの調整と同じようにエントリーゾーンも広めにとる必要がある。デイトレーダーが株価の５〜10％も深追いすることも珍しくない。インターネット株のIPOを手掛けるときに最も注意を払う必要があるのは引き受け主幹事社と

動きの２つだ。主幹事社は当然ながら大量の顧客の注文フローを扱うことで市場を動かす力を備えているため、たいていはその２つが連動している。インターネット株のIPOを手掛けるときは前もって決めた限度に従って株価を追いかけるが、その限度はしっかり守る。IPOでは強欲と恐怖の感情が最高潮に達する。ホームランを打とうとする衝動を抑えて規律を失わないようにする。

普通、トレーダーが株式を深追いするのは、動きをとらえ損ねたことで感情的になり、何が何でもポジションをとろうとするからだ。上昇モメンタムの銘柄を買うのは良いことだが、最初の動きを逃したときは放っておくほうがよい。たいていは別の機会が訪れるものだ。資金を失うよりは仕掛け損ねるほうがましなことを忘れてはならない。仕掛けるときに損する一番多い原因は深追いだ。

プロも初心者も同じように犯しやすいもうひとつの一般的な過ちは、できるだけ安く仕掛けたいという気持ちから株価がエントリーゾーンに達する前に先走って動くことだ。株価が自分の目標水準に向かって動かないときは普通十分な理由がある。先走って動くと仕掛ける理由を無視してしまうことになる。どんなときも、株価が自分の狙った水準に達するのを待って仕掛けるようにする。先走りは避けるように心がける。先走りはトレーダーにとって危険な癖だ。早めに波に乗るのがどれほど魅力的に見えても、先走りは自分の意思を市場に押しつけるのに等しい。市場がドアを開けてくれるのを待って行動するのがよい。自分の意思の押しつけはやめて、市場の意思を読み取るようにしなければならない。

支持線や抵抗線の水準をブレイクする動きに先回りするのが問題なのは、その水準がそう呼ばれる理由を無視しているからだ。昨日の買い手や売り手は一層強い決意でその水準を死守しようとしている。脇にいる強気派や弱気派も自分のテリトリーを守ろうと待ちかまえているだろう。そもそもその水準でポジションをとるのは、売り手の抵抗

や買い手の支持が今日、それを上回る行動によって突き崩された証拠が現れたときだったはずだ。その水準への動きに先回りするのは希望的観測にすぎず、現実的な根拠が欠けている。

落ちた星

　仕掛けの要件を満たしていた株式が狙いどおりの方向に大きく動いたあと、また最初のエントリーゾーンに戻ることがある。これを落ちた星という。最初の動きを逃したトレーダーは得てして、その株が元のエントリーゾーンに戻って仕掛けが可能になり、最初の失敗を取り戻せる機会になることを望むものだ。

　どんな理由にせよ、仕掛けを狙いながら逃した株が思っていた方向に大きく動くのを見るのはイライラするものだ。こうした後悔の感情は支持線や抵抗線の水準の背後にある理由のひとつだ。トレーダーや投資家は動きを見逃したことが忘れられず、もう一度チャンスが訪れたら再び挑戦しようとすることが少なくない。だがたいていの場合、株価の上昇時と下落時では市場の状況が変化しているものだ。

　落ちた星に手を出してはならない。最初の動きが勢いを失い、今や反対勢力が反撃によって支配権を手中に握っているからだ。最初の上昇の背後に十分な買い付け余力があったのなら、普通は元の仕掛け領域までそう簡単には落ちてこないはずだ。落ちた星を買うということは狙いと逆に動く株を買い持ちすることにはかならない。これはモメンタムに従った行動とはいえない。むしろ感情に任せた行動といえる。経験則に従うなら、最初の仕掛け領域を1.5～2.5％超えて動いたあとに元に戻った株式のほとんどは落ちた星であり、避けて通らなければならない。

仕掛けの絶好点

　行動を起こしたらトレードに成功するチャンスが高くなるという仕掛けの絶好点が存在する。その絶好点は一貫して活用できる株価パターンである。株価はその領域をブレイクすると急進する傾向がある。したがって、その場所と活用法を知れば大いに有利な立場に立てる。

　ロングを仕掛けるときの絶好点は前日の高値のすぐ上にある（ロングやショートの仕掛け価格の目標については**表11.1**参照）。前日の高値は最も短期的な抵抗の指標であり、それをブレイクするとたいていはモメンタムが加速し、さらなる上昇の道が開かれる（前日の高値と安値については第6章参照）。株価が前日の高値を超えるのを待って買う利点は、短期的トレンドが強気であることを確認できる点にある。前日の高値を超えたということは、抵抗していた売り手がより強まった当日の買い付け余力に屈したことを意味する。いったんブレイクされた前日の高値は新たな支持線へと変化し、比較的接近したストップロスポイントとして下支えの働きを示す。

　ショートの絶好点は前日の安値のすぐ下にある。前日の安値は最も短期的な支持の指標である。ショートの側でトレードしているときに株価が前日の安値を下回るのを待って動けば、短期的トレンドが弱気であることを確認できる。前日の安値は買い手が守りを固めており、弱気派を押し返すことができた地点だ。その線のブレイクは当日の弱気派が勝利したことを意味し、その線が今度は新しい抵抗線となる。安値ポイントを通過すると別の安値が視野に入ってくる。

　株価が初めて前日の高値を超えたり、前日の安値を下回ったりすると、ほかの2つの強力な日中トレンドと仕掛けの指標が狙いどおりの方向にあることが確認できる。短期トレンドが有利な方向にあることを示す2つの指標というのはネットプライスと始値シグナルだ（第6章参照）。ネットプライスは銘柄の健全性の短期的指標であり、一定

時点でその銘柄を取引する市場参加者が前日の価格変動と比べて当日の動きをどう評価しているかを示す。プラスのネットプライスは青信号、マイナスのネットプライスは赤信号といってよい。ネットプライスと同じ方向でトレードすれば成功の確率が高くなる。ネットプライスがプラスからマイナスへ、あるいはマイナスからプラスへと変わるのは、その方向に向かう動きが加速される有力なシグナルだ。

　始値シグナルは銘柄の健全性を示す、もっと短期的な指標だ。この指標は始値を基準として株式がどのように売買されているかを表す。始値を上回って売買されている銘柄は短期トレンドが強いことを示している。始値を下回って売買されている銘柄は短期トレンドが弱いことを示す。最良のシナリオは、ネットプライスと始値シグナルがどちらも自分がトレードするのと同じ方向を示していることだ。始値シグナルの方向が当日中初めて変化するのは、変化後の方向にさらに株価が動くシグナルとなる。

　デイトレーダーは有望なトレードのリスク・リワード・レシオが最高になった時点で機敏に行動することを目指す必要がある。このレシオが最高になるのはネットプライス、始値シグナル、支持線ないし抵抗線水準が望ましい方向を示したときだ。株価が最初に前日の高値や前日の安値をブレイクすると、それら３つの条件が必ず望ましい方向を示すようになる。その支持線水準や抵抗線水準がブレイクされたちょうどその時点（つまり絶好点）で仕掛けられれば、成功のチャンスは劇的に高まる。

仕掛けのタイミング

　取引日の最初と最後の１時間半という時間帯は利益をもたらすトレンドをとらえる確率が高いことを覚えておくとよい。市場は午前９時30分から11時の間と午後２時30分から４時の間に最もよく動く。この

時間帯のボラティリティとモメンタムによって最高の収益機会が生み出される。デイトレーダーはこの時間帯に動いている銘柄に対して新しいポジションをとることに主眼を置く必要がある。

　取引が始まってからの５分ないし15分間は新しいポジションはとらないようにする。市場の開始直後はすぐには見分けにくい力が働くために、概して取引の行方が最も予測困難である。普通この時間帯に午前の早い時間に付けた価格への戻りや押しが起きる。個人投資家や初心者のトレーダーは寄り付きで高い銘柄や安い銘柄を追いかける傾向があるため、スペシャリストやマーケットメーカーはこの時間帯が最も利益を上げやすい。寄り付きで高い銘柄は始値が前日の終値を上回っている。寄り付きで安い銘柄は始値が前日の終値を下回っている。

　マーケットメーカーやプロのトレーダーは午前中高い銘柄を売る（逆張り）のを好む。午前早くの反転につながるからだ。朝ギャップアップで寄り付いたS&P先物はたいていその日のどこかでそのギャップを埋める。この窓埋めは取引開始後30分以内に起きることが多く、一般に「午前早くの反転」と呼ばれている。

　ある銘柄が活況で始まったあと注文が落ち着くまでには時間がかかる。この時間帯は予測不能なボラティリティによってデイトレーダーにとって混乱状態となることがある。このボラティリティが収まる正確な時間を予測する確実な方式はない。５分で終わることもあれば、30分続くこともある。行きすぎた熱狂や悲観のために寄り付きで窓を空けた銘柄が、プロが逆に動き出したために方向を逆転することが非常によく起きる。寄り付きのあと市場が落ち着くのをがまん強く待つことで、相場に振り回されるリスクを減らせるし、実際の需給がどちらに偏っているかをより正確につかめるだろう。

　普通、寄り付きはアマチュアが支配し、大引けはプロが支配する。アマチュア投資家はすでに株価が織り込んだニュースを読んで寄り付きの注文を出す。だから、寄り付きの高値を買ったり安値を空売りし

たりすることになる。

　米国では大衆の株式所有が非常に増えたため、買い付け余力のバランスがある程度、小口投資家のほうに傾いた。小口投資家は朝方に動きたがる。大衆が一斉に大量の小口注文を出すと、そうした注文が強力な効果を発揮して株価を動かし、寄り付きを支配するようになる。

　午前遅くから昼過ぎにかけては売買が細り、出来高が減って揉み合い状態となる。こうした時間帯には、トレーダーが無理に事を起こそうとして意味のないポジションをとることがよくある。進行中のトレンドをつかんでいないので、結局、避けられたはずの損に泣くことになる。デイトレーダーにはトレードする時間と場所を選ぶ権利があるはずだ。この権利を生かさなければならない。

　仕掛けでは慎重な準備、忍耐力、機敏さがそろって初めて利益につながる。ポジションをとるときは、株価が自分にとって理想的な範囲内に入ってから動く。この範囲を超えた場合には深追いをしない。トレードの機会を逃したらあきらめる。いずれ別の機会が訪れるだろう。あれこれと過ぎたことを振り返っても仕方がない。

第12章 手仕舞い

EXIT

　正しい手仕舞いを適切に実行できるかどうかで利益の大小や有無が決まる。ポジションのとり方や解消の仕方にはさまざまな手法がある。トレーダーはしばしば素晴らしいトレーディングのアイデアを思いつき、それを適切に実行しながら、手仕舞いの瞬間に利益を減らしてしまう。正しい手仕舞いは芸術といってよい。適切な手仕舞いをマスターするのに時間がかかる理由は、保持し続ける力と冷静な行動という相対立する要素が必要になるために規律が欠かせないからだ。手仕舞いや仕掛けで勝利する秘訣は準備にある。かつてベンジャミン・ディズレーリは、「人生で成功する素晴らしい秘訣は機会が到来したときに準備ができていることだ」と言った。手仕舞いの準備ができているようにすれば利益が大きく伸びる。

段階的手仕舞いのアプローチ

　ポジションを手仕舞うときに強欲と恐怖という2つの力のバランスをとるための解決策が段階的手仕舞いのアプローチだ。このアプローチでは徐々にポジションを解消する。ポジション全体を一気に仕切るのではなく、最初は一部だけを手仕舞いして、残りは手をつけないでおく。そうすることによって、段階的仕掛けと同じように段階的手仕

舞いでは、柔軟性が増し、予想以上の順行が可能になり、利益拡大につながる。

　段階的に手仕舞いすれば、利益確定の衝動が満たされると同時に、一部を保有し続けることで利益の最大化を図れる。このアプローチをとれば、完璧にトレードしたいという自尊心に基づく願望が和らげられるために強力な効果が発揮される。利益を部分的に確定するもうひとつのメリットは、トレードの後半では市場の資金でプレーするという感覚が持てることだ。このことは感情と心理に良い効果をもたらす。ポジションの一部を売ったあとで株価が下落して最初の買値まで押したとしても、一定の利益がすでに確定されている。一部を売った価格を超えてさらに値上がりした場合でも、まだポジションが残っているため安らかな気持ちを保てる。ポジションを増やしたければ、またいつでも仕掛けられる。

　市場が買われ過ぎや売られ過ぎの状態にあると判断したときに段階的な仕掛けや手仕舞いを実行すれば、トレンドの中間部分である実体をトレードするという規律を維持しつつ、市場の反転に乗じることができる。市場が反転するときはボラティリティが高まるために、適切な執行が難しくなることを忘れないようにすべきだ。支持線や抵抗線の領域に入りつつあるときは既存のポジションを軽くすることが特に望ましい。支持線領域に入るときは一部を買い戻す。抵抗線領域に入るときは一部を売却する。抵抗線領域で空売りしたり、支持線領域で買ったりしたいと思ったら、ポジションは通常の規模の半分以下とし、かつ始値シグナル（第6章参照）が望ましい状態にあって確信が持てる場合に限定する。

　段階的手仕舞いのひとつの基準は、狙った方向に最低2.5％動いたらポジションの一部を売ることだ。具体的に言えば、ABCD株を50ドルで2万5000株買ったときは、50ドルの買値から2.5％上の51 1/4ドルで例えば1万2500株を売るという部分的利益確定の指値注文をすぐに

出しておく。たとえ株価が上がり続けたとしても、まだ1万2500株を持っているので値上がりの恩恵にあずかれる。逆に株価が51 1/4ドルまで押してさらに下落したとしても、すでに一部で利益を確定しても、まだ儲けが残っているので安心していられる。

部分的に利益を確定しておけば残ったポジションをより柔軟に扱える。株価がさらに上がり続けたときは、残った持ち高の半分、つまり6250株を手仕舞いして、日中の上昇トレンドが崩れるまで手元に残っている6250株を保持してもよい（第6章参照）。あるいは利益確保のトレーリングストップを使ってもよい（第3章参照）。段階的手仕舞いの方法によって最初の利益を確定したあとはできるかぎり、利益を伸ばすようにする習慣をつけることが重要だ。

利益の最大化

最初の仕掛けに成功して日中トレンドの最初の重要な部分の利益を確定したあとは、リラックスして利益の拡大に専念できる。成功しているトレーダーは勝つ回数よりも利益の最大化を心がけている。このことは多くの場合、言うは易く行うは難しい。少し利が乗るとすぐに満足してそれを確定したくなる。このことは特に、いつも損益に目をやる習慣をつけている場合によく起きる。自分の損益を知ることは大切だ。だが損益に縛られると、その背後にある主観的な要素に縛られて意思決定のプロセスがゆがめられ、強欲と恐怖の気持ちが強くなる。

最高のトレーダーは損益よりも正しい行動を重視し、利益のことは気にかけない。少しの利益を確定するのは恐怖に支配されたアプローチだ。すでに手にしたものを失うことを恐れた結果なのだ。

「利益を確定していれば絶対に破産しない」というウォール街の格言は間違っている。しょっちゅう少額の利益を確定していれば最後には手数料とスリッページにすべてを食い尽くされる。大きな利益を上

げることによって小さな損失とトレードの費用をカバーすべきなのだ。成功している大部分のトレーダーにとって正しいトレードは全体の半分ちょっとの比率でしかない。彼らが手数料とスリッページを払ったあとでもトップに立てるのは、損失を膨らませるよりも長い時間をかけて利を伸ばしているからなのだ。

　一方、絶対に利益を確定しないという強欲に支配されたアプローチもトレーダーの破滅のもとになり得る。マーケットメーカーやデイトレーダーが仕掛けに成功して利を伸ばしながら、その確定を怠ったために結局は株価が反転して、利益ゼロや損失で終わることがよく起きている。

　まったく利益を確定しなかったために儲けを失うのはトレーダーにとって特に落ち込む経験のひとつだ。一時は好調だったのに今は損失に変わったポジションがどうしても頭から離れなくなる。こうした状況では後悔で心がいっぱいになる。儲けを増やすどころか減らしてしまったのだ。苦労して稼いだ利益を失ったトレーダーの多くは自分を責め、同じことは繰り返さないという決意を固める。こうした状態で自分を責め続けると、また儲けをはき出すことを恐れるあまり小さな利益の確定を始める結果となる。だからこそ、仕掛けに成功したあとは部分的な利益を確定し、残りのポジションを膨らませるようにすべきだ。

じっと待つ

　エドウィン・ルフェーブルは『欲望と幻想の市場——伝説の投機王リバモア』（東洋経済新報社）で次のように書いている。「私が大金を稼げたのは頭を使ったからではない。じっと待つことがどんなときも秘訣だった。お分かりか？　腰をじっと据えることなんだ」。順調なポジションを腰を据えて持ち続けることが成功の重要なカギを握って

いるのだ。プロのトレーダーは主に、順行したポジションを保持することで大きく稼いだ利益によって、少額の損失、スリッページ、手数料をまかなう。

トレーディングでじっと待つことの大切さは、仕掛けを逃したときには何もしないということにも通じる。仕掛けを逃したら災難を免れたと考えよう。利益になる別のトレード機会を見つけられる公算が大きい。逃した機会にイラ立つよりは、ほかの好機を見つけるために貴重な時間を使おう。人生でもトレーディングでも過去を振り返るのは何としても避けるべきだ。

じっと待つという習慣はトレーディングの行きすぎを避けるのにも役立つ。行きすぎたトレーディングはビッド・アスク・スプレッド、手数料、ほかの勝利の可能性に充てられなくなった時間という3つの点で高くつく。統計によれば、トレンド途上にある銘柄はたいがいその途中でかなりの部分を逆行してから再びトレンドの方向に進み出す。これらはメジャートレンドに対する小さな調整であり、再度仕掛ける好機となる。トレードを逃しても我慢すること。たいていは再び仕掛ける機会が訪れるものだ。トレードの行きすぎを抑える忍耐力を持つことができれば、利益拡大の助けにもなる。

ポジションをとったあと、なかなか成果が上がらなかったり、失敗の見極めがつかなかったりしても、じっと待つ癖をつけること。トレードの成果が現れるのを見守るべきだ。わずかなダマシの動きが最初にほの見えただけで脅えて、ポジションを放り出してはならない。ポジションがすぐに成果を上げなかったとしても、じっと待つ。トレードが順調に動き出したときは十分に展開する時間を与える。

市場の短期的なダマシや動きがあっても、株式はいずれそれ自体の平衡点に達するものだ。ポジションをとったら、利益を上げるかストップに引っかかるまで確信を持って保有すべきだ。仕掛けたあとに、恐怖心から早まって手仕舞ってしまうとその後悔から行きすぎたトレ

ードに走るものだ。そのどちらも破滅的な行動だ。自信と確信を持って行動する習慣は訓練を通じて身につけることができる。いつもあとで考え直して計画を変えるのでは、トレーダーとしての成長が妨げられる。

　いったんポジションをとったらそのアイデアの行方を見守る。ストップに引っかかるのは一向にかまわない。ほとんどの動きの背後にあるマーケットメーカーの小さなフェイントにだまされてはならない。仕掛けたらどこで手仕舞うかの計画を常に意識する。ポジションをとる前に２つの手仕舞いのポイント、つまり最初のストップロスと利益確定の範囲を頭に入れておく。前もって利益確定の注文を出しておけば、ポジションが自分の不利ではなく有利に動いたときに、利益の一部や全体を確保するのに役立つ。

　トレーディングを有利に進めるために段階的手仕舞いのアプローチを使うこと。このアプローチを使えば動きの底や天井を探り当てる必要がなくなる。ポジションが順行したときは利益をできるかぎり大きくするように努める。段階的手仕舞いに従って利益の一部を確定することがそのことに役立つ。

第13章 注文執行と管理

EXECUTION AND CONTROL

　トレードでは良好な執行によって利益に差が出ることがある。良い約定、悪い約定、あるいは無約定のどれになるかはさまざまな要因によって決まる。ボラティリティの高まりに加えて、今日のデイトレーダーの急増によって最良の執行を得るための競争が激しくなっている。
　ポジションの仕掛けや手仕舞いに伴う注文執行は、トレーダーのコントロール範囲内や範囲外にあるさまざまな要素に影響される。例えば、トレード対象銘柄の流動性、トレーダーのスピード、使っている執行手段、注文の種類、市場状況、予測不能な要因などだ。どんな種類の執行が受けられるかを判断するときはトレード対象銘柄の性質を知ることが極めて重要になる。

成り行き注文

　株価が理想的な目標範囲に入ったときは必ず成り行き注文を使ってトレードを行う。デイトレーダーはモメンタムをつかむことを目指しているため、動いている株式を売買することになる。銘柄が活況なときは成り行き注文でしか約定できないことが珍しくない。成り行き注文のリスクはスリッページによって高く買わされる可能性があることだ。つまり、ポジションをとるときに予定以上のコストがかかること

がある。だが多くの場合、この高くつくコストはある程度は避けられない。高いスリッページを支払わされる限度としては、第11章で説明した仕掛けのバッファーゾーンの最大額を想定しておく。株価の範囲がその最大額を超えそうになったら、すぐに成り行き注文を取り消す。

　プロのトレーダーは寄り付きで高く始まる銘柄は仕掛けない。デイトレーダーは寄り付きでの成り行き注文を出すことを控えるべきだ。動くのは、午前の早い段階での反転や、寄り付き後に上昇したり下落したときに機関投資家が大量注文という形で関心を示したことが確認されたのを待ったり、重要な始値を超える動きが起きたあとにする。

　成り行き注文で支払うスリッページに確実な歯止めをかけるひとつの方法は、最良の気配値よりも内側に指値注文を出すことだ。これは指値注文だが、実質的には成り行き注文と同じ効果がある。例えば、仕掛けのバッファーが1/2ポイントとすれば、そのバッファーの範囲を元にして内側に注文を出せばよい。

　図13.1のナスダックレベル2の画面はアドビ・システムズ(ADBE)の気配値が95 1/8 - 95 5/16であることを示している。あなたのバッファーゾーンが1/2ポイント、買い付け予定株数が5000株だとする。株価がちょうど抵抗線をブレイクしたところであり、動きが始まったとあなたは見ている。この場合は、95 13/16ドルで5000株の買い注文を出す。セレクトネットにアクセスできるときは95 13/16ドルの目標価格で合計5000株の買い注文を出すことによって、売り物をさらって取引を約定させることができる。これは成り行き注文と指値注文を組み合わせた注文方法だ。

AXの後追い

　デイトレーダーがよく使う仕掛けと手仕舞いの戦術はAXの後追いと呼ばれる手法だ。AXとは特定の銘柄の注文を支配するマーケット

図13.1　ナスダックレベル２の画面上のアドビ・システムズ

Symbol	ADBE								
INCA#	95 1/8	96 1/4	5	9	REDI#	0	95 5/16	0	2
p PMJC	95	97	1	1	ISLD#	94 3/16	95 5/16	15	2
p CANT	95	96 5/8	1	1	BTRD#	95	95 3/8	1	2
p MONT	95	96	1	1	p SNDV	94	95 3/8	1	1
p NARR	95	96 3/4	1	1	p SHWD	94 1/4	95 3/8	5	5
p PERT	95	97 3/8	1	1	p MITE	92	95 7/16	1	5
p DBKS	95	96 1/16	1	4	SBSH	94 7/8	95 1/2	1	1
p LEHM	95	96	1	1	p MASH	94 5/8	95 5/8	1	1
p SLKC	95	95 11/16	1	1	p SLKC	95	95 11/16	1	1
p JEFF	95	98	1	1	p PRUS	94 3/4	95 3/4	1	1
BTRD#	95	95 3/8	1	2	p MLCO	94 3/8	96	1	1
p JPMS	94 15/16	96 3/16	1	1	p USCT	92	96	1	1
p SBSH	94 7/8	95 1/2	1	1	p MONT	95	96	1	1

メーカーのことをいう。テレビのディスカバリーチャンネルで大きなクジラが水面下を泳いでいるのを見ると、必ず小さな魚の群れがそのクジラに付きまとっている。それらの魚はクジラの付着物を食べながら、タダでクジラに同行している。デイトレードがAXの後追いをするのもこれと同じ原理だ。

　ある銘柄でAXを発見し、しかもその銘柄が3/8ポイント以上の広いスプレッドで取引されていたら、ECN（電子証券取引ネットワーク）を使ってAXの最良の買い気配値である1/16ポイント上に買い注文を出す。そしてその価格で買えたら、すぐに最良の売り気配値の1/16ポイント下に売り注文を出す。この手法は忍耐力を要し、スプレッドが大きい銘柄ほど効果が大きい。またこの戦術は、AXがだれか分からなくても、スプレッドが大きな銘柄の短期トレンドを発見したことに確信が持てるときにも使える。このときは、必ず最初にトレンドの方向に沿ってポジションをとり、そのあとでAXの後追いとスプレッドの利益を得るためのトレードを実行する。

図13.2　日中高値から下落したEベイ

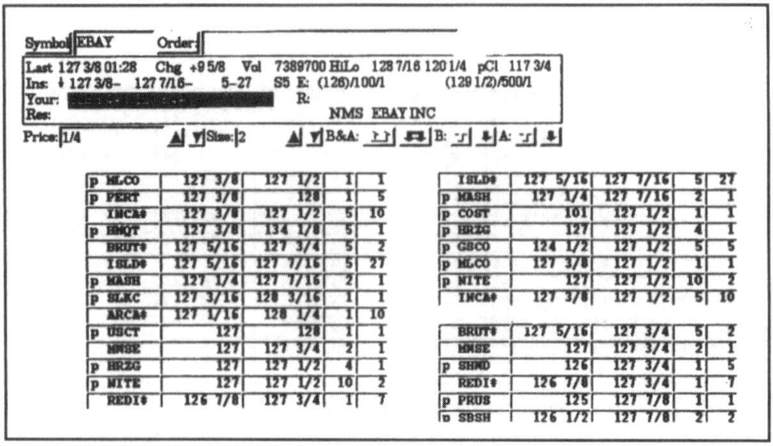

スリッページの要因

　スリッページとは、自分が望む取引価格と実際の約定価格の差を指す。今日では多くのインターネット関連銘柄のボラティリティが非常に高いため、場合によってはその差が極めて大きくなることがある。それらの銘柄は市場全体よりも速く動き、あっという間に何ポイントも上げたり下げたりする。

　1999年8月18日午後3時53分にEベイ（EBAY）は前日比9 5/8ドル高の127 3/8ドル（その日の最高値）を付けた（**図13.2**参照）。ロンは上昇モメンタムによって大引けにかけてさらに値上がりすると判断して、5000株買うことにした。インスティネットで簡単に全株買えたが、普通これは不吉な兆しだった。簡単に買えるということは短期的な供給が需要よりも強いことを意味するからだ。突如として猛烈な売りプログラムが動き出した。Eベイは2分でほぼ3ポイント下げて124 3/8ドルで引けた。ロン

は買いとほぼ同時に自分が間違ったことを悟ったが、行動に出るのを長くためらいすぎた。ポジションを解消しようとしたときにはすでに5分がたっており、もう2ポイント下落していた。結局、たった5分で1万2500ドルを損して、手仕舞う結果となった。

ロンはEベイのロングポジションでひどいスリッページを経験した。インターネット株は出来高の35％以上がECNで取引されている。そのためトレーダーは通常オンラインで注文を出しておいて、可能なときにポジションを動かさなければならない。その結果、ほかのトレーダーの売りや買いによって目先的に狙いが裏目に出ることが生じ得る。

　ある銘柄でどんなスリッページを経験する可能性があるかを学ぶには、忍耐力と注意力が必要になる。ナスダック市場の非常に流動的な銘柄では出来高が10万株を超えることも珍しくない。総じてそうした銘柄では端数のない切りのよい株数で注文を出すため、心理的なストップロスポイントのせいで規模がさらに大きくなる。

　図13.3には1999年8月18日のデルの状況がナスダックレベル2の画面に示されているが、この株は極めて活発に取引され出来高が1億株を超えることもあった。そのため日中のどの時間でも最良の気配値で大量の株式を売買することが可能だった。一方、同じインターネット株であるインクトミ（INKT）は、同じ日の状況を示した**図13.4**から分かるように、どこかの時点で最良の気配値で1000株売買できれば幸運と言えた。

　トレーダーは注文執行の最悪のシナリオとして最大2％の損失を受けるリスク特性を考えておく必要がある。8月18日にデルを売買するとしたら、その流動性の高さにもかかわらず1/8ポイントのスリッページを予期しておくのがよいだろう。一方、同じ日にEベイやインクトミを取引するとしたら、ポジションの規模に応じて1ポイントから3ポイントものスリッページを考えておくのが合理的だ。

図13.3 ナスダックレベル2の画面上のデル

p	DLJP	47 15/16		48 1/8	10	5	p	HRBG	47 3/4	48	10	15
p	BEST	47 15/16		48 1/4	3	10		HRCO	5 1/4	48	1	1
p	MARR	47 15/16		48	5	10	p	MARR	47 15/16	48	5	10
p	SBSH	47 15/16		48	10	10		JOSE	45 1/4	48	10	18
	MNSE	47 15/16		48	10	200		DEAN	47 7/8	48	10	10
p	MLCO	47 15/16		48	10	438	p	SBSH	47 15/16	48	10	10
	ISLD◆	47 15/16		48	78	66	p	LEHN	47 1/4	48	10	10
p	SLKC	47 15/16	48 1/16	1	10			OLDE	47 5/8	48	3	72
p	COST	47 15/16		48	10	10		MNSE	47 15/16	48	10	200
p	SHMD	47 15/16		48	10	10	p	REED	47	48	1	1
p	DKNY	47 15/16		48	1	1	p	MADF	47 15/16	48	28	392
	REDI◆	47 15/16		48	23	20	p	MLCO	47 15/16	48	10	438
	INCA◆	47 15/16		48	110	165		ISLD◆	47 15/16	48	78	66
	STRK◆	47 7/8	48 13/16	10	40	p	NITE	47 1/4	48	5	244
	DEAN	47 7/8		48	10	10	p	COST	47 15/16	48	10	10

図13.4 ナスダックレベル2の画面上のインクトミの気配値

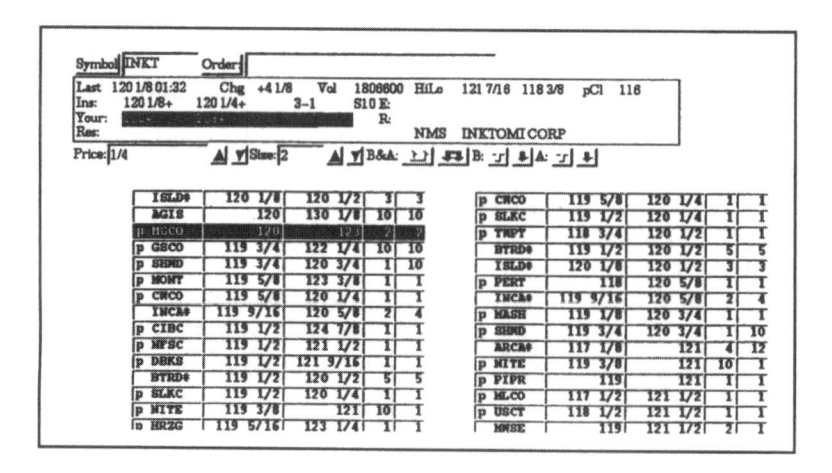

	ISLD◆	120 1/8	120 1/2	3	3	p	CNCO	119 5/8	120 1/4	1	1
	AGIS	120	130 1/8	10	10	p	SLKC	119 1/2	120 1/2	1	1
p	MGCO	120	120	2	2	p	TNPT	118 3/4	120 1/2	1	1
p	GSCO	119 3/4	122 1/4	10	10		BTRD◆	119 1/2	120 1/2	5	5
p	SHMD	119 3/4	120 3/4	1	10		ISLD◆	120 1/8	120 1/2	3	3
p	MONT	119 5/8	123 3/8	1	1	p	PERT	118	120 5/8	1	1
p	CNCO	119 5/8	120 1/4	1	1		INCA◆	119 9/16	120 5/8	2	4
	INCA◆	119 9/16	120 5/8	2	4	p	MASH	119 1/8	120 5/8	1	1
p	CIBC	119 1/2	124 7/8	1	1	p	SHMD	119 3/4	120 3/4	1	10
p	NFSC	119 1/2	121 1/2	1	1		ARCA◆	117 1/8	121	4	12
p	DBKS	119 1/2	121 9/16	1	1	p	NITE	119 3/8	121	10	1
	BTRD◆	119 1/2	120 1/2	5	5	p	PIPR	119	121	1	1
p	SLKC	119 1/2	120 1/4	1	1	p	MLCO	117 1/2	121 1/2	1	1
p	NITE	119 3/8	121	10	1	p	USCT	118 1/2	121 1/2	1	1
p	HRZG	119 5/16	123 1/4	1	1		MNSE	119	121 1/2	2	1

流動性とは、特定の日に特定の銘柄が売買される出来高の厚みを指す。浮動株数や発行済株式数が多い銘柄はたいてい出来高が多い。出来高が多ければ、仕掛けや手仕舞いに伴うスリッページや市場影響度が小さいため、機関投資家やトレーダーはより大きなポジションをとれる。

　どんな銘柄もさまざまな外部要因に影響される癖を持っている。トレーダーはそうした影響される要因をたくさん知っていれば、それだけ正確に銘柄の判断や評価を行える。銘柄の癖に影響する要因としては、時価総額、浮動株数、１日の平均出来高、機関投資家の所有比率、セクターとの相関度、ベータ、標準偏差つまりボラティリティ、AXのマーケットメーカー、出来高中のECNの比率、さらにはそのほかのファンダメンタル要因やテクニカル要因などがある。

　流動性の低い銘柄の損失を抱えたポジションをすぐに手仕舞えると考えるのは現実的と言えない。デイトレーダーの損失の大部分はスリッページに原因がある。つもり売買が現実味がない理由のひとつはそこにある。多くのトレーダーは思いどおりに執行できない可能性を十分に勘定に入れていないために、スリッページがリスク評価の重要な要素となる。どんな場合も最悪の執行を予期して良いほうに間違えるのがよい。そうすれば最良の結果になったときに、うれしい驚きを味わえる。

　時価総額の少ない銘柄で大きなスリッページが起きる理由は、マーケットメーカーが価格を付けるために力まかせに株価を動かそうとするからだ。

　トレードする銘柄の流動性が低いときは必ず、とるポジションのサイズを小さくする。また、流動性に乏しい銘柄は激しく動くために、ストップロスの位置は離して置いておくのがよい。よく知らない銘柄をトレードするときは過去20日間にわたって１日の平均出来高を調べておく。それなりの商いを伴って売買が始まれば、狙った方向に動く

のを確認したうえで、最初の小さめのポジションを積み増すことができるからだ。

空売り

　ナスダックでは東部標準時間午前9時30分から午後4時までの通常の取引時間中、空売り規制ルールが適用される。ナスダックの会員とそれを仲介業者とする顧客は、ビッドがダウンティック（直近の約定価格を下回っていること）のときはそのビッドでナスダック銘柄を空売りすることが許されない。ダウンティックのときの空売りは、最良のビッドを少なくとも1/16ポイント上回る株価で執行されなければならない。ただし、誠実にマーケットメーキングの活動を行うマーケットメーカーは全米証券業協会（NASD）から適格と認められ、ナスダックの空売り規制ルールの適用を免除されている。つまり、そうしたマーケットメーカーはダウンティックでも空売りできるが、デイトレーダーはダウンティックでは空売りできないということだ。

　たいていのデイトレーダーはロングの側でトレードすることが多いが、これはナスダックの空売り規制ルールのせいで、そのほうが執行が容易だからだ。これに対して、マーケットメーカーはロングとショートのポジションの偏りがない。ロングへの偏りは強気相場の時期には有利に働く。今日のデイトレーダーの多くは強気相場しか経験していないため、ロングの側でトレードすることで利益を上げてきた。だが、弱気相場では当然ショートの側でトレードするほうが利益を上げやすい。トレーダーがロングのトレードに偏っていれば間違いなく、弱気相場では利益を上げることがより困難になる。

　例えば、デイトレーダーは1999年春から夏にかけての短期的なインターネット株の弱気相場で軒並み手ひどい目に遭った。多くのデイトレーダーはこの時期のインターネット株に生じたような、それほど長

く続く売り圧力を目にしたことがなかったため、ショートによって下落局面を利用する経験と柔軟性を持ち合わせていなかった。

強気相場や上昇傾向のときに空売りするのはトレンドに逆らうことだ。トレンドが上向きなのに空売りを仕掛けると、狙いが外れて値上がりする可能性が非常に高くなる。弱気相場や下降局面のときに空売りすれば、根底にある力やトレンドに従ってトレードしているので成功の見込みが高くなる。

株価が高いという理由で空売りすると失敗する。変動の比率という点で見ると、最大の動きは最終段階で起きる。強気局面の最後の10％の期間に上昇幅全体の50％が生じることが知られている。あなたが今高いと感じている株価は、実のところ今後最大の上昇が起きるスタートラインなのかもしれない。

空売りのあとまだ決済されていない株式総数を売り残という。売り残の多い銘柄は、抵抗線を超えて値上がりすると（特に史上最高値を更新した場合）、パニックの買い戻しが起きやすい。空売り比率は、平均的な出来高のときに売り残の買い戻しまでにどれだけの日数がかかるかを示す指標だ。計算方法は売り残を平均出来高で割る。

空売りする銘柄の特徴をいつも知っておかなければならない。空売り比率の高い銘柄や時価総額の小さい銘柄を空売りすると、気まぐれに株価を動かす強大な市場の力に振り回されることになる。商いの薄い銘柄を空売りすると、証券会社から電話がかかってきて高値での買い戻しを迫られることになる。チャート上弱いと見えた銘柄が一瞬のうちに何ポイントも上がることがある。流動性の低い銘柄を空売りするときは最大のスリッページを覚悟し、したがって普段よりもストップを広くとり、ポジションも小さくすべきだ。

SECの注文取扱規則

　SEC（米証券取引委員会）は1997年1月に2つの新注文取扱規則を導入して、投資家やトレーダーの注文が市場に届く過程を変えた。最初の規則は指値注文の表示方法、2番目は建値表示の基準を変えるものだった。新注文取扱規則によって価格が改善されスプレッドが狭まり、個人投資家とトレーダーにとって透明性と流動性が高まった。株価が16分の1単位で表示されるようになったことで平均スプレッドが縮小した（40％以上との推計もある）。新注文取扱規則はトレーダーにも個人投資家にも影響を与えている。

　第一に、指値注文取扱規則によってマーケットメーカーはそれまでの指値注文の取扱方法を改めなければならなくなった。新規則の下では、顧客の指値注文を受理したら、その注文に応じるか、注文によって改善された価格を建値表示するか、ECNに送ってそこに表示してもらうかのどれかの措置をとる必要がある。

　この新規則によれば、マーケットメーカーは、株数で1万株、金額で20万ドルを超えない最良の気配値内の指値注文に応じる用意のある実際の株数と株価を示さなければならない。また顧客の注文価格かそれよりも有利な価格で取引が成立したら、その取引は顧客のものとする。

　すべてのマーケットメーキング会社は、顧客の注文価格かそれよりも有利な価格で執行された取引を、自身より優先して顧客に割り振ることによって顧客の指値注文を保護する義務を負う。マーケットメーキング会社は指値注文に応じる義務はないが、応じるときはナスダックの指値注文取扱規則に従わなければならない。

　その指値注文取扱規則によれば、マーケットメーカーが指値注文を受けているときに、その価格以下で取引を行った場合には、その指値注文の一部か全部を成立させなければならない。例えば、マーケット

メーカーが50 1/8ドルで1000株買う指値注文を顧客から受けていた場合、それ以下の価格で取引が成立したら、その取引はまずその顧客のものとする必要があるわけだ。

　ナスダックが導入した第二の注文取扱規則は建値表示に関係している。この規則によればマーケットメーカーは最も競争力のある建値を共通の形式で公表しなければならない。トレーダーや投資家はマーケットメーカーやほかの仲介業者が応じる用意のある最良価格による約定を要求できる。この建値表示規則はマーケットメーカーがひとつのトレーディングシステムに２つの異なる建値を表示することを禁じる。またECNに対しては、だれもがひとつの画面で最良の気配値を利用できるようにするために、内部的な注文状況をまとめて表示することを義務づけている。今では、例えばアイランドなどのECNを利用するデイトレーダーが自分の注文を表示に反映させられるようになっている。つまりトレーダーがマーケットメーカーよりも競争力のある価格で売買する意思を示したときは、その注文が最初に表示され最初に約定される。個人投資家はマーケットメーカーと同じように自分の注文を表示できるわけだから、同じ土俵に立てるようになったのである。

セレクトネット

　セレクトネットはナスダックが後援する電子取引執行システムで、マーケットメーカーがほかのマーケットメーカーやトレーダーと取引するための主要な手段となっている。主要な取引手段だった電話はこのシステムに取って代わられた。「ツールズ・オブ・ザ・トレード」はセレクトネットを利用するマーケットメーカーのために設計されたソフトとして最初に広く普及したものだ。このソフトを使えば電話ほどの時間を要せずすぐに売買できた。現在ではセレクトネットを組み入れたソフトがたくさんあり、マーケットメーカーはマウスをクリッ

クした瞬間に株を売買できるようになっている。

細分化と集中化

　ナスダックとNYSE（ニューヨーク証券取引所）内で取引が執行される現在の市場構造は次第に細分化が進んでいる。ECNやさまざまな取引所の競争激化の結果、最も競争力のある注文を出した顧客が約定取引を自分のものにできない細分化されたシステムが形成されている。その原因は、ほかの証券会社が顧客の注文を参考にして内部的に自社の注文を付け合わせたり、その注文の前に売買したりすることにある。こうした状況は、注文を特定のマーケットメーカーに流すオンラインブローカーからの注文量が爆発的に増えるのに伴って、次第に広がりを見せている。

　大手証券会社5社は2000年2月に、市場で執行の細分化が進む状況に対処するためにSECに働きかけた。その提案では、単一の自己規制機関によって運営され、すべての建値の集中表示を組み入れた中央注文処理システムへの移行が求められた。このシステムではすべての注文が単一の取引執行システムに回され、価格→時間の優先順位に従って執行される。つまり、特定の価格の売買注文は、どんな執行システムに発注されたかとは無関係に、すべての市場を通じた受け付け順に従って執行される。

　一部には、集中的な注文システムは注文を求めて競争するマーケットメーカーのやる気をそぎ、新しい工夫の余地を少なくするという意見もあった。だが、顧客の利益と効率性を目指して市場構造の細分化から統合と集中化に向かう動きが加速している。2000年2月にはナスダックとNYSEが急速に変化しつつある市場で中心的・中核的な役割を維持するために、合併の話し合いを持ったことを明らかにした。またインスティネットとアイランド（ダテックの一部門）という最大手

ECN 2 社が、ECN中最大の競合者という自身の役割を維持するために合併の協議を行ったことも報じられた。こうした一連の合併話は統合と集中化が視野に入ってきたことを示している。とは言っても、新たな市場のあるべき形態についてはまだ論争が続いている。

証券取引所や取引執行手段の統合に向かう別の兆候は、1999年12月にNYSEの取締役会がルール390を廃止したことだった。ルール390は、取引所会員が1979年4月26日以前に上場した銘柄を全国的証券取引所以外の場所で取引することを禁じていた。そのルールが生きている間、ナスダックの証券会社はそれら銘柄を自分の取引所で自己勘定売買することができなかった。1979年4月26日以前に上場した銘柄はNYSEの銘柄全体の23％、出来高では46％を占めている。

短期的にみれば、ルール390の廃止は競合する証券取引所の間で上場銘柄の執行をめぐる競争を激化させ細分化を加速させる方向に働く。だが、長期的には執行の集中化に向けた重要なステップをなすと言える。こうした動きに示されるように、証券取引所間の障壁が除かれつつあり、単一の集中的取引執行手段の確立がこれまで以上に重要となっている。

ナスダックのスーパーモンタージュ

スーパーモンタージュの導入はナスダック市場に次の大きな変化を引き起こすだろう。スーパーモンタージュは二重モードのディスプレーを持ち、レベル2とレベル3の画面に取って代わることになると思われる。その画面では最上部に3本までの気配値と注文合計が注文者名を省いて表示される。指値注文の優先順位は非表示の注文情報ではなく、表示された注文情報に基づいて決定される。注文主のマーケットメーカー名は執行前ではなく執行時に限って表示される。マーケットメーカーとECNは、スーパーモンタージュでもレベル2とレベル

図13.5　ナスダックのスーパーモンタージュ

ナスダックのスーパーモンタージュは最良の価格への電子的アクセスを改善する目的で設計されている。注文情報の表示が強化され、透明性が高く流動性も豊かである。スーパーモンタージュではロックマーケット（最良の気配値が同じで取引が成立しないこと）やクロストマーケット（買いの最良の気配値が売りの最良の気配値を上回ること）、トレードスルー注文（最良の気配値で執行されない注文）も減少すると見込まれている（ナスダック株式市場、2000年3月）。

スーパーモンタージュの表示画面

最上部――合計注文数と複数の株価レベルを表示

買い気配	合計	売り気配	合計
$30.00	7,000	$30.05	5,400
$29.95	10,000	$30.10	14,000
$29.90	15,000	$30.15	23,000

中央部――最良の気配値の情報を表示

最良の気配値	$30.00 – $30.05	7,000 – 5,400			
直近の約定価格	$30.00	+.70	12:30	出来高15,300,000　高値 $31　安値 $29.75	

最下部――マーケットメーカー（MM）の自己勘定取引と取次注文の気配値とECNを価格と時間の優先順位に従って表示

MM名	買い気配	注文数	MM名	売り気配	注文数
SBSH	$30.00	5,000	HRZG	$30.05	5,400
MLCO	$30.00	2,000	SBSH	$30.10	3,000
MSCO	$29.95	3,000	GSCO	$30.10	6,000

3と同じように、画面最下部に自身の注文や売買情報を掲示できる。

スーパーモンタージュは流動性を優先させて透明性を高める目的で作られた。例えばあなたが5000株買うつもりで、最も競争力のある価格で買い注文を出したとすれば、同じ価格で1000株だけの買い注文を出した別のトレーダーよりも優先して買い付けることができる。また、スーパーモンタージュではどのレベルでも注文の一部を保留扱いにすることができ、それによってマーケットメーカーやトレーダーは注文の大部分を保留扱いにして少量だけを表示させることもできる。

ナスダックはスーパーモンタージュの利用を念頭に置いて、現在旧式化したSOES（ナスダックの小口注文自動執行システム）とセレクトネットの執行システムの改良を行っている。この改良では、SOESとセレクトネットにひとつのルートでアクセスできるようにしているため、現在両システムに対して二重に背負っているマーケットメーカーの責任が軽減される。それによってメッセージのトラフィックが少

なくなるため、スーパーモンタージュへのアクセススピードも早くなる。また注文の約定が自動的に行われるので、発注したトレーダーは注文の出来がすぐ分かる。注文を受けたマーケットメーカーは応じるか、ほかに回すかを即座に決めなければならない。現在はその決定に時間的ゆとりが与えられていることがトレーダーにとってイライラの種になっているが、そのイラ立ちもなくなるだろう。

ナスダックはまた2000年第4四半期に気配値の10進法表示の導入を予定している。刻み値は現在のNYSEと同じ5セントとなる。注文執行は1セントの刻み値でも可能となっている。この変更によって、スプレッドがさらに縮小して顧客が恩恵を受けることになる。

ECN

ECNとは、電子的手段を通じて両方向の注文の流れを円滑化する証券会社の取引システムを指す。これは私設市場であり、多様な電子的注文付け合わせ手法が使われている。1990年代半ばにECNの人気と流動性が爆発的に高まったが、これはナスダックが1997年に注文取扱規則を改正して、ECNが得意とする透明性の強化を要求したのがきっかけだった。今日ではナスダックの出来高全体のほぼ30％がECNを経由している。2001年までにはそれが半分以上になると見込まれている。

ナスダックが指値注文の規制を改正したのに伴い、ECNはオンライン投資家やトレーダーが自分の注文を表示する一般的な方法となった。機関投資家やマーケットメーカーも匿名性と流動性に優れるECNをよく利用している。マーケットインパクト（大口売買による市場への影響）によるコスト増大を抑えられるのだ。

ナスダック株式市場は主にディーラー中心の市場で、注文を円滑にさばくために人間の関与を必要としている。一方、ECNは電子的手

段で注文を付け合わす自動システムである。ナスダックでも電子的処理が行われるが、集中化されておらず、マーケットメーカーに依存する電子的メッセージ表示システムとして機能している。

　もっともナスダックが細分化から集中化・自動化に向かう動きが不可避であることから、ECNが長続きするとは思われない。ナスダックが自前の中央注文処理システムを持つようになれば、細分化されたECNは消えていくだろう。

　マーケットメーカーが機関投資家から注文を受けたとき、第一の目的は不必要な注目を集めないようにひそかに株式を売買することにある。機関投資家にとって一番望ましいのはまったくマーケットインパクトなしに注文が執行されることだ。機関投資家は市場の自然な価格に影響を与えずに最良の価格を実現できるようにするため、自分の商品をほかの「自然な」商品と交換することを好んでいる。マーケットメーカーも注文のマーケットインパクトを和らげるために、次第に頻繁にECNを利用するようになっている。

　マーケットメーカーが自分の名前でなくECNを使う利点は、ほかの市場参加者を驚かす可能性が低くなることだ。比較的流動性の低い銘柄のAXとして知られるマーケットメーカーがいきなり株価を最良ビッドに押し下げたら、ほかのマーケットメーカーやトレーダーがわれ先にその銘柄を買おうとするだろう。

　マーケットメーカーは顧客や自分のために効果的な仕事をしようとして、ECNなど利用可能なあらゆるツールを駆使している。

SOES——手数料とスキャルパー

　スキャルピングは時にはわずか1/16ポイントという小さなサヤを抜くのに使うデイトレード戦術だ。小幅なサヤを抜くスキャルピングを使ったトレーディングで成功することはますます難しくなっている。

この手法は1980年代後半から1990年代初めにかけてSOESのデイトレード戦術として人気が出たが、当時は今ほど込み入っていなかった。ひとつには、SOESのデイトレードは狙いを定めたマーケットメーカーから株式を仕入れて、それをより有利な価格で市場に出して手仕舞うだけでよかった。SOESのトレーダーの数が少なく、有利な取引をめぐる競争はほとんどなかったため、この戦術は簡単で実入りが良かった。マーケットメーカーは最良の気配値で大量の株式を提示しており、技術が旧式だったため、SOESのトレードに対する反応も遅かった。

　だが、今日ではスキャルピングははるかに難しくなっている。SOESを使うトレーダーが何千人もいて、おおぜいが互いを出し抜こうとひとりのマーケットメーカーの同じ価格表示を見つめている。また今ではナスダックのマーケットメーカーは最良の気配値で100株だけでも提示できるため、SOESのスキャルパーは1000株の約定を得にくくなっている。さらに片道の取引で25ドルの手数料を取られるので、今では普通の1000株以下の取引では費用効果が低くなってしまう。

　片道で25ドルも必要となりブレークイーブンでも50ドルの損が出るため、デイトレードでは適切な仕掛けが非常に重要となる。SOESのトレーダーが1000株単位で取引している場合、株価が1/8ポイント動いたときの儲けは75ドルにすぎないのに対して、損失のほうは175ドルにもなる。こうしたオッズではカジノと同様、確率的には明らかに胴元が有利だ。小幅なサヤを抜くスキャルピングの目的で積極的にトレードすると、いずれ損する結果となる。

　それでもスキャルピングを続けるというのならば、手数料をできるだけ少なく抑えるようにすべきだ。どんな戦いも戦闘の前に勝負がついていることを覚えておくとよい。戦う前にオッズが自分に有利になるように努力すること。

　SECの注文取扱規則とECNによって透明性が強化されたことに加

え、顧客の注文を得るためのオンラインブローカーの競争が激化したことで、デイトレーダーに有利なダイナミックな取引執行環境が生み出され、さらに急速に進歩しつつある。今ではデイトレーダーはボタンをクリックすれば10ドル以下で指値注文をECNやマーケットメーカーに反映させられる。わずか５年前でも、これほどの低コストでこれほど簡単に市場にアクセスできるとは想像もできなかった。

　デイトレーダーにとってこうした状況はマーケットメーカー並みの執行ツールを使えることを意味する――しかもますますその歩みが加速している。足元ではECNの統合が増加しており、2002年にはわずかなECNしか生き残っていないだろう。こうした統合によってさらに流動性が高まると思われる。

第5部

テクニカル分析
TECHNICAL ANALYSIS

第14章 ローソク足チャートの手法

CANDLESTICK CHARTING TECHNIQUES

　群集心理が株価に影響するのは間違いない。価格は感情、そのなかでも主に恐怖と強欲によって動かされている。デイトレーダーにとって感覚は現実的なものであり、チャートにはそれが反映されている。テクニカル分析では価格変動と出来高を考慮に入れることによって、株式の過去と将来を描き出す。強気派と弱気派の極端な感情をたどることによって、どの時点で強欲や恐怖が頂点に達するかの手がかりを明らかにする。市場で繰り返されるパターンを見つけだす方法を知っていれば、貴重な優位性が手に入る。

　テクニカル分析が有効なのは、投資家心理が価格変動に大きな影響を与えるからだ。トレーダーや投資家は株式の過去の動きを覚えており、機会を逃したせいでその記憶が痛みと後悔を引き起こす。トレーダーは逃した機会に感情的にこだわり、次は絶対に見逃さないと決意している。

　重要な支持線や抵抗線の水準、繰り返されるパターンに精通すれば、自分の市場や関係する市場の重要なテクニカル的特徴をうまく生かせるようになる。例えば、長期債や米ドルが重要な価格の支持線水準を割り込むと、それに連動して株式市場が下落することがある。

　1999年5月2日午前10時30分、見たところ何の理由もなく株式

市場が大幅に下落した。だが、市場通のトレーダーは何が起きているか知っていた。債券市場がテクニカル的に重要な120の節目を割り込んだあと暴落したのだった。それまではその節目が重要な支持線として働いていた。テクニカル的なブレイクアウトが感情的な起爆剤となって株式市場がつれ安したのだ。

　個別株や市場全体が勢いよく動く起爆剤となるファンダメンタル、テクニカル、感情的な要因が数多く存在する。リサーチアナリストやバリュー重視の投資家はテクニカル分析の価値を軽視することで知られている。テクニカル分析は、企業のファンダメンタルズの重要性を打ち消そうとするアートだというのだ。だが、それは間違っている。テクニカル分析は、株価を動かす根本的なファンダメンタルズを追跡し確認し明らかにする。大衆がそうしたファンダメンタルズを知っていようがいまいが、それは必ず株価と出来高に反映される。株価はファンダメンタルズの真の力を明るみに出すのだ。

　チャートはファンダメンタル分析と組み合わせて使うと大きな威力を発揮する。バリュー志向の投資家はファンダメンタルズだけを見て割安な株式に着目する。株価はいずれ収益や純資産に見合った水準に達するという理屈に基づいて、「良好なバリューの」銘柄に手を出す。ところがバリュー株が期待どおりに動くまでに何年もかかることだってあるのだ。バリューだけを根拠に銘柄を選ぶと長い間トレンドと戦うことになり、その間、負けポジションが増え続けるということにもなりかねない。

　テクニカル分析は価格変動と出来高を考慮して銘柄の健全性について総合的な判断を下せるようにするという点で、ファンダメンタル投資を補完する。テクニカル分析ではローソク足、移動平均線、オシレーター、抵抗線と支持線などの基本的なチャート上のツールが使えるようになるため、バリュー投資家を有利な立場に立たせ、トレンドに

従ってトレードするようになり、その結果、時間と資金を無駄にしないですむ。ファンダメンタル分析は少ない銘柄のうちで選択を絞り込むのに役立つが、テクニカル分析はそれを補完して利益確定の水準を示してくれる。

　今日ではチャートへのアクセスがかつてないほど容易になっているため、ほとんどだれもがそれを読んで理解できる。たくさんの人がチャートは複雑で分かりにくいと思い込んで、テクニカル分析を敬遠している。実はそうではない。非常に基本的な手法があり、それを知ればトレードの仕掛けと手仕舞いで成功する知識と手段が手に入る。トップクラスのトレーダーのなかには最も単純なトレーディングプランを使う人がいる。トレーディングは複雑であってはならない。テクニカル分析の基本原則と少数の精選された指標を使えば、ノイズを取り除くことができる。

　テクニカル分析のひとつの問題は、簡単に利用できるチャートや指標が山ほどあるため、多くのトレーダーが圧倒されてしまい、ウォール街でよく言われる「アナリシス・パラリシス」（分析によるマヒ）に陥ってしまうことだ。たくさんの指標をとっかえひっかえ使い、時にはそれが互いに矛盾したシグナルを出したりするために決断が鈍って前に進めなくなるのだ。優柔不断になりがちなトレーダーは元来チャートや指標の分析にのめり込みやすく、決断を先延ばしする口実をすぐに見つけだす。多彩な色が生み出す面白いパターンには催眠効果があり、脳にキャンディのような作用を与える。

　どんな銘柄にも癖がある。チャートは銘柄のトレーディング特性の客観的反映として使えるが、うっかりすると自分自身の特徴を映す鏡になってしまう。自分の必要に合わせてチャートを解釈し、硬直的な見方の証拠を探そうとするワナにはまりやすいのだ。チャートを使ってトレードする一貫した計画を作り上げれば規律の維持に役立つ。日中にこれまで以上に長い時間をかけてチャートを見るようにすれば、

ますます強い確信を持って決断を下せるようになる。

チャートは月足からティック（１回の約定）ごとまでさまざまな時間枠で表示できる。ひとつの時間枠に当てはまるガイドラインはたいてい別の時間枠にも適用できる。複数の時間枠を同時に使ってひとつのパターンを多面的に確認することができる。一番よく使われるのは日足チャートで、取引時間の前でも、最中でも、あとでもそれを基にトレードの日々のアイデアが生み出される。

日中チャートは銘柄や指数の短期的な日中パターンを探り出すのに使われる強力なツールだ。週足の場合はやや視野を広くして、ノイズや日々の動きの干渉が少ないトレンドをとらえられる。長期的視点に立てば月足チャートも興味深いが、短期的なトレーディングプランに組み入れることは難しい。

ローソク足チャート

ローソク足チャートは18世紀の日本で発明された。原理を発明したのはコメ取引によって莫大な富を築いた本間宗久という人物だった。本間はしきたりにとらわれず、ローソク足の手法を使って戦士のようにトレードした。彼には容赦なく機会をとらえて行動に移る能力があったが、ローソク足による確信がそれを支えていた。宗久はその聞こえ高い熟練によって、最後には武士に取り立てられた（スティーブ・ナイソン著『ジャパニーズ・キャンドルスティック・チャーティング・テクニック［Japanese Candlestick Charting Techniques］』1991年）。

ローソク足チャートは、スティーブ・ナイソンの画期的な著書によって1980年代に米国にもたらされたと広く信じられている。その本ではローソク足チャートを読み取り、解釈するための分かりやすい総合的な指針が示されている。

日本のローソク足チャートの手法は楽しく、単純で、非常に効果的

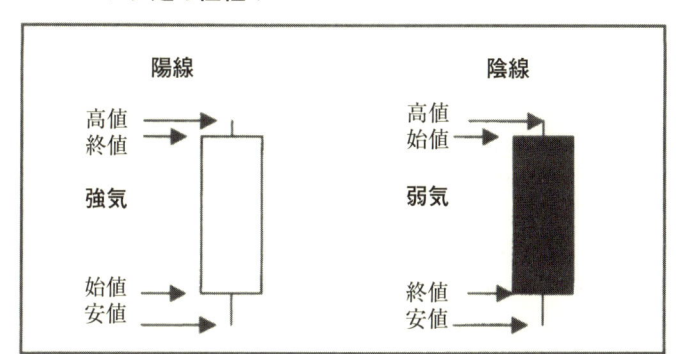

図14.1　ローソク足の仕組み

```
         陽線                      陰線
  高値 →┐                  高値 →┐
  終値 →│  ┌─┐            始値 →│  ┌─┐
        │  │ │                   │  │■│
   強気 │  │ │             弱気  │  │■│
        │  │ │                   │  │■│
  始値 →│  └─┘            終値 →│  └─┘
  安値 →┘                  安値 →┘
```

な株式チャートの作成手段だ。ローソク足チャートに慣れるとバーチャートを見るのに難渋するようになる。ローソク足はトレーダーとチャート信奉者に新鮮で強力な視点を提供してくれる。

　ローソク足チャートは色や対称性によって株価の動きを多次元的に表す。そのチャートでは重要な始値のほか高値、安値、終値を考慮に入れられる。

　日本のローソク足では始値、終値、高値、安値を使ってパターンを描く。個々のローソク足は実体と影からできている。実体の色は始値と終値の関係を表しており、特に重要な特徴となっている。

　白い実体は終値が始値より高いことを示す。白色は強気の印であり、その日は強気派が戦いに勝利したことを表す。黒い実体は終値が始値より安いことを示す。黒色は弱気の印であり、その日は弱気派が戦いに勝利したことを表す。影（「芯」「ヒゲ」ともいう）は実体よりも高い範囲や安い範囲を示している。

　ローソク足チャートは有効な継続パターンだけでなく、強力なリバーサルパターンも生み出す。欧米のチャート手法と組み合わせれば、

意思決定手段の強化にとって強力なワンツーパンチとなる。

始値

　始値はローソク足のトレンド分析の出発点であり、前日の終値よりも重要である。前日の大引けから当日の寄り付きまでの間に多くの変化が生じ得る。ローソクの色を描くのに始値を出発点として使うことで、ローソク足では市場の「今ここで」の局面がより重視されることが示されている。

　始値は一般投資家の注文の流れに反映される極端な感情によって決まることが多いため、マーケットメーカーにとって特に重要となる（始値シグナルとギャップについては第6章と第21章参照）。こうした極端な感情のせいで始値が当日の株価変動の高値や安値に近くなることが珍しくない。前夜から早朝にかけてたまった売買注文を抱えたマーケットメーカーが市場の寄り付きを支配する。そうした注文はおおかたが、前夜や早朝の古いニュースに基づいて行動する初心者の投資家やパニック状態のトレーダーから出されたものだ。

　マーケットメーカーは銘柄の実際の需要や供給を内部から見ているため、寄り付きで独自の有利な立場に立っている。スペシャリストやマーケットメーカーが需給関係を動かすほどに偏った注文を受けていると寄り付きで窓が空く。

　上昇や下落が機関投資家の需要とは無関係の小規模な注文によって起きたとき、マーケットメーカーはそれを人工的と見て、しばしば始値と逆に動くことがある。つまりギャップの逆方向にポジションをとる（人工的ギャップについては第21章参照）。例えば、株価が機関投資家以外の注文によって2ポイント高く始まりそうなとき、マーケットメーカーは自己勘定によって寄り付きで空売りを仕掛けることがある。同じことは機関投資家以外の注文で安く始まりそうなときにも言

える。この場合は、マーケットメーカーは自己勘定で買いに動く。

　NYSE（ニューヨーク証券取引所）のスペシャリストは、自分が扱う銘柄の注文フローの唯一の支配者であるため、始値を単独でコントロールできた。マーケットメーカーは注文約定のために互いに競争しなければならないため、寄り付き前の需要を完全につかむことができない。たいてい始値は前日の高値や前日の安値に近くなるが、これは寄り付き時点の一般投資家の投げやりな感情を反映したものだ。

終値

　始値がたいてい個人投資家や初心者トレーダーの産物であるのに対して、終値はたいていプロや機関投資家の産物だ。ローソク足の実体を見ると、終値が始値とは逆の極端な値になっていることが少なくない。

　大引けでプロが幅を利かす理由の一端は、バイサイドのトレーダーの多くがVWAP（出来高加重平均価格）を基準に報酬をもらえる仕組みになっているからだ。名前から分かるように出来高加重平均価格とは、出来高を加味した、その日の約定価格の平均を指す。機関トレーダーがVWAPに勝てば成績評価が引き上げられ、年度末の報酬が良くなる。機関トレーダーはたいてい注文の一部を大引け近くまでとっておき、自分のVWAPを良くするチャンスがあればそれを使う。株価がずっと堅調に推移したあと午後早くに小規模の売りで小安くなった場合、その下げに耐えられれば大引けにかけて上昇することが多い。その日の成績がぱっとしなかったロングのトレーダーはいずれ買いに動かざるを得ず、それによって株価が押し上げられ、大引けに一段高となるのだ。

高値

ローソク足での高値は上影の上端、あるいは影がなければ実体の上端によって示される。高値はその日に強気派が発揮した力の上限に対応する。また売り手が防衛線を維持できた水準でもあることから、短期的な抵抗線となる。

日中の高値のすぐ上には空売り筋のストップロス注文が集中している傾向がある。前日の高値は当日のトレーディングで出合う最初の抵抗線となる。株価が前日の終値を超えて推移しているときはロングの側でトレードするか様子見に徹する。前日の高値や当日の高値を超えたら空売りをしてはならない。

安値

ローソク足での安値は下影の下端、あるいは影がなければ実体の下端によって示される。安値は弱気派が株価を押し下げたあと強気派がそれを押しとどめ、押し返した水準になる。

前日の安値は最初の短期的支持線として働く。前日の安値や当日の安値のすぐ下にはロング派のストップロスが集中していることが多い。ロング派にとって新安値は新たな損失を意味し、一部にはそれが耐えられなくてポジションの手仕舞いを余儀なくされるトレーダーも出てくる。

ローソク足のリバーサルパターン

日足や日中足のローソク足チャートは効果的なリバーサルのシグナルを発する。リバーサルパターンはすべきこととすべきでないこと、つまり積極的選択と消極的選択という二面的な指示を出す。

リバーサルパターンはトレンドの勢いが尽きたことを示す。トレンドは急速に反転する可能性があり、実際にそれが起きる。だが、機敏なデイトレーダーの目的は値動きの始まりである天井や底ではなく、実体をとらえることにあるはずだ。どんなときもリバーサルパターンが本物であることを株価で確認されるまで待つ。確認を待つことの短期的リスクはトレンドの天井や底を取り損ねることだ。しかし、トレンドのその部分は最もリスクが高い。動きの実体だけに集中すれば、リスクプロファイルは低下する。

　株価が反対の方向に動き出せば、パターンが確認されたと分かる。デイトレードの仕掛けのルールとしては、株価が強気のリバーサルパターンの高値を超えたらロングのシグナルとしてとらえ、そのパターンの安値の1/8ポイント下にストップロスを置く。逆に株価が弱気のリバーサルパターンの安値を超えたらショートのシグナルとしてとらえ、そのパターンの高値の1/8ポイント上にストップロスを置く。

　例えば、下落の大底で現れる強気のリバーサルパターンである「トンカチ」を見つけたとする。当日の高値が21ドル、安値が20ドルだったとすれば、翌日の株価が21ドルを超えるのを待ってロングを仕掛ける。もし仕掛けたら、最初のストップロスをトンカチの安値の下1/8ポイント、つまり19 7/8ドルに置く。

　リバーサルパターンをもとにトレードするときに危険なのは、確認を待たずにトレンドの変化を予期して動く誘惑に負けることだ。これはまさに底値さらい、高値あさりであり、慎まなければならない。むしろ確認がなくてもリバーサルパターンを使って手持ちポジションの利益を確定するほうが賢明だ。例えば、ナスダックの株を1万株売り持ちしていて、その15分足チャートにトンカチが現れた場合にはそのシグナルを合図にロングを仕掛けるのではなく、ショートポジションを減らす。もし株価が日中のトンカチを超えて引け、さらにほかの仕掛けの基準も満たされたらロングを実行する。リバーサルパターンの

確認を待ってから動き出すことを忘れないでほしい。確認とは、株価が強気のパターンを上回ることだったり、弱気のパターンを下回ることを指す。

トレードの前にローソク足でセクターの日中の動きをチェックすれば、リスク・リターン・レシオを高められるだろう。弱気のリバーサルパターンに逆らってロングしたり、強気のリバーサルパターンに逆らってショートしたりするような確率の低いトレーディングを避けるようになるため、損失が減るはずだ。これを消極的選択という。ナスダック100やSPXの日中のローソク足チャートを見る癖を付けるとよい。そうすれば市場のムードをより正確につかみ、リスクリターンが最大となる時点を見極められるようになるため、デイトレードの能力がほぼ即座に向上する。

図14.2のナスダックの15分足チャートには強気のリバーサルパターンが現れている。ナスダックは1999年12月1日に「明けの明星」「強気の包み線」「トンカチ」という３つの強気のローソク足パターンを伴った「逆ヘッド・アンド・ショルダーズ」のリバーサルパターンを形成していた。

図14.3～図14.5は今挙げた３つのローソク足パターンを示している。

明けの十字星と宵の十字星――これは明けの明星と宵の明星のパターンの最も強力なバリエーションだ。このパターンでは、真ん中が同事線か小陽（陰）線となり、両側の実体との間にギャップがあって、星に見立てられる。小陽（陰）線が作り出したギャップは３番目の大陰（陽）線によって埋められる。ローソク足チャートではこうしたギャップ（「窓」ともいう）は重要な抵抗線や支持線を表している。

同事線――強気派と弱気派ががっぷり四つであることを示すリバーサルパターン。このパターンでは始値と終値が同じになる。上と下の影

第14章　ローソク足チャートの手法

図14.2　ナスダック100のローソク足のリバーサルパターン

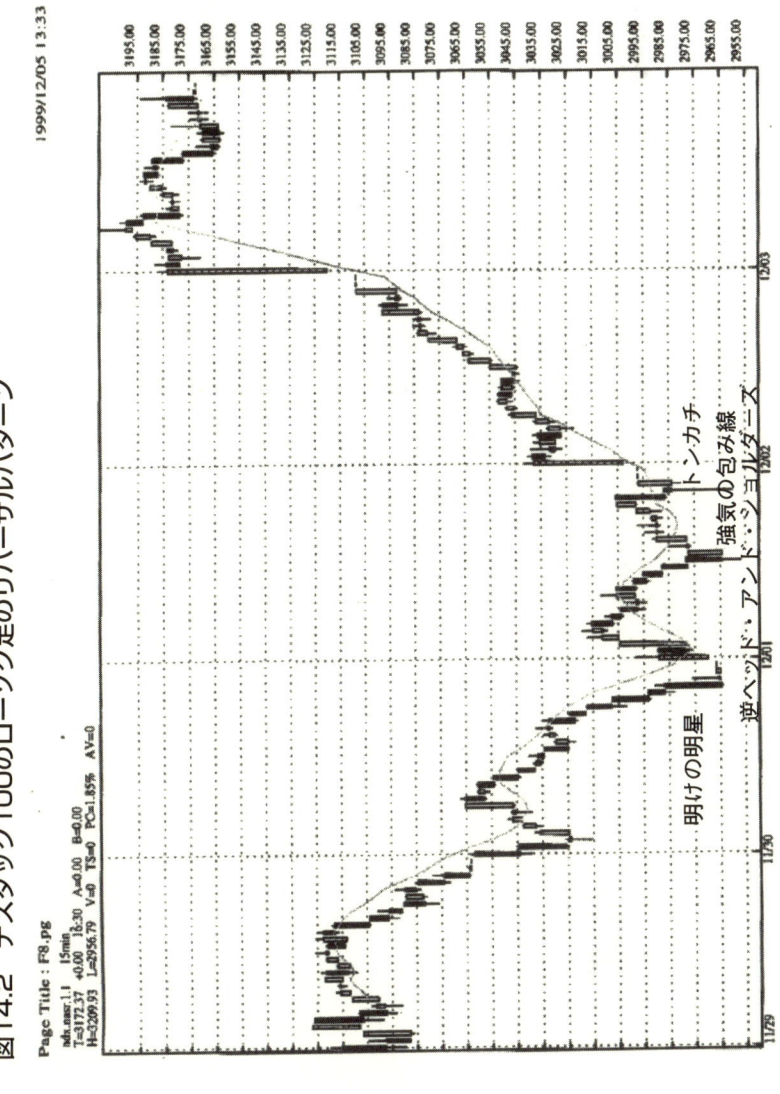

トンカチ
強気の包み線
逆ヘッド・アンド・ショルダーズ
明けの明星

181

図14.3　明けの十字星と宵の十字星

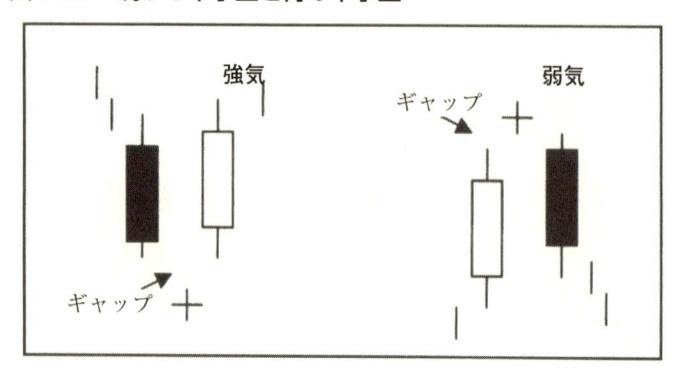

図14.4　同事線

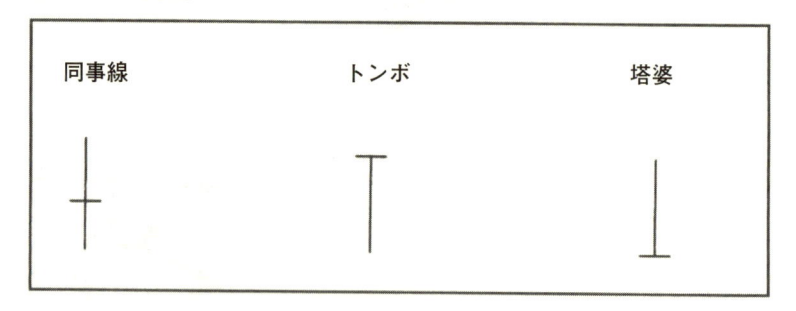

図14.5　包み線

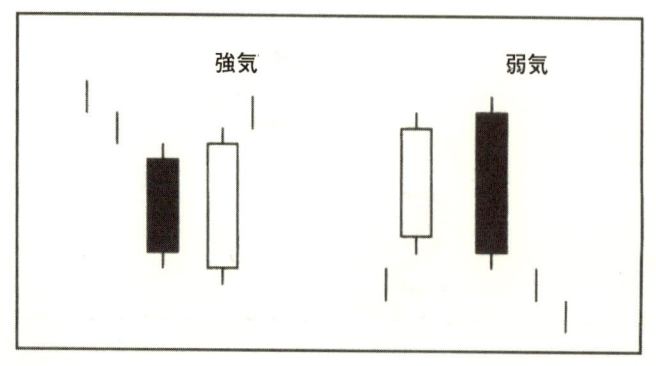

図14.6　トンカチ

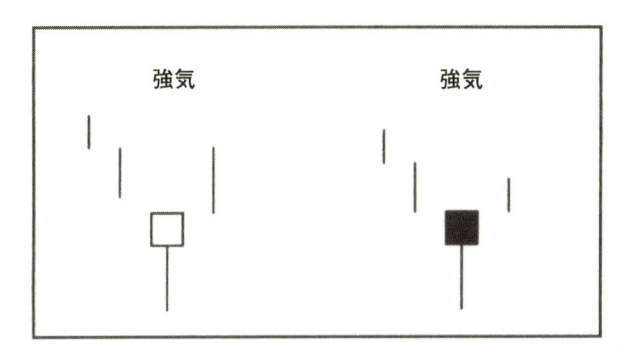

は非常に長いものからまったくないものまでいろいろだ。同事線のシグナルはトレンドの天井や底で現れるとき最も威力が大きい。

トンボ——この同事線では上影がなく下影が非常に長い。これは動きの底で形成されたとき強気のリバーサルパターンとなり、トンカチに似ている。動きの天井で形成されたときは弱気を示し、首つりに似ている。

塔婆——このパターンはトンボの逆だ。下影がなく上影が非常に長い。塔婆の同事線は流れ星と同じように、動きの天井、特にブレイクアウトのあとで形成されたときは弱気を示す。動きの底で形成されたときは逆トンカチと同じように強気のシグナルとなる。

包み線——下落の底や上昇の天井で現れるリバーサルパターン。包み線では当日の実体が長く、前日の実体を包み込む。つまり当日の始値や終値が前日の始値や終値よりも外側になければならない。

強気の包み線——下落の底で大きな白い実体が前日の黒い実体を包み込む形を指す。白いローソク足の下端が新たな価格支持線となる。

弱気の包み線——上昇の天井で大きな黒い実体が前日の白い実体を包

み込む形を指す。黒いローソク足の上端が新たな価格抵抗線となる。
トンカチ——下落の底で現れる強気のリバーサルパターン。この名前はトンカチで動きの底を作り上げるというイメージから来ている。その形は小さな実体に長い下影が付いている。影は実体より最低２～３倍長くなくてはならない。実体は陽線（白）でも陰線（黒）でもよい。トンカチは頻繁に現れる強力なリバーサルパターンだ。**図14.6a**のマイクロソフト（MSFT）の日足チャートでは１月の最終取引日にトンカチが支持線領域に現れている。このあと株価は力強く上昇した。
逆トンカチ——トンカチを逆さまにした形で、下落の底で現れる。小さな実体の上に２～３倍の長さの影が付いている。優れたリバーサルの指標で、特に日中足チャートで威力を発揮する。逆トンカチは下落の底では流れ星と紛らわしい形になる。このパターンは、弱気派が取引時間中の早い時点で強気派に打ち負かされ、価格を下げる力がほとんど残っていないことを表す。
首つり——動きの天井で現れる弱気パターン。上昇局面のトップで形成されるという点を除けばトンカチと同じ形をしている。つまり小さな実体に少なくとも２～３倍の長い下影が付いている。首つりは、弱気派が株価を下げたあとで強気派が最後の力を振り絞って何とか始値付近まで上昇させたことを示している。上昇トレンドのあとで弱気派が勢力を強めている最初のシグナルとして現れたときは要注意だ。その後の展開を見守る必要がある。首つりの実体は陽線でも陰線でもよい。
はらみ線——包み線とは逆のリバーサルパターン。動きの天井か底で大きな実体の次にそれに包まれる小さな逆の色の実体が現れる。トレンドが勢いを失ったことを示す。
強気のはらみ線——下降の底で大きな陰線の次に小さな陽線が現れる。
弱気のはらみ線——上昇の天井で大きな陽線の次に小さな陰線が現れる。

第14章　ローソク足チャートの手法

図14.6a　マイクロソフトのトンカチの形成

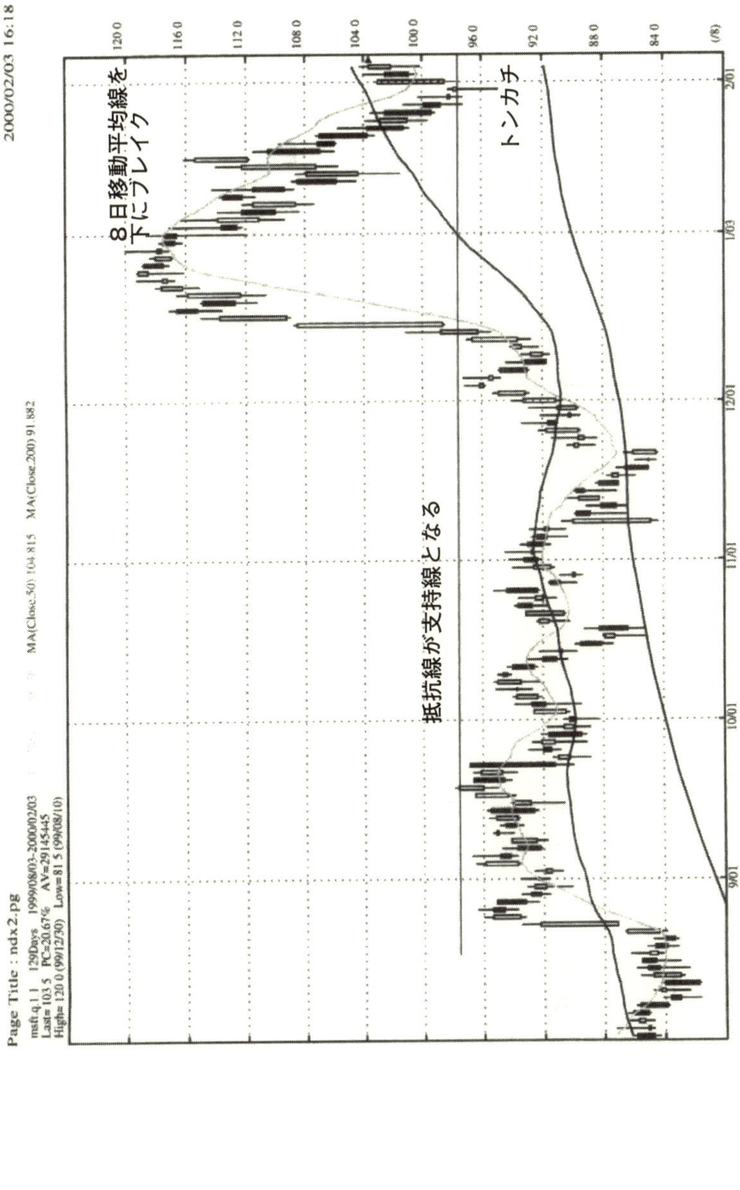

図14.7　逆トンカチ

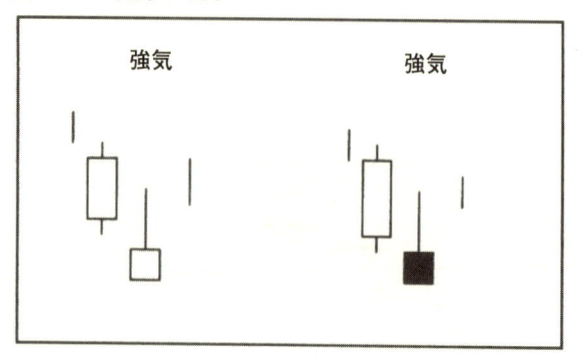

図14.8　首つり

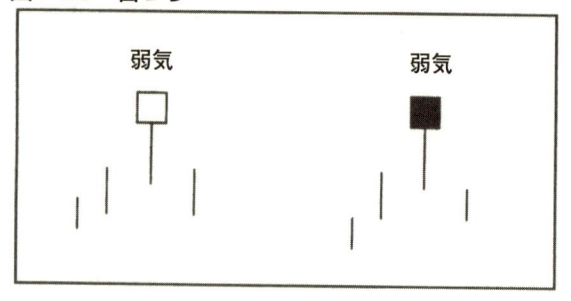

図14.9　はらみ線

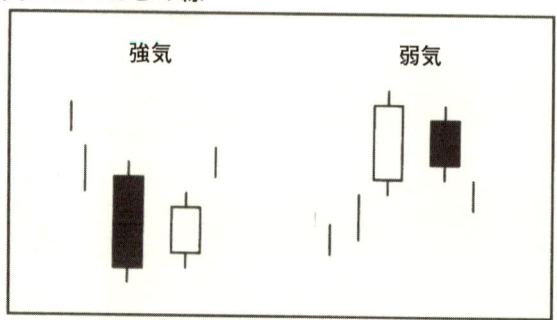

図14.10　はらみ寄せ線

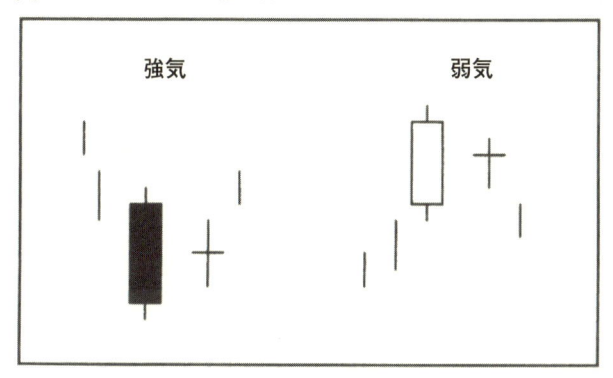

　　　　強気　　　　　　　　　弱気

図14.11　丸坊主

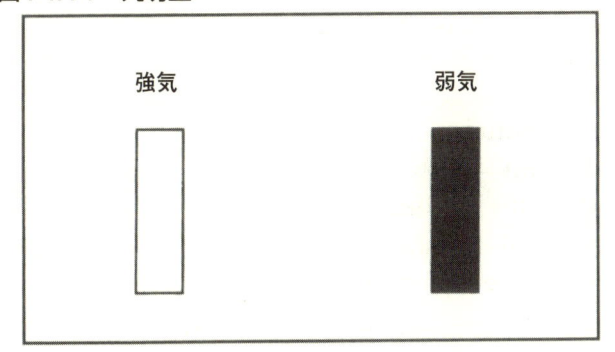

　　　　強気　　　　　　　　　弱気

はらみ寄せ線——動きの天井か底で大きな実体の次にそれに包まれる同事線が現れる。気迷い気分を示し、トレンドが止まる強力なシグナルとなる。

丸坊主——影のない長い実体。日本語ではハゲ頭を意味する。この形は始値と終値に大きな開きがあり、また株価がその外側には出なかったことを表している。陽（白）の丸坊主は強気が継続するパターンで、

図14.12 明けの明星と宵の明星

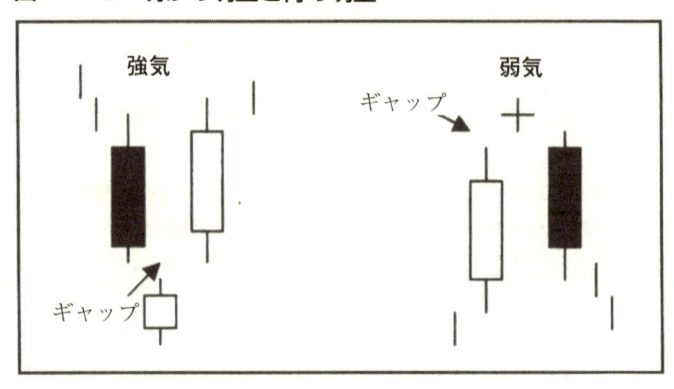

強気　　　　　　　　弱気
ギャップ
ギャップ

図14.13 切り込み線と暗雲

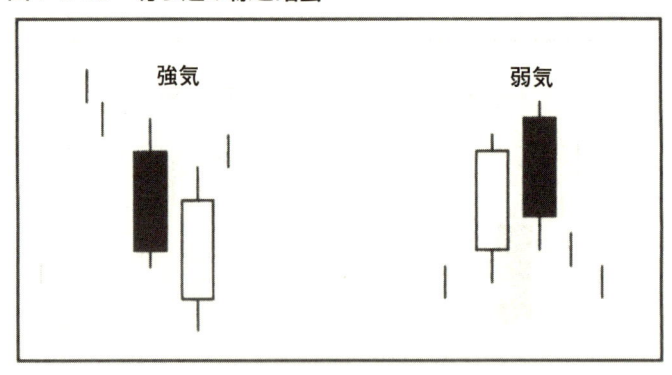

強気　　　　　　　　弱気

さらなる上昇を示唆する。始値が一番安く、終値が一番高いときにこの形となる。トレンドの底で陽の丸坊主が出るのは強気のリバーサルシグナルだ。陰（黒）の丸坊主は弱気が継続するパターンで、さらなる下落を示唆する。始値が一番高く、終値が一番安いときにこの形となる。トレンドの天井で陰の丸坊主が出るのは弱気のリバーサルシグナルだ。

明けの明星——強力な強気のリバーサルパターン。大陰線のあとに小陽（陰）線と大陽線が続く。2番目の小さな実体は大陰線からギャップダウンしているのが理想的。明けの明星のあと、たいていは大陽線の真ん中あたりに向かって小さな押しが入り、その後リバーサルパターンが継続して株価が上昇する。小さな実体は下落後の勢いの衰えを表し、大陽線はリバーサルの確認となる。

宵の明星——明けの明星の逆パターン。上昇トレンドの天井で現れ、大陽線のあとに小陽（陰）線と大陰線が続く。2番目の小さな実体は大陽線からギャップアップしているのが理想的。小さな実体は上昇モメンタムが止まったことを表し、大陰線はトレンドが反転しつつあることの確認となる。大陰線のあと、たいていはその真ん中あたりに向かって小さな戻りが入り、その後下落モメンタムが始まる。明けの明星と宵の明星にはいくつかの変化形があり、小さな実体が同事線やコマになったり、最初の長い実体との距離がさまざまに変わることがある。

切り込み線——大陰線のあとにその中央よりも高く引けた大陽線が続く強気のリバーサルパターン。下降トレンドのあとに現れる。強気の包み線に似ているが、強気派は前日の動きを完全に包み込むほど強力な力は持っていなかった。

暗雲——切り込み線とは逆のパターン。この弱気のリバーサルパターンは上昇トレンドの天井で現れる。大陽線のあとにその中央よりも安く引けた大陰線が続く。弱気の包み線に似ているが、弱気派は前日の動きを完全に包み込むほど強力な力は持っていなかった。

流れ星——上昇トレンドの天井で形成される弱気のリバーサルパターン。小さな実体にその2～3倍の上影が付いている。**図14.14**の流れ星は弱気派が総攻撃をかけ、強気派がその期間に達成した上昇分のほとんどを奪い返したことを示している。流れ星は上昇トレンドが始まって最初のセンチメントの変化を表す。**図14.14a**のナスダックの

図14.14　流れ星

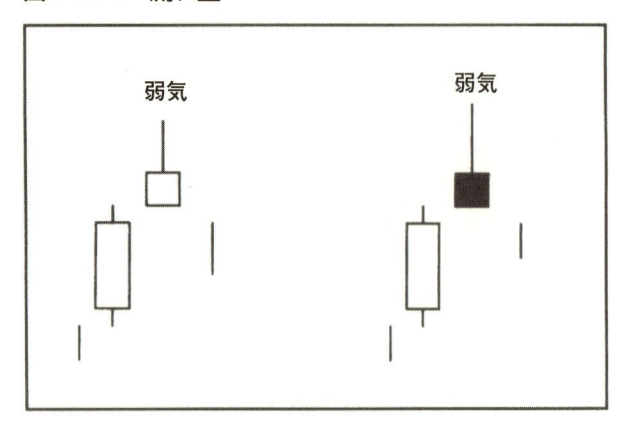

日足チャートでは1999年11月26日に流れ星のパターンを形成したことを示している。この短期的な弱気のリバーサルパターンは3100強の安値がブレイクされたことで確認された。

コマ——小さな実体の上下に長い影が付いた形。実体は陽線でも陰線でもかまわない。同事線と同様気迷いを表すリバーサルパターン。トレンドの天井では弱気のリバーサルパターン、トレンドの底では強気のリバーサルパターンとなる。図14.16のBJサービシズ（BJS）のチャートには支持線や抵抗線のあたりに次のようなさまざまなローソク足のリバーサルパターンが現れている。

1．トンカチ（強気の包み線）
2．切り込み線（1と2で作られるダブルボトムの2番目の部分）
3．ブレイクアウト（継続パターン）
4．抵抗線から支持線への転換
5．抵抗線
6．コマ

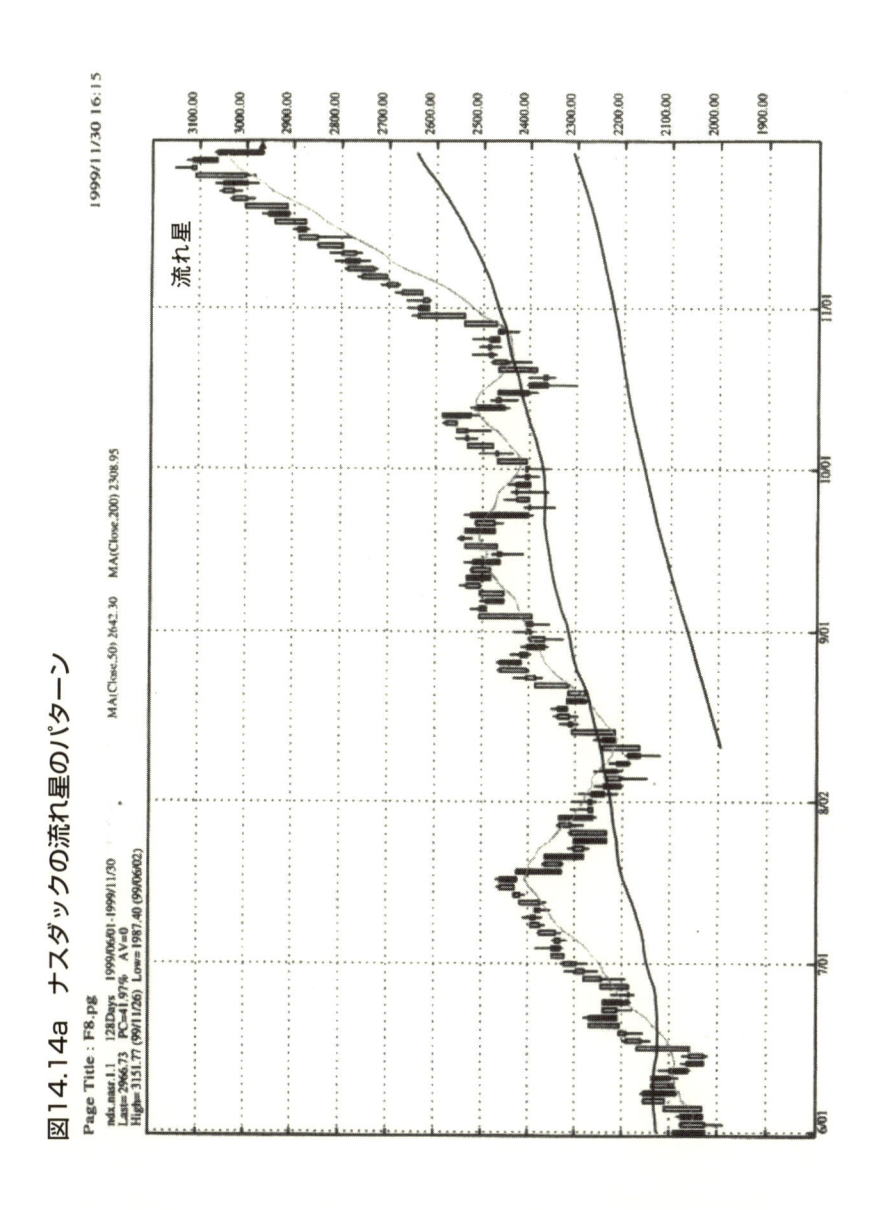

第14章 ローソク足チャートの手法

図14.14a　ナスダックの流れ星のパターン

191

図14.15 コマ

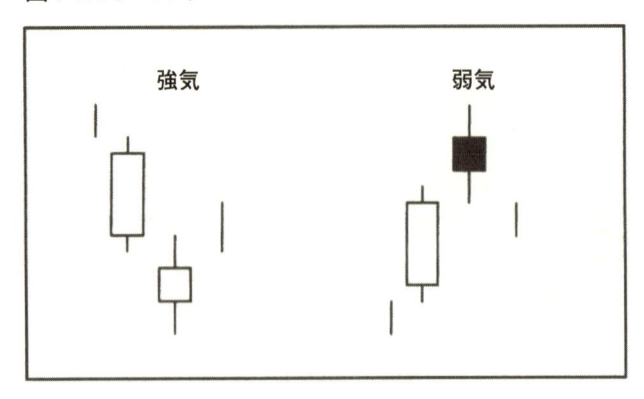

強気　　　　　弱気

7．ギャップダウン
8．明けの十字星
9．切り込み線

　図14.17のデル（DELL）のチャートには6月初めに大商いを伴った強力なトンカチが現れており、それが中期的な大底となった。トンカチは8月初めにも見られ、やはり安値の印となっている。9月初めごろの天井では多くのコマが形成され、その後売り込まれる動きとなった。10月には保ち合いの上限と下限に2つの同事線が現れている。

ローソク足の継続パターン

　一般的原則として、ローソク足チャートをもとにトレードするとき、実体の色はロングとショートのどちらにすべきかの指標となる。単純化して言えば、陽線（白色）ではロングの側でトレードしてショートは避ける。陰線（黒色）ではショートの側でトレードしてロングは避

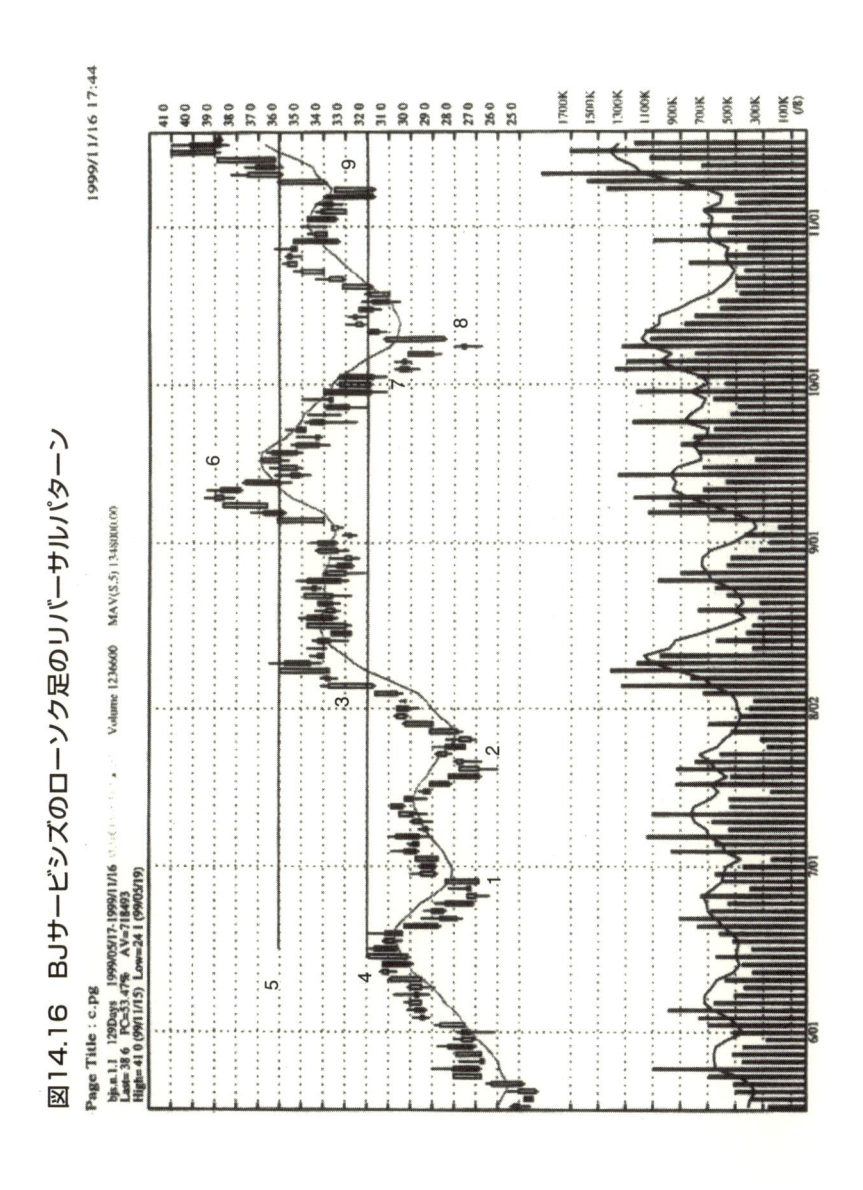

図14.16 BJサービスのローソク足のリバーサルパターン

第5部　テクニカル分析

図14.17　デルのローソク足パターン

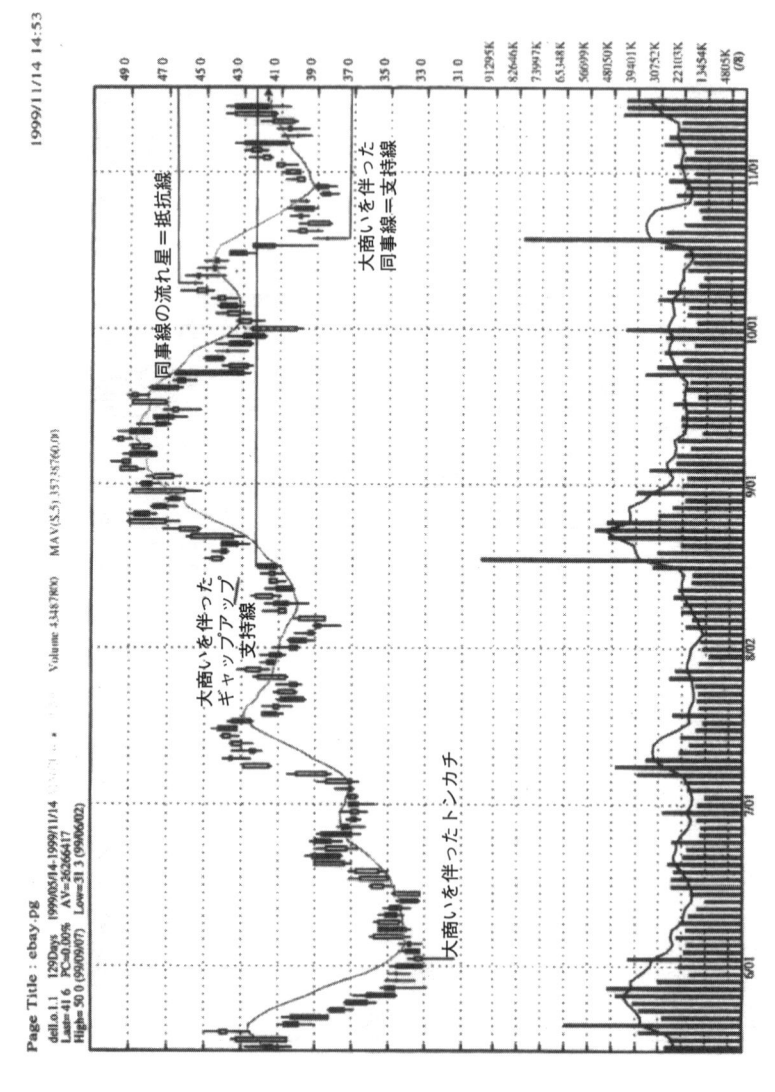

ける。このことは日中だけでなくオーバーナイトにも当てはまる。

オーバーナイトのポジションでは、前日が陽線だったら当日はロングか様子見とし、ショートは仕掛けない。前日が陰線だったら当日はショートか様子見とし、ロングは仕掛けない。この単純だが効果的な短期的トレンドの見分け方は、リスク管理の観点から魅力が大きい。その銘柄についてどんな判断をしていようが、短期トレンドに関する市場の声に耳を傾けることを要求されるため、トレンドに逆らってひどい目に遭うことを避けられる。

長い実体は強力な継続パターンを示唆する。長い陽線は少なくとも翌日は上昇トレンドが続く公算が大きいことを示す。長い陰線は少なくとも翌日は下降トレンドが続く公算が大きいことを示す。長い実体のシグナルは日中チャートにも当てはまる。始値シグナルに従ってトレードするときは、ローソク足の色と同じ側にいるようにする。

もうひとつの強力な継続パターンとして上昇ウィンドウと下降ウィンドウがある。上昇トレンドにある株価がギャップアップしたときはそのトレンドが強力で、さらに上がり続けることが示唆される。下降トレンドにある株価がギャップダウンしたときは、そのトレンドが下方に向かってさらに勢いを増している。どんなときも継続ウィンドウの方向でトレードしなければならない。継続ウィンドウの前には大陽線や大陰線が出ることが多い。

図14.18のJDSユニフェーズ（JDSU）のチャートでは10月2日に抵抗線が上にブレイクされている。このブレイクアウトのあとに押しが入って揉み合ったが、その後1カ月もたたないうちに80ポイントの大幅上昇となった。この上昇トレンドの間に3つの上昇ウィンドウや多くの大陽線など、さまざまな継続パターンが現れている。この動きの実体をとらえられれば、大きな利益が上げられただろう。

テクニカル分析では市場の足跡に目を向ける。価格変動の合理的な部分だけでなく、非合理的部分も考慮に入れる。テクニカル分析を通

第5部 テクニカル分析

図14.18 JDSユニフェーズのローソク足パターン

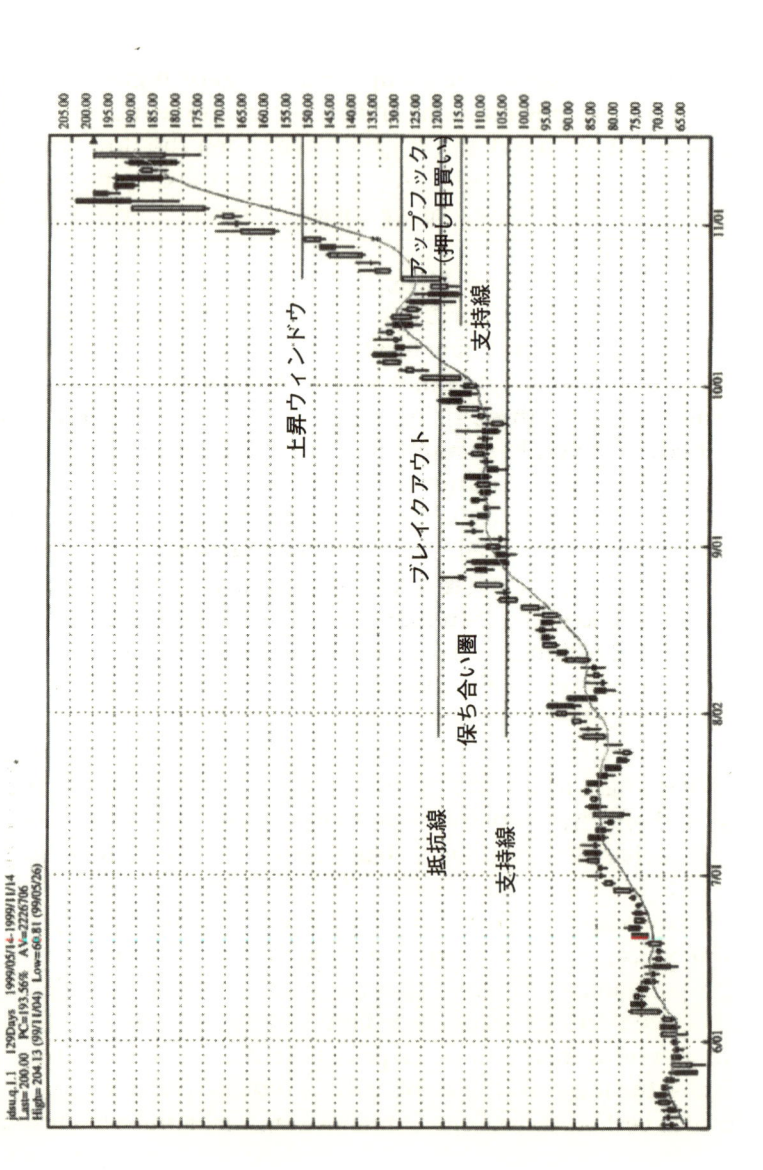

して明らかとなる支持線と抵抗線の価格水準は、自己達成的な予言になることがある。支持線や抵抗線がブレイクされると株価が急速に動くことが多い。それらの水準に着目しているトレーダーは株価の速い動きを読んでいるため有利な立場に立てる。

　ローソク足チャートは基本的なチャートパターンと組み合わせて使うと強力な武器となる。ローソク足チャートはテクニカル分析に基づいて決定を下す際に単純で手軽で効果的な手段を提供してくれる。また、色や対称性によってリバーサルパターンや継続パターンを明瞭に示し、多次元的な見方を可能にしてくれる。ローソク足には重要な始値、終値、高値と安値のレンジが組み込まれており、株価の最も抵抗の少ない道筋を見つけだすのに役立つ。日足と日中足のどちらのチャートでも効果的なトレーディングツールとなる。日中チャートでローソク足の株価パターンの展開を注意深く見守れば、トレーダーとしてそれだけ大きな成果を上げられる。

　人間は一定の条件下では同じように振る舞うため予測が可能になる。チャートに反映されるそのパターンを注視する習慣を身につければ、そうした人間の反復的な傾向をとらえる力が向上する。

第15章 支持線水準と抵抗線水準

SUPPORT AND RESISTANCE LEVELS

　支持線水準と抵抗線水準とは以前の買いや売りの圧力で株式や先物の値動きが勢いを失う価格帯を指す。その水準は週足、日足、日中足のどれにでも現れる。そしてトレードのリスク・リターン・レシオを決めるうえで重要な役割を果たす。

　支持線水準と抵抗線水準は２つの基本的な使い方がある。支持線で買ったり抵抗線で売ったりするか、あるいは、抵抗線がブレイクされたときに買ったり、支持線がブレイクされたときに売ったりするのだ。株価が抵抗線をブレイクすると以前の抵抗線が新たな支持線となる。株価が支持線をブレイクすると以前の支持線が新たな抵抗線となる。

　市場全体、自分がポジションを持つセクター、トレードする個別株という３つの支持線水準と抵抗線水準を知ることが大事だ。例えばヤフー（YHOO）のトレードなら、ナスダック、インターネット指数（DOT）、YHOO自身の支持線水準と抵抗線水準を見極める。

　重要な支持線水準と抵抗線水準は株価反転のきっかけとなる。その水準はトレンドの終了点に当たり、たいていは出来高が平均以上に増える。多くの場合、出来高がピークに達し、強気派と弱気派の戦いがその価格でフィナーレを迎える。その水準を見極められる明敏なトレーダーにとっては重要なシグナルとなる。その水準の維持やブレイクに応じてトレードすることで効果を高められるのだ。

支持線

　支持線とは買い手が売り手に有利な形勢をひっくり返し、個別株やセクターの下落の勢いを食い止める株価水準をいう。動きの安値ポイントが支持線の働きをするのは、以前の上昇の過程でその安値を逃した買い手が後悔しているからだ。その価格を覚えていて下げたら買おうと待ち構えている。それが支えとなる。

　重要な支持線水準では多くの買い手が機会をうかがっている。重要でない支持線水準では買いの勢力が弱い。支持線のすぐ下あたりには普通売り注文が集中している。短期的には普通、個別株の前日の終値が最初の支持線水準となる。総合指数の前日の安値も最初の支持線水準となる。

　図15.1のアマゾン（AMZN）のチャートは9月に形成された抵抗線と支持線を示している。抵抗線はいったんブレイクされると最初の支持線水準に変わる。アマゾンは9月末ごろ抵抗線をブレイクしたが、その後、第一の支持線水準を割り込み、11月初めごろ第二の支持線水準で止まった。そのあとは上昇に転じた。

抵抗線

　抵抗線は売り注文が買い注文を大幅に上回っている価格水準で、上昇を止める働きがある。買い手は抵抗線でつまずき、株価の上昇に疑問を抱く。以前、上昇の高値で仕切り損なったロングのトレーダーは、株価がその水準になればポジションを手仕舞おうと心待ちにしており、その結果、抵抗線が形成される。また高値で個別株やセクター指数を空売りし損ねた売り手も失敗を後悔しており、株価がそこまで上がったら空売りを仕掛けようと待ち構えている。このような理由から、個別株やセクターの前日の高値が短期的な抵抗線となる。

図15.1 アマゾンの抵抗線と支持線

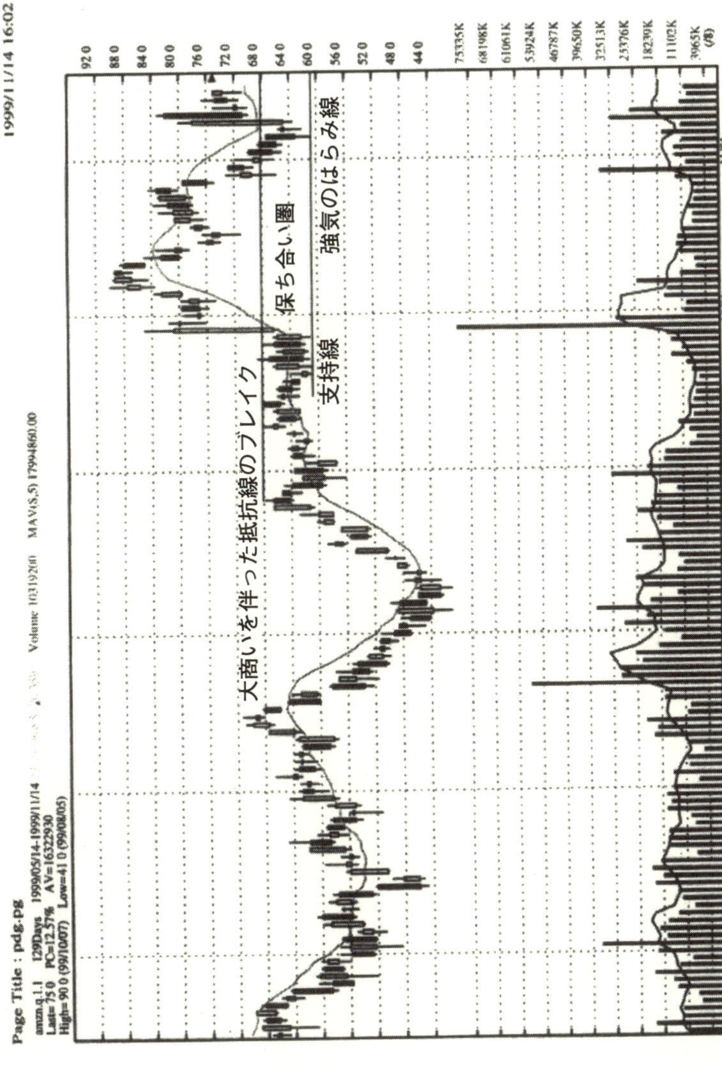

目端の利くマーケットメーカーは抵抗線領域で買い注文に売り向かったり支持線水準で売り注文に買い向かったりして、抵抗線や支持線を利用して相手勢力の様子を見る。株価が抵抗線や支持線に近づいたばかりのころにマーケットメーカーのところに届く売買注文は小口のものが多い。小口注文はたいていアマチュアが出したもので、アマチュアは強欲や恐怖に左右されやすいため理想的なエントリーポイントを逃すと深追いをする。

　マーケットメーカーは株価が節目に達したばかりのときに、アマチュアからの注文を受けることも少なくない。そうしたトレーダーは感情に突き動かされているため、その注文はたいてい逆張りの機会を示すシグナルとなる。感情に動かされるトレーダーは同じ株価パターンが繰り返されるとパニックに陥る癖がある。

　マーケットメーカーは支持線水準や抵抗線水準で態度を決めるとき、短期的な投資家心理の指標を使って市場が持続するか反転するかを確認する。例えば、適正な価値（フェアバリュー）かどうかに注目して、先物が割安か割高のどちらで取引されているかを判断する。また板情報を見て、どんな大きさの注文が入っているかを調べる。大口注文があるか、それとも個人からの小口注文なのかを確認するのだ。相場が支持線水準まで下がったとき、マーケットメーカーはロングを仕掛ける前に買い勢力の正体を見極めるために買い気配に揺さぶりをかけることがある。それが本物の買い手かどうかを見るためだけに5000株から２万5000株（銘柄の流動性に応じて変える）の注文をぶつけることがよくあるのだ。買いが引っ込んでだれもマーケットメーカーの注文に向かわないときは支持線水準が見せかけの公算が大きい。プロの買い手が現れてマーケットメーカーの注文を吸収すれば、少なくとも短期的にはその支持線水準が本物と分かり、マーケットメーカーは素早くポジションを逆転してその支持線領域をストップロスポイントとして使う。

価格の確認

　支持線水準や抵抗線水準は必ずしも厳密なものではない。動きが止まったことをまず確認することなしに、上げたときに空売りしたり、下げたときに買ったりして支持線や抵抗線を利用しようとするのは避けるべきだ。株価が支持線や抵抗線に達したと思われるときは、市場がどう反応するかを見るために市場全体のセンチメント指標に着目する。

　適正な価値、TICK、AX（第19章参照）に注目することで、支持線ゾーンや抵抗線ゾーンが本物かどうかの現実的な判断を総合的に下すことができる。これら3つの先行指標は株価の先行きを示す。支持線に達したとき、S&P先物が突然適正な価値に対して割高で取引され始めてTICKがプラスに転じたら、その支持線水準は少なくとも短期的には本物と見てよい。株価が支持線まで下げたとき、その銘柄で主な機関投資家から注文を受けているマーケットメーカーが買いに動いたら、支持線に関する追加的確認が得られる。

　　ナスダックが午前中ほとんど下げ続けて53ポイント安の4525で取引されている。8時半に予想を上回る卸売物価指数が発表され、FRB（連邦準備制度理事会）が引き締めに向かうのではないかという懸念がトレーダーをすっかりおじけづかせてしまったのだ。ナスダックの前日の安値は4522で、それがハイテク株の最初の支持線になると思われる。
　　S&P先物は午前中一貫して適正な価値に対して割安で取引され、7.5〜8.5のレンジで推移していた。その日の適正な価値は10で、8.5を下回ると売りプログラムが始動し、11.5を上回ると買いプログラムが始動していた。
　　突如としてS&P先物が現物よりも7.5高い水準から12高い水準

へと上昇し、TICKが−500から＋300へとじりじりと上がった。

　マイクロソフト（MSFT）を５万株売り持ちしていたあるマーケットメーカーは、S&P先物が朝方の急落以後初めて適正な価値に対して割高で取引され、上昇モードに入ったことに気づいた。またナスダックが支持線付近で下げ止まり、15分足で最初の陽線が現れたことにも着目した。この時点でマイクロソフトは90ドルという前日の安値よりも1/4ポイント高い株価まで下げており、それが支持線として働いたようだ。

　そのマーケットメーカーは以上の要因を考慮に入れて90ドルでマイクロソフトを10万株買い、５万株のショートポジションを手仕舞うと同時に、５万株のロングポジションをとった。結局、90ドルがその日のマクロソフトの最安値となった。

　支持線水準や抵抗線水準で新規ポジションをとることと、ドテンや利益確定の取引を行うことはまったく異なる。その違いはリスク・リターン・レシオにある。支持線と思われる水準で買い戻しやドテンのために買ったのであれば、最悪でも利益の一部を失うだけですむ。一方、支持線や抵抗線と思われる水準でロングやショートの新規ポジションをとったときは、市場のお金ではなく自分のお金を失うリスクがある。マイクロソフトを10万株買ったマーケットメーカーはショートを買い戻して、ロングを仕掛けるために支持線を活用した。すでにショートで利が乗っているため、自分のお金ではなく市場のお金でトレードするという心理的に有利な立場に立てる。またその支持線水準がブレイクされないという確認も得ていた。実際、ナスダックもマイクロソフトもそこが安値で、その後上昇に向かった。

　価格の確認を行わないまま安値で買ったり高値で空売りしたりしてポジションをとると、心理的な強みがなくなる。支持線水準や抵抗線水準を利用してポジションをとる正しい方法は、価格がその水準をブ

レイクするまで我慢強く待って、モメンタムやトレンドの方向に沿って動くことだ。トレーダーの目標は市場の方向に逆らうのではなく、それに従って売買することにあるということを忘れてはならない。支持線水準や抵抗線水準の価格で仕掛けようとする底値あさりや天井あさりは慎むべきだ。

　支持線水準や抵抗線水準はポジションをとっているトレーダーにとって、その一部を利益確定する価格目標となる。ポジションを持ったら抵抗線や支持線とみなした価格で売りや買い戻しの注文をすぐに出しておく。そうすれば途中でポジションを一部縮小するという形で、現実的な目標を立てるという規律が維持されることになる。縮小が早すぎたときはいつでもポジションを再度とり直せることを覚えておくとよい。

　抵抗線水準で買い持ちを減らすことによってトレンドに従ってトレードすることができる。株価が抵抗線をブレイクしてさらに上昇したときは、一部をまだ買い持ちしているかポジションがなくなっているため良好な状態にある。価格の確認を待たずに抵抗線水準で空売りしたら、動きの実体を無視して天井あさりに走ることになる。重要な抵抗線や支持線がブレイクされると、決壊したダムのように株価が一気に吹き出す可能性がある。そのような場合、株価の反転で稼ぐよりも株価の上昇で損するリスクのほうが高いため、リスク・リターン・レシオは不利になる。

　支持線や抵抗線の最初の確認は関心があるセクターの価格変動によって行うべきだ。デルのようなハードウエア株の空売りを支持線で買い戻そうとするときは、複数の時間枠の日中足チャートでハードウエア指数（HWI）がどのように動いているかを最初に調べる。

　15分足チャートの8期間移動平均線が短期的なトレンドフォローのツールとして大いに役立つ（第6章参照）。HWIが取引開始後初めて8期間移動平均線を上回ったら短期的な市場センチメントが変わった

ことを意味する。HWIが当日の始値よりも下にあり、15分足のローソク足が8期間移動平均線を上回ったら、そのシグナルに基づいてショートポジションの一部または全部を買い戻す。ただしロングに動いてはならない。HWIが当日の始値よりも上にあり、15分足のローソク足が8期間移動平均線を下回ったら、そのシグナルに基づいてロングポジションの一部か、全部を売る。ただしショートに動いてはならない。

支持線水準と抵抗線水準を見つけだす最高の方法は、日足チャートと日中足チャートを取り混ぜた複数の時間枠を使うことだ（第5章、第6章参照）。例えば、5分足、15分足、60分足、日足のチャートを使って株価水準について多重的に評価するとよい。画面を4つに分割したチャートページを使えば、その4つのすべてを同時に見ることができる。

支持線水準と抵抗線水準はしばしば自己達成的な予言となることがある。買い手や売り手が以前売買した価格や反転した価格を覚えていることが原因で生じるからだ。多くのトレーダーがかつて動きを見逃した後悔や苦痛を感じており、もう一度チャンスがあったら再びトレードに挑もうとして待ち構えている。

抵抗線の高値で買ってしまったトレーダーは高値づかみをしたことでもんもんとしている。自分が間違ったことを知って気が動転しており、損せずにすむならどんなことだってやろうとしている。株価が反転上昇して売れるようになることを願って、あくまでロングポジションにしがみついている。

株価が急落する直前に抵抗線で空売りした――トレードをものにした――トレーダーはもっと大量に売っていればよかったと後悔している。そのため株価が元の水準に戻ると、チャンスとばかりに売り持ちを増やすことがよくある。株価が持ちこたえたり反転したりした水準で正しく動いた場合でも間違いを犯した場合でも、トレーダーにとっ

てはその水準が過去の行動を正そうとする感情的こだわりが発生する場所となる。

　支持線領域や抵抗線領域はさまざまな形や規模で現れる。長期間にわたって大きな出来高と激しい揉み合いによってうち固められた重要な領域もあれば、短期的でさほど重要でない領域もある。何年にもわたって維持された水準や、史上最高値や史上最安値のようにいまだかつてブレイクされたことのない水準は極めて強力な支持を集めることがある。一方、短期的な支持線水準は15分足のように非常に短い時間枠の日中足の動きによって形成される。

　株価が長い間、狭い範囲にとどまりながら揉み合うと、その領域が比較的重要な抵抗線領域や支持線領域になる。日中に長時間揉み合いが続いた例が1999年8月19日のナスダックに見られた。ナスダックはこの日朝方激しく動いたあとほとんどの時間帯で非常に狭い範囲で静かに推移した。時間がたつにつれ、この保ち合いがブレイクされたときに大きな動きが生じる可能性が高くなっていった。

　ナスダックが前日の大引け直前と当日の寄り付き直後に激しく動いたことを考えると、その見込みは一層高かった。株価は取引終了30分前に2回短時間のダマシの動きを見せたあと激しく下方に動き、大引けにかけて急落した。翌日も終日にわたって下落が続いた。この動きを見て空売りしていたトレーダーは忍耐力と規律によって大いに報われた。

　長期チャートは最高の支持線や抵抗線を示すのに対して、短期チャートにはそれほど重要でない支持線水準や抵抗線水準が現れる。市場を全体的にとらえる最高の方法は複数の時間枠のチャートを調べることだ。例えば週足から始めて日足に移り、少なくとも2種類の日中足を使用する。すべての時間枠から確認が得られれば、トレードで成功するチャンスは劇的に高くなる。

　最初に調べるべき時間枠は週足チャートだ。それを見れば現在の動

きの背後にある長期的な潜在力を大局的にとらえられる。ある銘柄を買おうとして日足チャートが好ましいパターンなのに、週足チャートが下落トレンドを示しているときは注意が必要だ。別のトレードに切り替えるか、通常よりもポジションを小さくして、ストップを置く位置をきつめにするのがよい。

日足チャートが絶好の買いを示しているのに、日中足チャートが抵抗線にぶつかって下落の可能性があるときも警戒しなければならない。一部を利食いするか、日中足の価格変動が日足の大局的な上昇トレンドを確認するのを待つ。日中足チャートについていえば、少なくとも2つの異なる時間枠からの確認を求める。例えば、60分足と15分足は非常に相性が良い。

多くのデイトレーダーはティックチャート（約定ごとのチャート）、2分足、5分足などの短期の日中足チャートをモニターするのに慣れている。だが、短期の日中足チャートにはノイズやダマシが出やすいという問題がある。短期的な日中足の時間枠を組み入れるとすれば、より長期の時間枠と組み合わせることが最も適切だ。例えば2分足、5分足、15分足、60分足を1ページの4画面に表示する。たいていのチャート作成ソフトでは1ページで最低4種類のチャートが見られる。標準的なチャートとしては日足、60分足、15分足、5分足を表示させるのがよいだろう。日中の値動きは週足のトレンドに対して、取引時間中たえず監視する必要があるほどの影響はまず与えないため、週足チャートは別のページに置いておく。

支持線水準は次のように活用するのがよい。

1．ロングポジションのストップロスポイントとして。支持線がブレイクされたらロングポジションを売る（ブレイクされる前ではない）。
2．支持線がブレイクされたらショートを仕掛ける。ブレイクされた

支持線水準はそのショートの新しいストップロスポイントとして使う。
3．すでにショートポジションを保有していたら、一部を残して利益を確定する。
4．支持線が持ちこたえられるという価格上昇の確認を得たうえで通常の半分のサイズでロングを仕掛ける。支持線はストップロスポイントとして使う。

　支持線の間違った活用法は、株価が支持線まで下落したときに、その支持線が本物であるという価格の確認を得ることなく、ロングを仕掛けて底値あさりを行い、その水準が持ちこたえられるよう祈ることだ。
　抵抗線水準は次のように活用するのがよい。

1．ショートポジションのストップロスポイントとして。抵抗線がブレイクされたらショートポジションを買い戻す（ブレイクされる前ではない）。
2．抵抗線がブレイクされたらロングを仕掛ける。ブレイクされた抵抗線水準はそのロングの新しいストップロスポイントとして使う。
3．すでにロングポジションを保有していたら、一部を残して利益を確定する。
4．抵抗線が持ちこたえられるという価格下落の確認を得たうえで通常の半分の規模でショートを仕掛ける。抵抗線はストップロスポイントとして使う。

　抵抗線の間違った活用法は、株価が抵抗線まで上昇したときに、下降トレンドの確認を得ることなく、価格水準が持ちこたえられるという期待に基づいてショートを仕掛けて天井あさりを行うことだ。

支持線水準や抵抗線水準を見分けることに熟練すれば、さまざまな点で収益力を高められる。株価がその水準に達したとき間違った側でトレードを行うことを避けられる。つまり、抵抗線で買ったり、支持線で空売りしたりしないですむ。また長く保有し続けられるようになり、保有すべきときにポジションを手放して、損しないようになる。つまり、支持線ではロングを持続し、抵抗線ではショートを持続できるようになる。

　さらに、より早く機敏にブレイクアウトを発見できるようになる。このことで、抵抗線がブレイクされたときのロング、支持線がブレイクされたときのショートをより有利に仕掛けられるようになる。

第16章 基本的チャートパターン

BASIC CHART PATTERNS

　どんなトレーダーも知っておくべき強力なリバーサルシグナルを発するチャートパターンがある。それらのパターンはローソク足パターン、出来高、オシレーターなどと組み合わせて買いや売りのシグナルを見いだすために使用できる。そこには、対立するセンチメントによって抑圧されてきた極端な感情が示されている。覇権を争う強気派と弱気派が全力を挙げて自分の領土を守ろうとするために、それらのパターンにはたいてい大商いが伴う。そのパターンを知れば、より早く動きを認識し活用するのに役立つ。また流れが変わったときには、より早く利益を確定するのに役立つ。

ブレイクアウト

　ブレイクアウトのパターンは重要な支持線水準や抵抗線水準で生じる継続パターンである。株価が史上最高値や史上最安値の支持線水準や抵抗線水準をブレイクすることも少なくない。あらかじめブレイクアウトの水準を正確に知っていれば、それが起きたときに有利な立場に立てる。また市場のどちらの側でトレードしてはならないかの警告となる。
　ブレイクアウトは、株価が平均以上の出来高を伴って抵抗線を力強

く突破するときに生じる。以前の抵抗線が重要であればあるほど、ブレイクアウトの威力が大きい。ブレイクアウトが本物かどうかを見極めるとき、出来高とそれまでの揉み合いの長さの２つが重要な注目点となる。理想的なブレイクアウトでは、始値と終値が両方とも抵抗線を超える。株価が抵抗線を試す回数が多ければ多いほど、ブレイクアウトの強気度が高くなる。２～３回の試しでは抵抗線をブレイクされないことが多い。試しの回数が３回を超えると、ブレイクアウトの起こる確率が高くなる。

　保ち合い圏の揉み合いが長いほど、抵抗線や支持線が重要になる傾向がある。保ち合い圏は何週間、あるいは何カ月も続くことがあるが、その場合ダマシのブレイクアウトが多くなる。一方、５日以下の狭いレンジの保ち合い圏では抵抗線や支持線の力が弱く、ブレイクアウトは簡単に起きる反面、長く続かないことが多い。

　今日では以前よりも多くのデイトレーダーが意識的に抵抗線や支持線をブレイクさせて利益確定を試み、その後株価が元に戻ることが増えたため、ダマシのブレイクアウトが多くなった。ブレイクアウトゾーンを超えた株価の勢いが衰えたところで利益を確保しようというのだ。マーケットメーカーは、出来高の少ないブレイクアウトではブレイクアウトした方向とは逆に動く傾向があるので、株価が高値から反転しかかるとその短期的勢いを逆手にとって空売りを仕掛けたりする。

　ブレイクアウトを引き起こす株価変動の背後でどんな力が働いているかを理解することが重要だ。マーケットメーカーが機関投資家からの大口注文を受けて抵抗線をブレイクしたのであれば、その動きは本物と言える。そうしたブレイクアウトに乗じて空売りを仕掛けたトレーダーは簡単に窮地に追い込まれ、損失覚悟の買い戻しを余儀なくされ、株価が一層上昇する結果となる。多くの場合、ブレイクアウトの前に以前の高値や重要な抵抗線のやや下あたりに狭いレンジの保ち合い圏が形成される。ブレイクアウトが起きる場合、たいていは取引の

最初の15分以内に、市場全体と関連セクターと機関投資家の需要に導かれて生じる。銘柄やセクターのファンダメンタルズに関する報道が起爆剤となり、株価が重要な価格水準を超えてブレイクアウトが起きることも少なくない。

重要な抵抗線に焦点を合わせて監視を続け、行動の態勢が整っている場合、特に市場全体が上昇機運にある場合には、成功のチャンスは劇的に高くなる。ブレイクアウトの直後には普通は小幅な押しが入り、その後急激に上昇する。ブレイクアウトのあと、以前の抵抗線はすぐに支持線に変わる。小幅な押しはその支持線を割り込んではならない。

図16.1のチャートは1999年10月29日に起きたナスダックの抵抗線をブレイクアウトした様子を示している。このブレイクアウトは大商いを伴っている。ナスダックは翌日やや一息入れたあと、上昇の動きを再開し、その後一直線に値上がりした。

図16.2はアマゾン（AMZN）が９月のほとんどの期間を狭い範囲の揉み合いに費やしたあと、ブレイクアウトした様子を示している。そのときには出来高が大きく膨らんだ。ボリンジャーバンド（第17章参照）の幅が縮小し、ブレイクアウト時には非常に狭くなっている点に注目してほしい。ボリンジャーバンドの幅が狭まるとその幅を飛び出すバネとして作用する。

図16.3ではオラクル（ORCL）が長期間狭い範囲で揉み合ったあと、1999年９月初めに１回目のブレイクアウトが生じ、さらに11月初めには２回目が生じている。どちらも出来高は平均以上に膨れ上がった。

ブレイクダウン

ブレイクダウンは、株価が平均以上の出来高を伴って支持線を力強く下に突破するときに生じる。以前の支持線が重要であればあるほど、ブレイクダウンの威力が大きくなる。ブレイクダウンが本物かどうか

第5部 テクニカル分析

図16.1 ナスダックの抵抗線のブレイクアウト

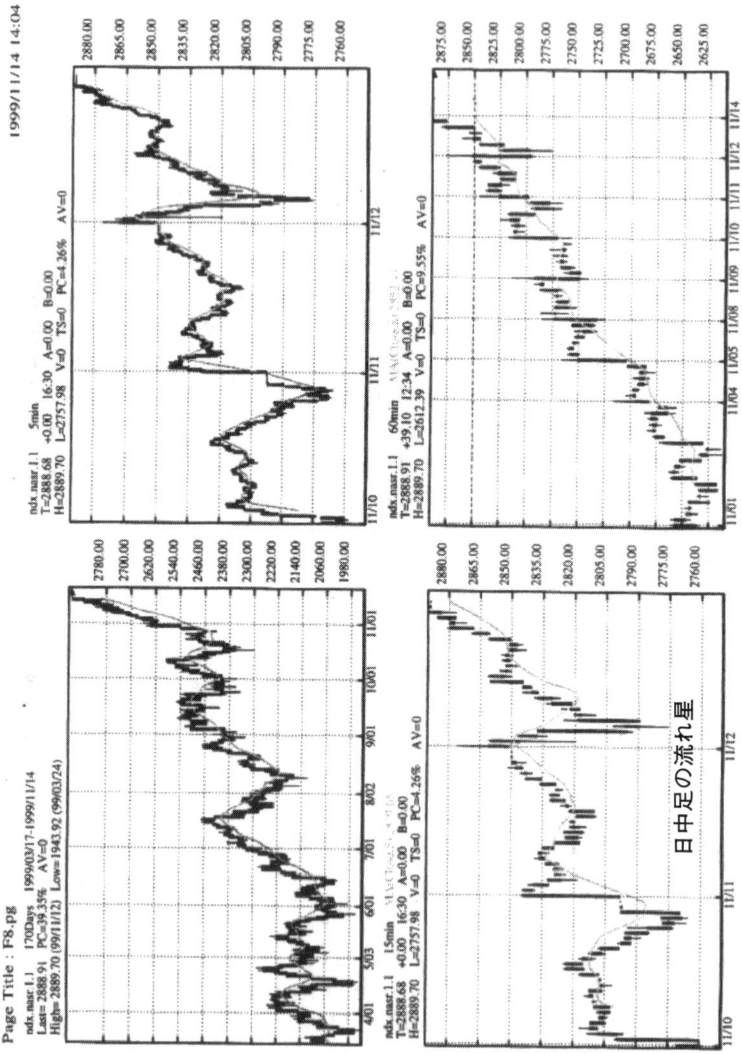

日中足の流れ星

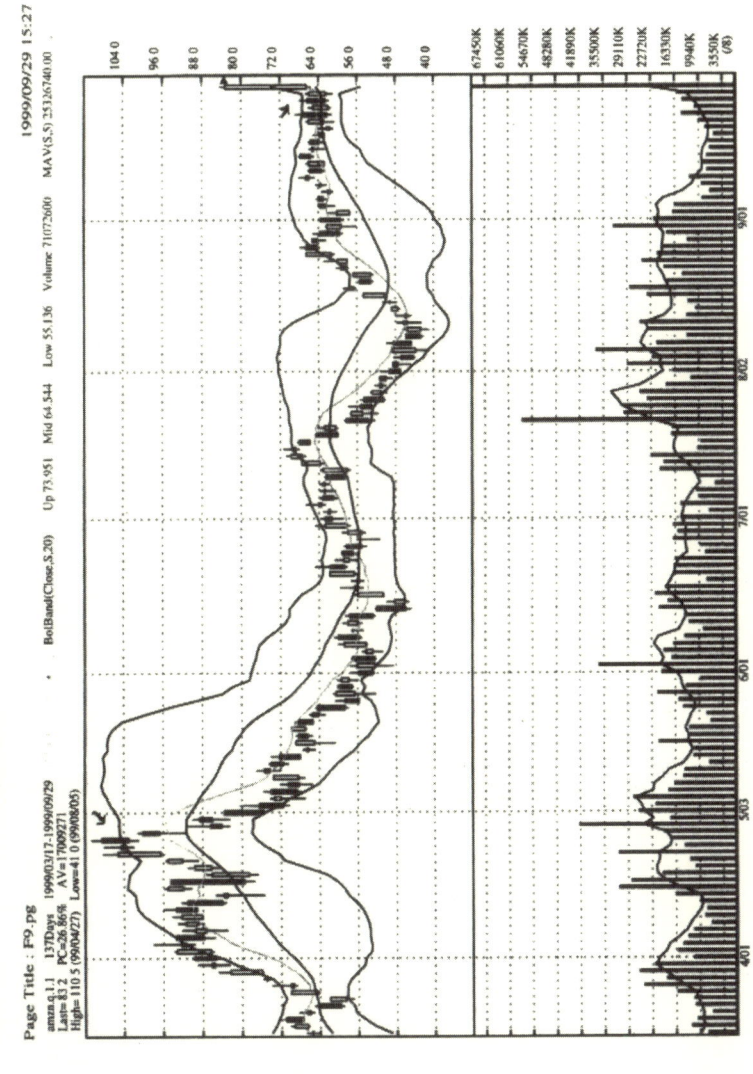

第16章 基本的チャートパターン

図16.2 アマゾンの抵抗線のブレイクアウト

図16.3 オラクルの抵抗線のブレイクアウト

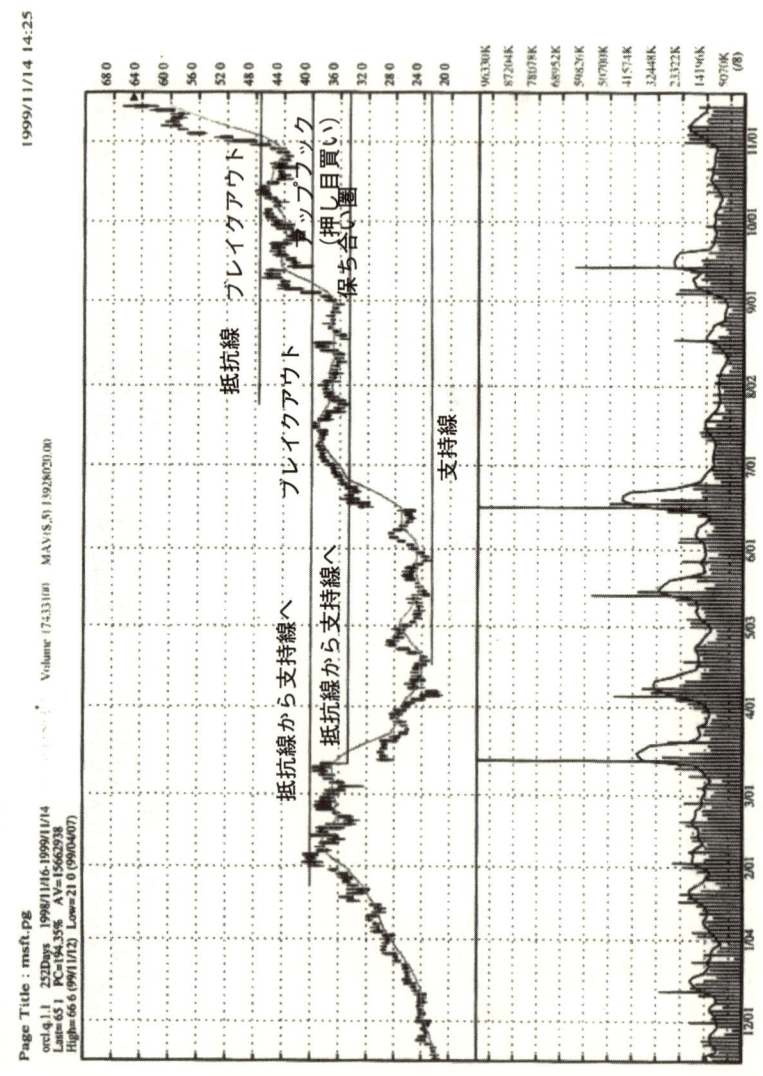

を見極めるとき、出来高とそれまでの揉み合いの長さの２つが重要な注目点となる。理想的なブレイクダウンでは、始値と終値がともに支持線を超える。

　ブレイクダウンは普通の価格変動でもギャップでも生じる。ブレイクダウンをする前の値固め（狭い範囲内で続く薄商いでの取引）が長ければ長いほど、大商いを伴う下落が重要となる。ブレイクダウンの前に支持線のすぐ上あたりで２～３日ほど値固めが続くことがある。株価が支持線を試す回数が多ければ多いほど、ブレイクダウンの弱気度が高くなる。２～３回の試しでは支持線をブレイクされないことが多い。試しの回数が３回を超えると、ブレイクダウンの起こる確率が高くなる。

　ブレイクアウトと同じようにブレイクダウンの場合も、株価が支持線を下回ったところがショートを仕掛けるのに常に最適の場所となる。株価の水準に応じた仕掛けのバッファーゾーンを必ず頭に入れておく（第11章「仕掛け」、第12章「手仕舞い」参照）。株価が50ドルならば、バッファーゾーンはおよそ1/2ポイントとなる。ショートを試みるときこのバッファーゾーンを見逃し、株価がブレイクダウンゾーンを2.5％以上も超えて下落してしまい、しばらくその付近にとどまったあと再び最初のエントリーゾーンに戻ったとしても手出ししてはならない。それは「昇る星」（「落ちた星」の逆）になる可能性がある。つまり、その株式をめぐる市場状況やセンチメントが変わった公算が大きく、そのトレードはあきらめるしかない。

　図16.4はマイクロソフト（MSFT）が２回にわたってブレイクダウンした様子を示している。最初は1999年10月15日に90ドルの支持線を割り込んだ。その後、その水準を超えて上昇したあと、11月８日にファンダメンタルズの悪材料が報道されて再び90ドルをブレイクダウンした。

第5部 テクニカル分析

図16.4 マイクロソフトの2回のブレイクダウン

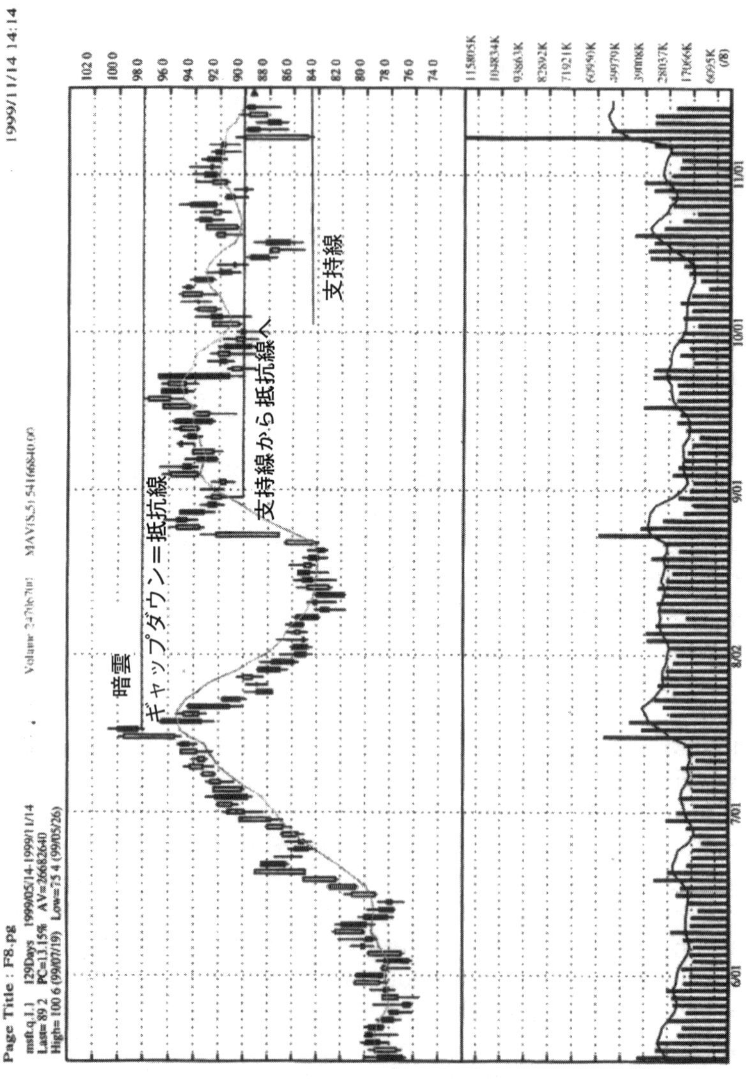

218

ダブルボトム

　ダブルボトムは最も強力なリバーサルパターンのひとつだ。そのあとで個別株や指数の価格が大きく上昇する傾向がある。ダブルボトムが強力なパターンとなるのは、個別株やセクター指数が安値を2回試しても下方にブレイクできなかったために、売り圧力が後退するからだ。その時点で売り方は圧力をかけるのをやめ、買い戻しにかかる(時にはパニック状態で)。2回目の下げで買うのを逃した買い手は新しい買いの機会を逸することを心配して、積極的に仕掛ける。底値あさりのトレーダーも「バーゲン」の臭いをかぎ取り、流れに乗ることを狙って飛びついてくる。

　ダブルボトムの最初の底で平均以上の出来高を伴えば、株価はそのレベルを維持し、やがて上昇する。その後、株価は前よりは少ない出来高で最初の底(安値)を試し、その付近で値固めしたあと上昇に向かい、しっかりしたダブルボトムのパターンが完成する。

　ダブルボトムのあと、投資家心理は下落のパニックから上昇の熱狂へと変化し、感情が大きく揺れ動く。ダブルボトムに伴って包み線やトンカチ、明けの明星などのローソク足のパターンが現れることも多い。ダブルボトムは日足チャートや日中足チャートを中心にさまざまな時間枠で見られる。そのパターンは2回目の上昇で株価が1回目の上昇の高値を超えたときに確認される。また、オシレーターで強気のダイバージェンスのシグナルが現れることによっても確認される。

　図16.5はアメリカ・オンライン(AOL)のダブルボトムを示している。最初の底は1999年8月4日に形成されている。このときの出来高は記録的な3300万株超に達し、売りのクライマックス(第18章参照)が生じた。また、この日のローソク足は強気のリバーサルパターンであるトンカチになっている。株価はその2日後に一時的に下げたあと上昇したが、9月半ばから下旬にかけて前の安値を試し、2番目の底

図16.5 アメリカ・オンラインのダブルボトム

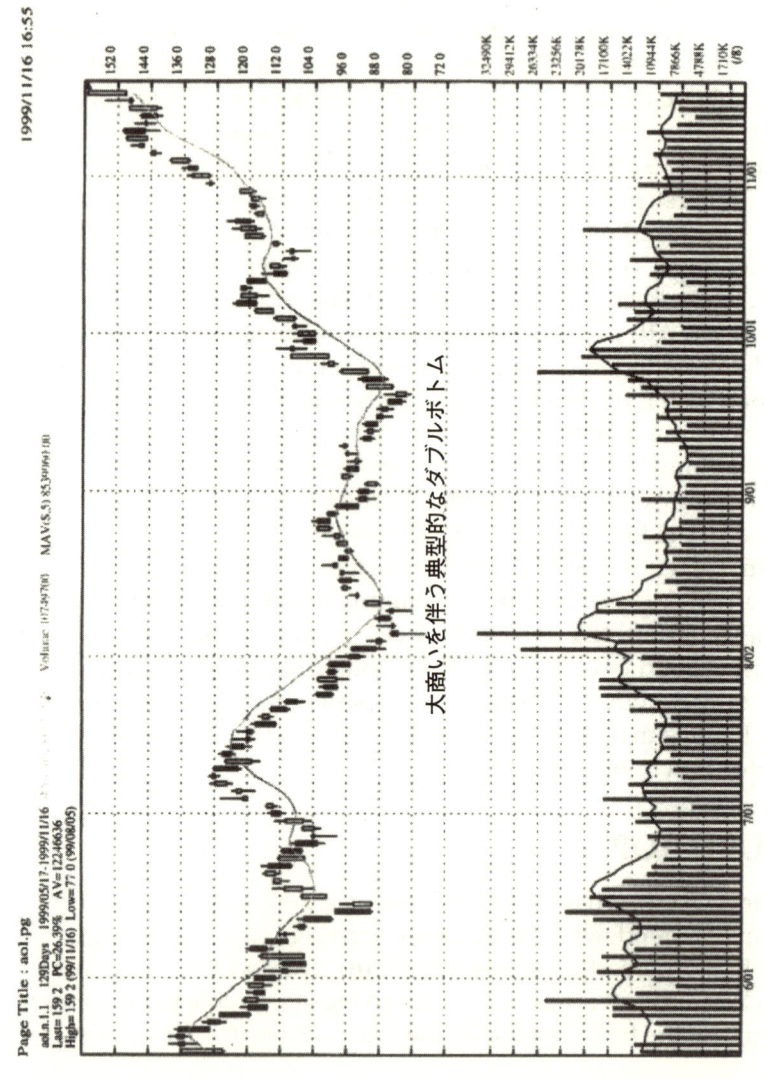

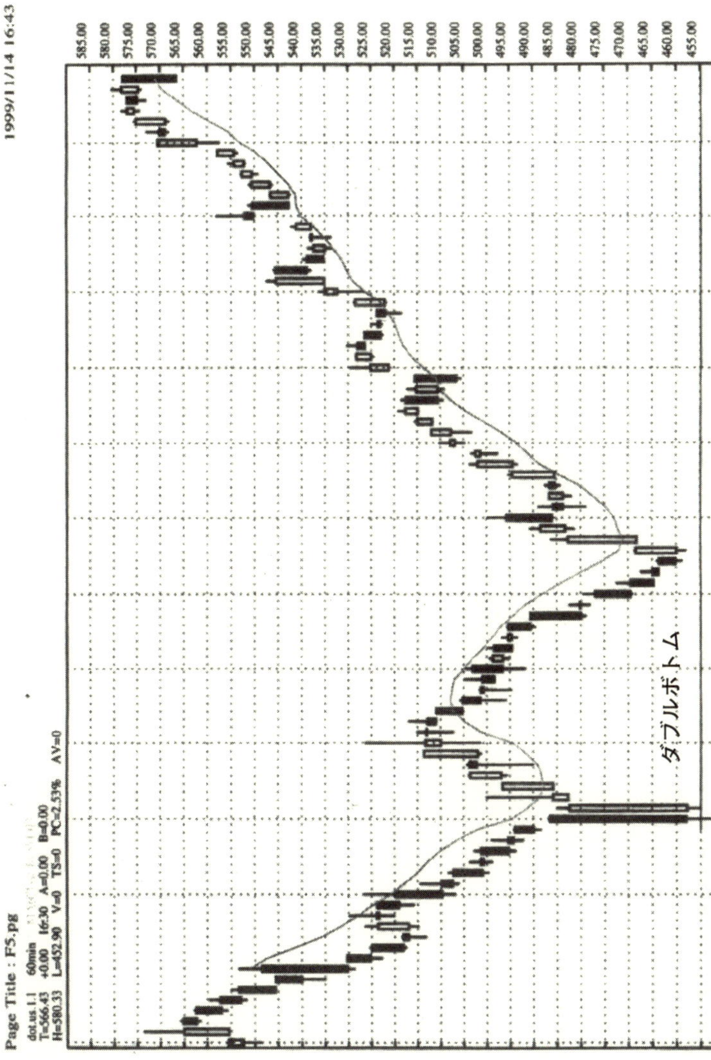

第16章 基本的チャートパターン

図16.6 インターネット指数のダブルボトム

を形成した。このときの出来高は前の安値のときよりも少ない。アメリカ・オンラインはそこから上昇トレンドに入り、2カ月間で70ポイント以上も値上がりした。

ダブルボトムのもうひとつの例として、**図16.6**にインターネット指数（DOT）の60分足チャートを示す。このパターンの最初のボトムは8月5日に生じており、切り込み線と強気の包み線のリバーサルパターンと一致している。株価は8月10日に前の底である安値を試して跳ね返されたが、このときも強気の包み線が現れた。ダブルボトムの2番目の部分が形成されたあと、インターネット指数は8期間移動平均線を超え、その後9日間にわたって、その線の上側にとどまった（トレンドの見極めについては第5章参照）。

ダブルトップ

ダブルボトムの逆であるダブルトップはトレンドの天井で生じ、最初の高値（ピーク）では出来高が平均以上に膨らむ。ダブルトップは上昇トレンドが止まり、大幅に下落する公算が大きいことを示唆する強力なシグナルとなる。ダブルトップの2回目の高値（ピーク）では、熱狂した強気派が個別株やセクター指数を新高値に押し上げようと再度試す。しかしその力は弱っており、意思は衰え、買いの資金は少なくなっているため、薄商いで、試しは結局、しりすぼみに終わる。

前回の高値がブレイクできずにダブルトップが形成されると、ロングのトレーダーや投資家は利益確定することに決めて撤退を図る。最初の動きをとらえ損ねた売り方は、2回目の高値のときに以前にも増して強い決意で空売りしようとする。売りの勢いが次第に強くなり、やがて市場心理は強気の楽観論から弱気の悲観論へと変わる。ダブルトップには流れ星、弱気の包み線、宵の明星などが伴うことが少なくない。確認のためにオシレーターの弱気のダイバージェンスシグナル

を探すのがよい。

図16.7の日足チャートはIBMのダブルトップを示している。最初の高値は1999年7月半ばに形成されている。2回目の高値は9月半ばに現れ、弱気の丸坊主（第14章参照）のリバーサルパターンを伴っている。IBMはダブルトップの2回目の高値のあと8日移動平均線を割り込み、その後の下降局面ではその95％でその8日移動平均線の下側にとどまった。

図16.8には1999年9月末に現れたインターネット指数の日中足のダブルトップが示されている。このページには日足、60分足、15分足、5分足という4種類のチャートの時間枠が表示されている。最初に日足チャートに目を向けると、9月半ばにダブルトップの最初の高値が弱気の包み線とともに現れている。その高値は650の水準で、それが短期的な抵抗線となった。その4日後、再びこの高値が試されたが、失敗に終わった。

60分足に目を移すと、9月23日の高値のあとで、終値がそれを超えられなかったことが分かる。2回目に高値を試したとき、短期的な弱気のリバーサルパターンである流れ星が出現している。5分足チャートと15分足チャートではともに9月29日にダブルトップが形成されている。この日中足のダブルトップは、最初の高値が9月23日に、2回目の高値が9月29日に現れ、より大きなダブルトップの内部に形成されたものである。

15分足チャートで株価が8期間移動平均線を割り込んだのは、買いではなく、買い持ちの売りのシグナルだった。というのは、その日はまだネットプライスがプラスで、直近の約定価格も始値を上回っていたため、まだ空売りの機は熟していなかったからだ。

第5部　テクニカル分析

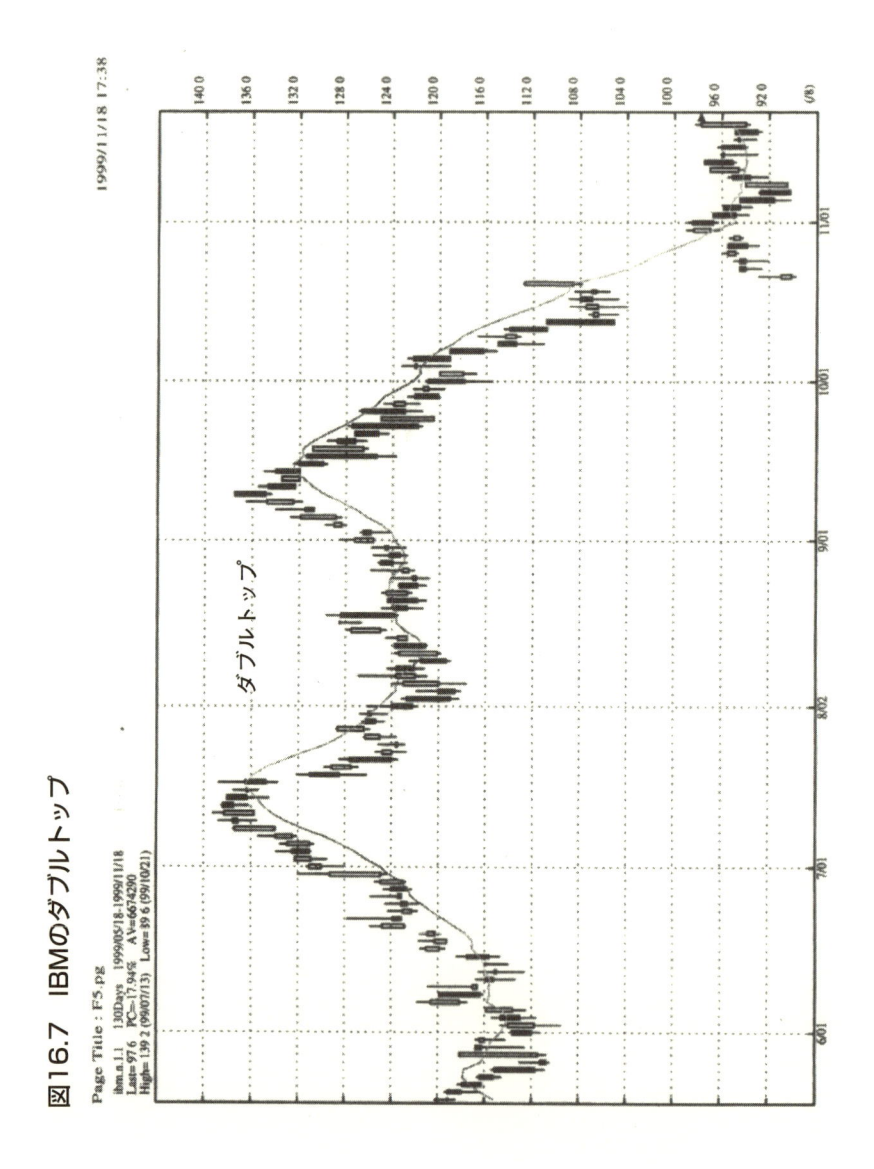

図16.7　IBMのダブルトップ

図16.8　インターネット指数のダブルトップ

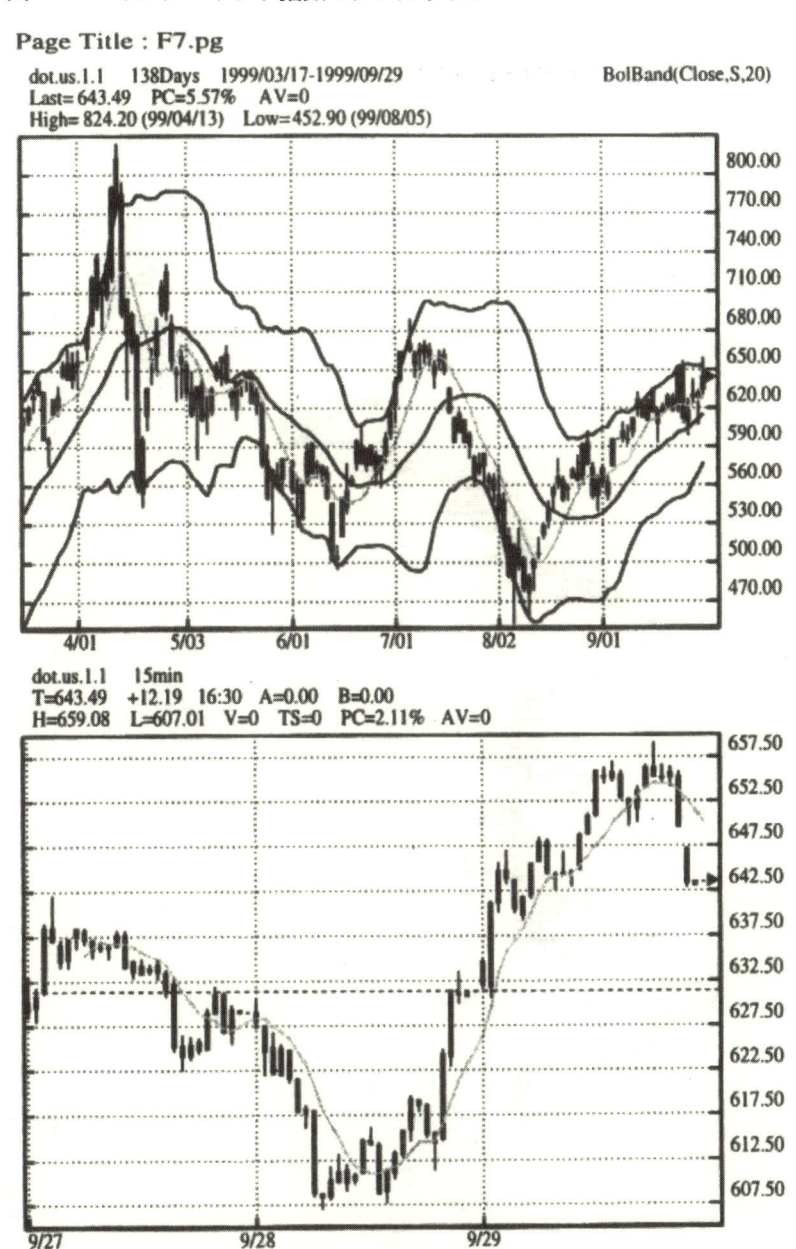

図16.8 （続き）

ヘッド・アンド・ショルダーズ

　典型的な弱気のリバーサルパターンであるヘッド・アンド・ショルダーズはトレンドの天井で出現する。このパターンは左肩、ヘッド、右肩、およびネックラインからできている。ヘッド・アンド・ショルダーズはダブルトップと似ているが、右肩と左肩から突出した中央部が大きな出来高を伴って形成される点が異なっている。普通、右肩は左肩よりもやや低く、出来高もやや少ない。

　このパターンで空売りを仕掛ける最適の場所は、右肩の中央に向けた上昇のあと反転してネックラインに達したときだ。ヘッド・アンド・ショルダーズの高値では強い抵抗線が現れてセンチメントが変化する。株価が再びヘッド・アンド・ショルダーズの高値を超えるまではロングの側からのトレードは避けなければならない。ヘッド・アンド・ショルダーズは週足、日足、日中足のどれにでも現れる。

　図16.9のEベイのチャートにはヘッド・アンド・ショルダーズが形成されている。チャートが芸術と科学の両方の側面を持つことを思い出してほしい。パターンは必ずしも完全な形をとるとは限らず、解釈が必要になることもある。だが、基本的な概念をマスターすれば、代表的な形と同じメッセージを伝えるパターンを識別できるようになるはずだ。Eベイのこのチャートは、2つの右肩を持つヘッド・アンド・ショルダーズとして解釈できるパターンの典型と言える。

逆ヘッド・アンド・ショルダーズ

　逆ヘッド・アンド・ショルダーズはトレンドの底で形成される典型的な強気のリバーサルパターンだ。このパターンは左肩、最も低い中央のヘッド、やや高い右肩、およびネックラインからできている。普通、右肩は左肩よりも出来高がやや少ない。逆ヘッド・アンド・ショ

図16.9　Eベイのヘッドアンドショルダーズ

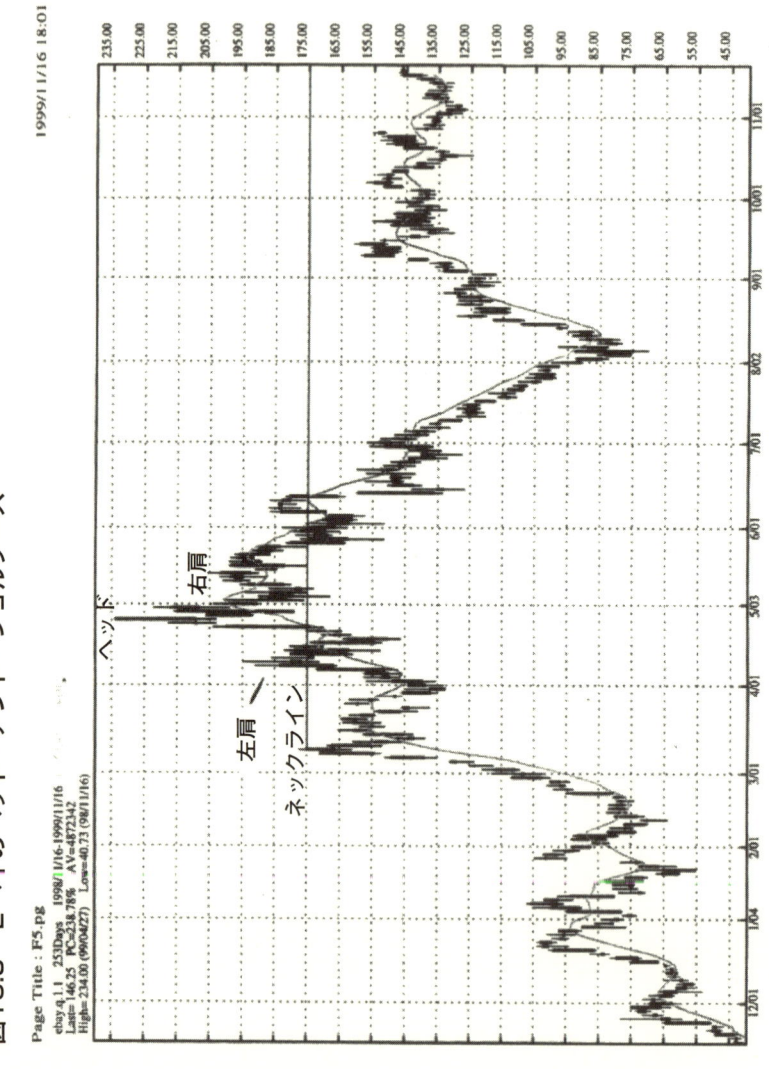

ルダーズはダブルボトムと似ているが、突出して安い中央のヘッド部分が大きな出来高を伴って形成される点が異なっている。

逆ヘッド・アンド・ショルダーズでロングを仕掛ける最適の場所は、右肩の底に向けた下落のあと反転してネックラインに達したときだ。このパターンは日足と日中足に現れる。

図16.10のダウ平均のチャートには逆ヘッド・アンド・ショルダーズが出現している。この日足チャートの逆ヘッド・アンド・ショルダーズの形成には1カ月を要している。すべてのチャートパターンと同様、逆ヘッド・アンド・ショルダーズのパターンも時間と範囲の点で多様な形で現れる。形成に何カ月もかかることがあるし、5分足チャートのようにもっと短時間ですむこともある。

支持線水準や抵抗線水準に関連して現れるチャートパターンは過去の足跡であり、一貫して利用できる。基本的なチャートパターンの識別に熟練すれば、次の3つの点で利益を伸ばせる。第一に、支持線や抵抗線があるとあらかじめ分かっているので、より良い価格水準で利益確定ができる。第二に、リスク・リターン・レシオが有利でないときに新規ポジションをとるのを避けられる。第三に、チャートパターンをうまく生かして、価格の確認後、正しい方向で新規ポジションを仕掛けたり手仕舞ったりすることができる。トレンドをより早くとらえて利益を増やすことができるのだ。

第5部 テクニカル分析

図16.10 ダウ平均の逆ヘッド・アンド・ショルダーズ

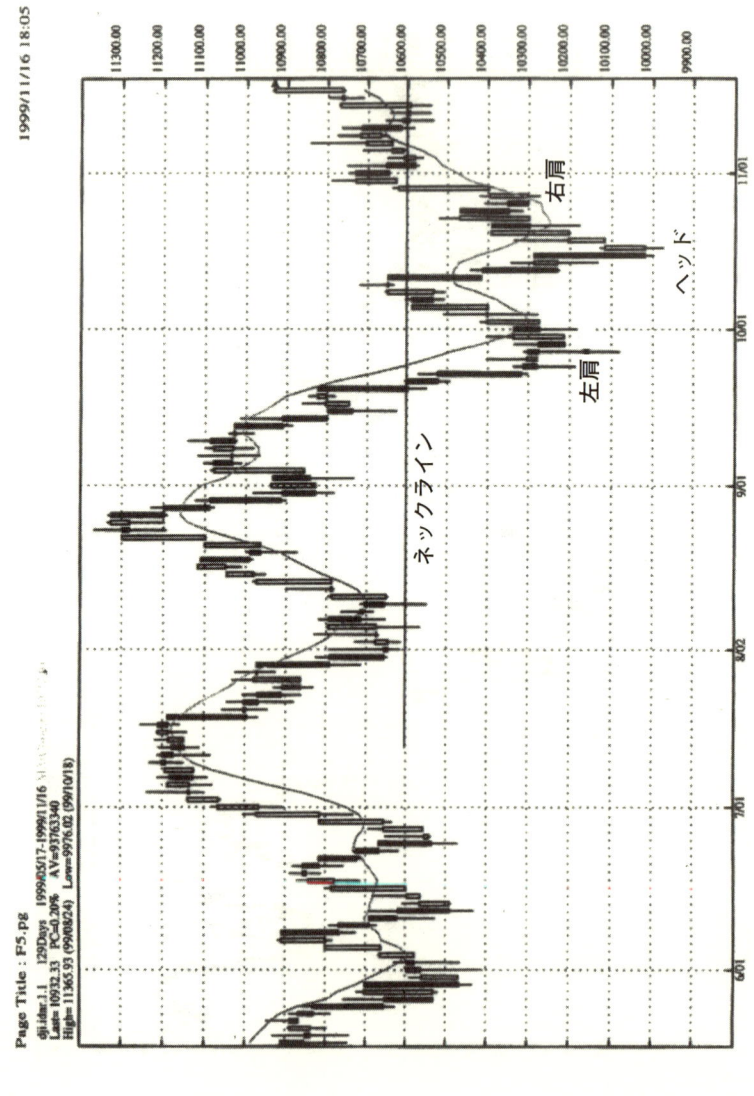

230

第17章 オシレーターとリバーサル指標

OSCILLATORS AND REVERSAL INDICATORS

　オシレーターとトレンドフォロー指標は、トレーダーがトレーディングの着想のタイミングを探り出し、チャートに現れた動きの追加の確認をするのに役立つ有用なツールだ。テクニカル指標はトレンドフォローツールとオシレーターという2つのグループに分けられる。そのどちらも市場トレンド、買われ過ぎや売られ過ぎの状況、押しや戻り、転換点などを見つけるのに役立つ。指標を使ってみると、自分に合うものと合わないものがあることが分かる。指標を使う目的は単に確認だけでなく、着想の具体化も含まれる。トレーダーにとって現実に生じた確認材料は価格変動と出来高だけだ。指標は価格変動の可能性を具体的に明らかにするのに役立つ。

　チャートと指標を組み合わせれば価格変動の見通しについて追加の客観的確認が得られる。チャートの手法には芸術と科学が混在している。チャートと指標が同じ結論を示していれば、より強い確信を持ってトレードできる。自分のゲームプランをしっかり守ろうとする意識が強まる。指標を最大限活用するための最良の方法は、自分に合った1つか2つの指標を見つけだし、それをほかの分野の別の指標と組み合わせて使うことだ。

　例えばRSI（相対力指数）は先行指標として人気が高いオシレーターだ。RSIは銘柄の終値の変化を追跡することによって買われ過ぎ・

売られ過ぎの状況を測る。一方、ボリンジャーバンドは21日移動平均線と2標準偏差を使って買われ過ぎ・売られ過ぎのシグナルを生み出す統計的ツールだ。この2つの異なる尺度を使い、両者が互いに確認し合っているかを確かめることによって、より確信を高められる。

オシレーターは、トレンド中の押しや戻りを確認するための強力なツールとなる。オシレーターは、トレンドが値固めをしている時期に再度仕掛けるための強力なシグナルを発する。上昇トレンド中の押しをとらえてロングを仕掛けることをアップフックという。アップフックは以前とらえ損なった動きに飛び乗る2回目のチャンスだ。株価が上昇トレンドにあるとき、オシレーターが下の売られ過ぎのラインを割り込んだあとで再びそのラインを上に超えたとすれば、ロングの側からトレンドに従ってトレードするための強力なシグナルとなる。下降トレンド中にオシレーターが買われ過ぎのラインを上に超えたあとで再びそのラインを下に割り込んだとすれば、ショートの側からトレンドに従ってトレードするための強力なシグナルとなる。

多くのトレーダーは誤解して、レンジ内でチャンスをとらえようとするときにオシレーターが最も効果を発揮すると考えている。彼らは買われ過ぎのシグナルで空売りし、売られ過ぎのシグナルで買い、株価がレンジの別の端に達するまでポジションを保持しようとする。この手法は、株価が安値や高値を付けたと思われるときに仕掛けようとするものであり、まさに底値買い・天井売りにほかならない。この種の考え方は避けなければならない。トレーダーの目的はトレンドの方向に沿って売買することであり、それに逆らうことではない。

オシレーターはレンジ内の買われ過ぎ・売られ過ぎのシグナルを得るために使うことができる。だが危険なのは、レンジは遅かれ早かれブレイクされるものであり、そうなれば間違った側でトレードするはめになることだ。オシレーターは株価がトレンドを形成し、そのトレンドのなかで押しや戻りが生じるときも買われ過ぎ・売られ過ぎのシ

グナルを発するのだ。

オシレーターは株価とダイバージェンスが生じたときも強力な買われ過ぎ・売られ過ぎのシグナルを出す。ダイバージェンスはオシレーターが生み出す特に強力なリバーサルパターンだ。株価が新高値や新安値に向けて動きを続けているときに、オシレーターがその価格変動を確認しないときにダイバージェンスが生じる。

図表17.1は株価と指標との間に生じる各種のダイバージェンスを図式的に示している（アレキサンダー・エルダー著『**投資苑**』［パンローリング］）。

たくさんの指標を使って身動きがとれなくなるようでは困る。トレーディングルールは単純なほうが良い。トレーディングを複雑な作業にしてはならない。最高のトレーダーは自分特有のトレーディング計画に高度な確信を持っているからこそ成功する。トレーダーがいつもさまざまな指標を監視し、次から次へと視線を移しているようでは、勝つために必要な確信と信念を持つことは難しい。

あなたが各種の指標のせいで身動きがとれなくなっているとしたら、決断の遅れや優柔不断、全体的なアナリシス・パラリシス（分析によるマヒ）に陥る危険性が増している。トレーディングは思考ゲームではなく、行動のゲームであることを忘れないでほしい。あまりに考えすぎると先に進めなくなる。仕掛けたらすぐに正しかったか間違ったかが分かるだろう。散漫はトレーダーの敵であり、何としても避けなければならない。自分がよく理解し信頼できる少数の単純な指標だけを選ぶことだ。

ボリンジャーバンド

ボリンジャーバンドは標準偏差に基づいて作られる帯で、その幅は株価のボラティリティに応じて変化する。帯の上限と下限は21日移動

表17.1　株価と指標との間に起きる各種のダイバージェンス

強気のダイバージェンス	弱気のダイバージェンス	強気のダイバージェンス	弱気のダイバージェンス
株価	株価	株価	株価
オシレーター	オシレーター	オシレーター	オシレーター
株価が新安値を更新する一方でオシレーターが底を切り上げる	株価が新高値を更新する一方でオシレーターが天井を切り下げる	株価が新安値を更新する一方でオシレーターがダブルボトムを形成する	株価が新高値を更新する一方でオシレーターがダブルトップを形成する

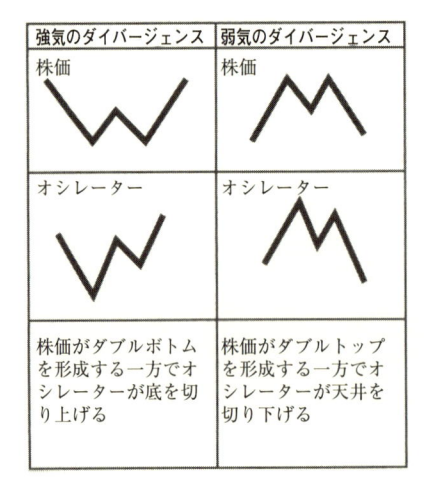

強気のダイバージェンス	弱気のダイバージェンス
株価	株価
オシレーター	オシレーター
株価がダブルボトムを形成する一方でオシレーターが底を切り上げる	株価がダブルトップを形成する一方でオシレーターが天井を切り下げる

平均線からそれぞれ2標準偏差だけ離れている。言い換えると、全価格変動の95%がこの帯のなかに含まれる。ボリンジャーバンドはモメンタム指標としても、あるいは買われ過ぎ・売られ過ぎの指標として

も使える。

　株価の変動が小さいときはボリンジャーバンドの幅も狭くなるが、この時期にはモメンタムのシグナルとして使える。この場合、株価が上限を上に超えたらロングを仕掛け、下限を下に超えたらショートを仕掛ける。これは通常、短期的なモメンタムトレーディングとなる。

　ボリンジャーバンドは売られ過ぎ・買われ過ぎの指標としても効果的に使える。株価の変動が大きい時期には帯の幅が拡大する。このような時期には、株価が上限を超えたら、再び帯のなかに戻るのを確認したうえでショートを仕掛ける。ストップロスは上限を超えた高値のすぐ上に置く。

　株価が下限を割り込んだら、再び帯のなかに戻るのを確認したうえでロングを仕掛ける。ストップロスは下限を超えた安値のすぐ下に置く。

　ボリンジャーバンドとローソク足のパターンを組み合わせると、効果が高くなる。買われ過ぎの場合では、陰線が初めて上限を割り込むのを待ってショートする。売られ過ぎの場合では、陽線が再び帯のなかに現れるのを待ってロングする。リバーサルパターンがボリンジャーバンドの上や下に形成されることがよくある。そうしたパターンはリバーサルが近いことを示す追加の確認となる。

　ボリンジャーバンドは次のように使うのが適切だ。

1. 拡大したボリンジャーバンドの上限を株価が超えたら、再び上限の下に戻るのを待ってショートの側でトレードし、ストップロスはその動きの高値のすぐ上に置く。
2. 拡大したボリンジャーバンドの下限を株価が下回ったら、再び下限の上に戻るのを待ってロングの側でトレードし、ストップロスはその動きの安値のすぐ下に置く。
3. ボリンジャーバンドの帯が縮小して幅が狭くなったら、株価が上

限を超えるのを待ってロングの側でトレードし、ストップロスは上限のすぐ下に置く。
4．ボリンジャーバンドの帯が縮小して幅が狭くなったら、株価が下限を下回るのを待ってショートの側でトレードし、ストップロスは下限のすぐ上に置く。

　図16.2のアマゾン（AMZN）のチャートでは、1999年4月末に株価がボリンジャーバンドの上限を超えた。この時期、アマゾンのボリンジャーバンドは拡大した状態となっており、変動の大きいときのトレーディング活動が適している。大陽線がボリンジャーバンドの上限を超えたあとにはコマと暗雲（第14章参照）が続き、弱気のローソク足のリバーサルパターンが現れている。その後、株価はボリンジャーバンドの上限を下回り、売りのシグナルを発するとともに弱気のローソク足のリバーサルパターンを確認する形となった。

　同じチャートで1999年9月下旬には、アマゾンはほぼ1カ月間狭いレンジで推移し、ボリンジャーバンドはボトルネックに似た収縮した帯となった。このように収縮した時期にはボラティリティのトレーディング、つまりブレイクアウトした方向に仕掛ければ優れたシグナルとなる。またオプションのトレーダーは、幅が収縮したときにはボラティリティとともに値上がりするオプションを買い、幅が拡大したときにはボラティリティの低下とともに値上がりするオプションを売るという形でボリンジャーバンドを利用することができる。

　図17.1のコスト・プラス・インク（CPWM）のチャートでは、ローソク足のリバーサルパターンと組み合わされたボリンジャーバンドが買われ過ぎ・売られ過ぎの指標として効果を発揮している。10月末には株価がボリンジャーバンドの上限を超えるとともに、流れ星のリバーサルパターンが現れている。その翌日には弱気の包み線が形成されると同時に、株価が上限を割り込んだ。これが流れ星の確認となり、

第17章 オシレーターとリバーサル指標

図17.1 CPWMのボリンジャーバンド

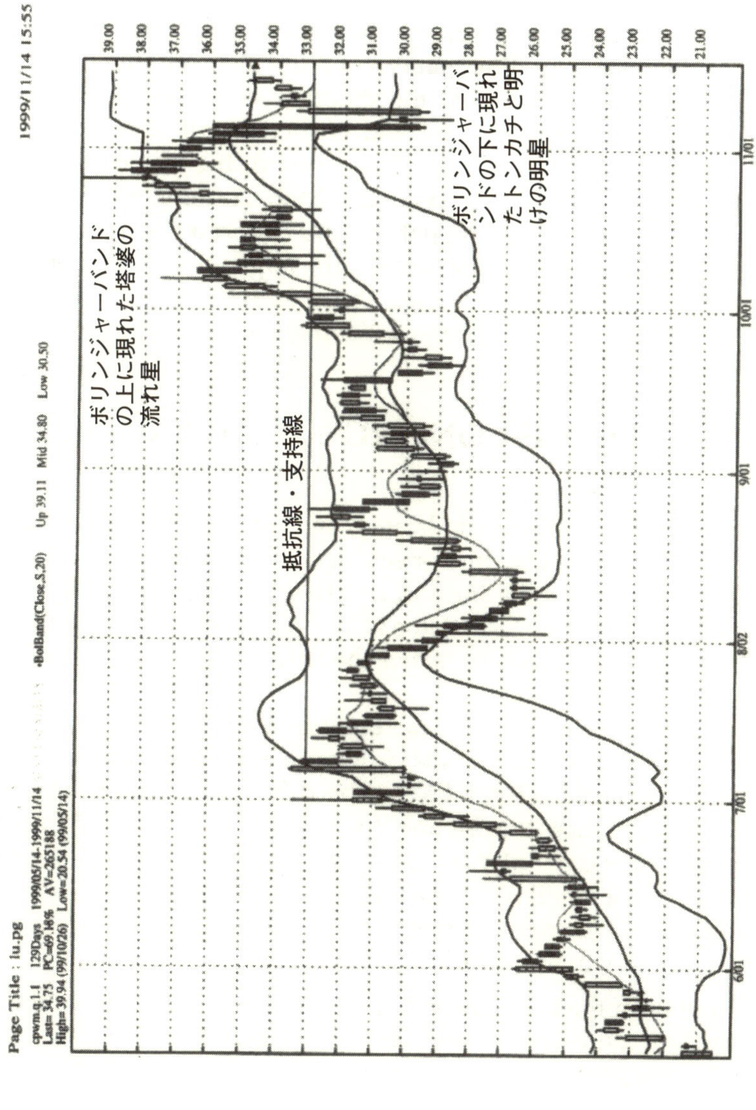

売りのシグナルが発せられた。実際、コスト・プラス・インクは大幅に下落し、11月初めに安値を付けた。しかしそのとき、ボリンジャーバンドの下でトンカチが出現したあと、強気の包み線と明けの明星が形成された。この包み線の大陽線はボリンジャーバンドの下限の30 3/4ドルとトンカチの高値を超え、買いのシグナルとなった。

MACD

　トレンドフォローの先行指標であるMACD（移動平均収束拡散法）は３本の平滑移動平均を使い、それらが交差したときに買いや売りのシグナルを出す。MACDは実線と破線で構成されている。実線はMACD線、破線はシグナル線と呼ばれる。動きの速いMACD線が動きの遅いシグナル線を上や下に交差したときにシグナルが出されることになる。

　MACD線は２つのEMA（平滑移動平均）の差を表す。標準的には26日EMAと12日EMAを使用する。両者の差によってMACD線が描かれる。一方、シグナル線としてはMACD線の９日EMAが用いられる。このようなMACDを使う利点は、移動平均線そのものを使う場合よりも安定した強気・弱気の指標が得られることにある。

　MACDは次のように使われる。

1．MACD線がシグナル線を下から上へ交差したあと上側にとどまっているときはロングの側からトレードする。
2．MACD線がシグナル線を上から下へ交差したあと下側にとどまっているときはショートの側からトレードする。

MACDヒストグラム

　MACD線の値からシグナル線の値を引いた値を棒グラフで描くと、MACDヒストグラムが作られる。MACD線がシグナル線の上にあるときはヒストグラムの棒は基準線の上に描かれる。逆の場合は下に描かれる。ヒストグラムのスロープ（傾き）はMACD線とシグナル線の差によって決まる。強気派の動きが活発なときはMACD線がシグナル線から上方に大きく離れるため、ヒストグラムの棒は基準線の上に長く伸びる。弱気派が支配しているときは、基準線の下に長く伸びる。
　MACDヒストグラムは次のように使うのが適切だ。

1. ヒストグラムのスロープに沿ってトレードする。スロープがプラスのときはロングでトレードする。スロープがマイナスのときはショートでトレードする。
2. ヒストグラムが基準線よりも上にあって、スロープが右下がりのときは手持ち株を売るか空売りを仕掛ける。強気派が勢いを失い、リバーサルが始まりつつあるからだ。
3. ヒストグラムが基準線よりも下にあって、スロープが右上がりに転じたときは空売りを買い戻すか買いを仕掛ける。弱気派が勢いを失い、強気派が支配権を取り戻しつつあるからだ。
4. 株価が弱くヒストグラムが強いために強気のダイバージェンスとなっているときはロングでトレードする。
5. 株価が強くヒストグラムが弱いために弱気のダイバージェンスとなっているときはショートでトレードする。

　図17.2はデル（DELL）のチャートだ。MACDは株価と重ねて上部に描かれ、MACDヒストグラムは下部に表示されている。また、8日移動平均線も示されている。7月末から8月初めにかけて

第5部　テクニカル分析

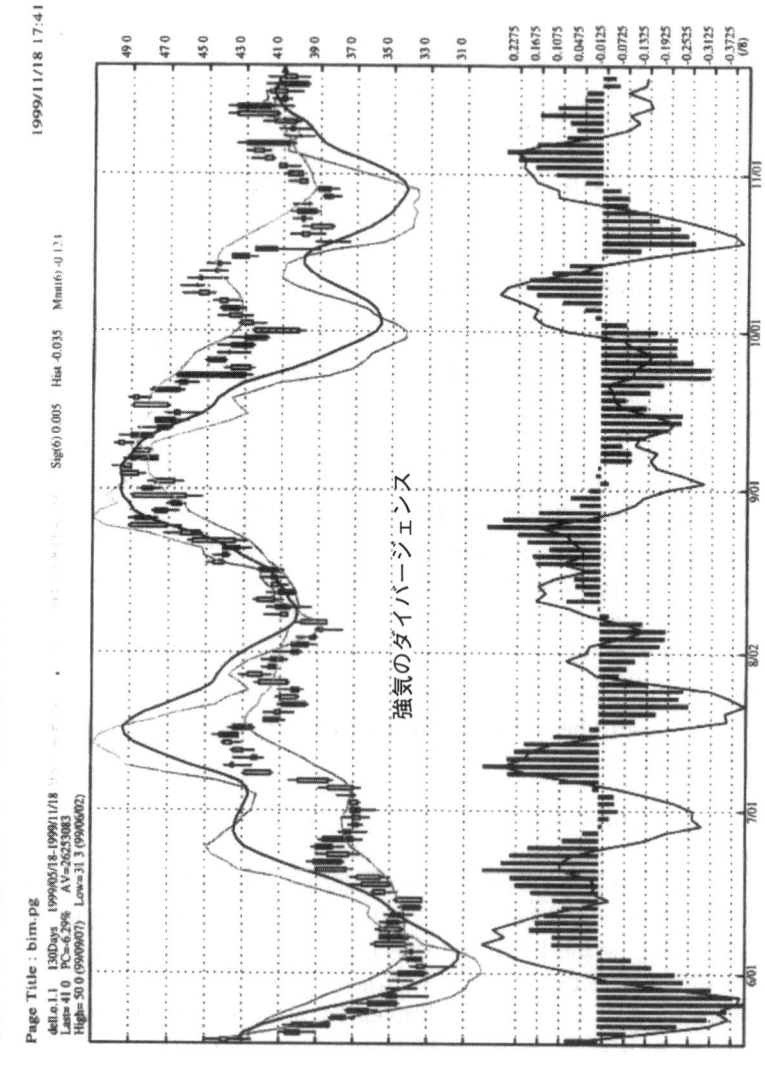

図17.2　デルのMACDとヒストグラム

強気のダイバージェンス

240

MACDヒストグラムとの間で強気のダイバージェンスが生じた。また、MACDヒストグラムの底が切り上がった時点でトンカチが現れ、翌日には強気の包み線が形成された。この時期、MACD線がシグナル線を上に交差している。

ストキャスティックス

　ストキャスティックスは終値と直近の価格レンジとの相関を使って算出する。強気派や弱気派がレンジの高値や安値に近い価格まで株価を動かせるかどうかを見ることによって、その力を測ろうとする。強気派が強いときは終値をレンジの高値に（近いところまで）押し上げられる。弱気派が強いときは株価を押し下げ、終値をレンジの安値に（近いところまで）もっていける。

　ストキャスティックスが上昇したあと下方に転じたときは、強気派が攻撃を仕掛けたものの相手の力に及ばず撤退したことを示し、したがって売りのシグナルが点灯する。株価が下落したあとストキャスティックスが上方に転じたときは、弱気派の勢力が増していることを示し、したがって買いのシグナルが発せられる。

　ストキャスティックスには２つの種類が存在する。１つはファストストキャスティックスで、％Ｋと％Ｄという２つの線から成っている。もう１つはスローストキャスティックスで、ファストストキャスティックスを平滑化したものだ。ストキャスティックスは０～100％までの値をとり、買われ過ぎと売られ過ぎを示す基準線として通常30％と70％の水準で線が引かれる。

　ほとんどのチャートソフトでは％Ｋを描くとき５日をデフォルト値として使う。ファストライン（％Ｋ）の算出では、まず当日の終値から過去５日間の最安値を引く。例えば当日の終値が50ドル、過去５日間の最安値が45ドルだったとすれば、結果は５ドルとなる。次にその

値を、過去5日間の最高値から過去5日間の最安値を引いた値で割る。例えば、最高値が55ドルで最安値が45ドルだったとすれば、結果は10ドルとなり、5ドルを10ドルで割って0.5が得られる。それを100倍して得られる50が当日のファストライン（％K）の値となる。スローライン（％D）はファストライン（％K）を平滑化することによって算出される。例えば％Kの数値として3日間の合計を用いて計算すれば、％Kが平滑化されることになる。

ファストストキャスティックスはスローストキャスティックスよりも早く市場の反転を予想するが、ノイズや干渉の影響を受けやすいため、間違ったシグナルを出すことも多い。スローストキャスティックスでは市場の雑音を取り除くことによって、ファストストキャスティックスに付随するダマシを減らそうとする。スローストキャスティックスはファストストキャスティックスのスローライン（％D）をファストラインとして使う。

ストキャスティックスを強気のシグナルとして使うときは次のようにする。

1．株価が新安値を更新する一方でストキャスティックスが底を切り上げてその安値を確認しなかったら、空売りを買い戻すか買いを仕掛ける。強気のダイバージェンスになっているからだ。
2．株価が上昇トレンドにあるときに、ストキャスティックスが売られ過ぎの30％の線を交差したあとまたその上に戻ったら、空売りを買い戻すか買いを仕掛ける。これは上昇トレンド中の押しを示しており、ロングの側からその上昇トレンドに再度仕掛けるチャンスだからだ。

ストキャスティックスを弱気のシグナルとして使うときは次のよう

にする。

1. 株価が新高値を更新する一方でストキャスティックスがピークを切り下げてその高値を確認しなかったら、持ち株を売るか空売りを仕掛ける。弱気のダイバージェンスになっているからだ。
2. 株価が下降トレンドにあるときに、ストキャスティックスが買われ過ぎの70％の線を上に交差したあとまたその下に戻ったら、持ち株を売るか空売りを仕掛ける。これは下降トレンド中の戻りを示しており、ショートの側からその下降トレンドに再度仕掛けるチャンスだからだ。

図17.3はアドビ・システムズ（ADBE）の週足チャートとストキャスティックスを示している。2月半ばには、ストキャスティックスが30％の線を下回り、売られ過ぎの状態にあるときにファストラインがスローラインを上方に交差した。その後、両方のラインが30％の線を上回って推移した。また株価は8期間移動平均線を上回り、強気の包み線が現れた。

さらに株価とストキャスティックスとの間に強気のダイバージェンスが生じた。つまり6月12日に現れたストキャスティックスの最初の底と8月初めの2回目の底が同じ水準なのに対して、株価は安値を切り上げたのである。

RSI

RSIは終値の変化を追跡することによって株式の買われ過ぎ・売られ過ぎの状況を測定する先行指標だ。RSIは0～100の値をとり、通常30が売られ過ぎ、70が買われ過ぎを示す。RSIが30を割り込んだあと再びそれを上回れば、売られ過ぎから上昇に向かおうとしているこ

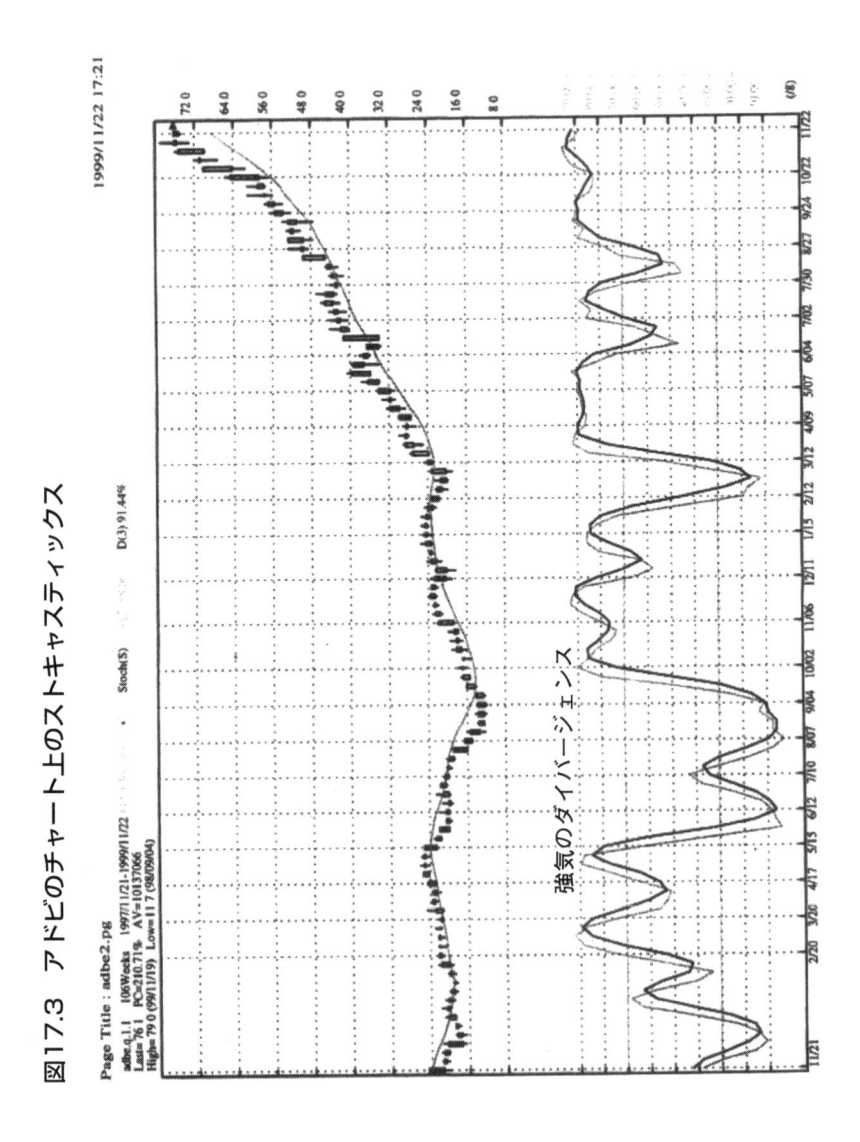

図17.3 アドビのチャート上のストキャスティックス

とを示唆している。買われ過ぎの70を超えたあと再びそれを下回れば、買われ過ぎから下落に向かおうとしていることを示唆している。

RSIの計算では次の式を用いる。

$$RSI = 100 - 100 \div (1 + RS)$$

ここで、RSは一定の期間における上昇した日の値上がり幅の平均を下落した日の値下がり幅の平均で割った値である。一定の期間としては通常7日を用いる。

RSIを強気のシグナルとして使うときは次のようにする。

1. 株価が新安値を更新する一方でRSIがその安値を確認しないで底を切り上げたら、空売りを買い戻すか買いを仕掛ける。強気のダイバージェンスになっているからだ。
2. 株価が上昇トレンドにあるときに、RSIが売られ過ぎの30を下回ったあとまたその上に戻ったら、空売りを買い戻すか買いを仕掛ける。これは上昇トレンド中の押しを示しており、ロングの側からその上昇トレンドに再度仕掛けるチャンスだからだ。

RSIを弱気のシグナルとして使うときは次のようにする。

1. 株価が新高値を更新する一方でRSIがその高値を確認しないでピークを切り下げたら、持ち株を売るか空売りを仕掛ける。弱気のダイバージェンスになっているからだ。
2. 株価が下降トレンドにあるときに、RSIが買われ過ぎの70を上回ったあとまたその下に戻ったら、持ち株を売るか空売りを仕掛ける。これは下降トレンド中の戻りを示しており、ショートの側か

図17.4 EベイのRSI

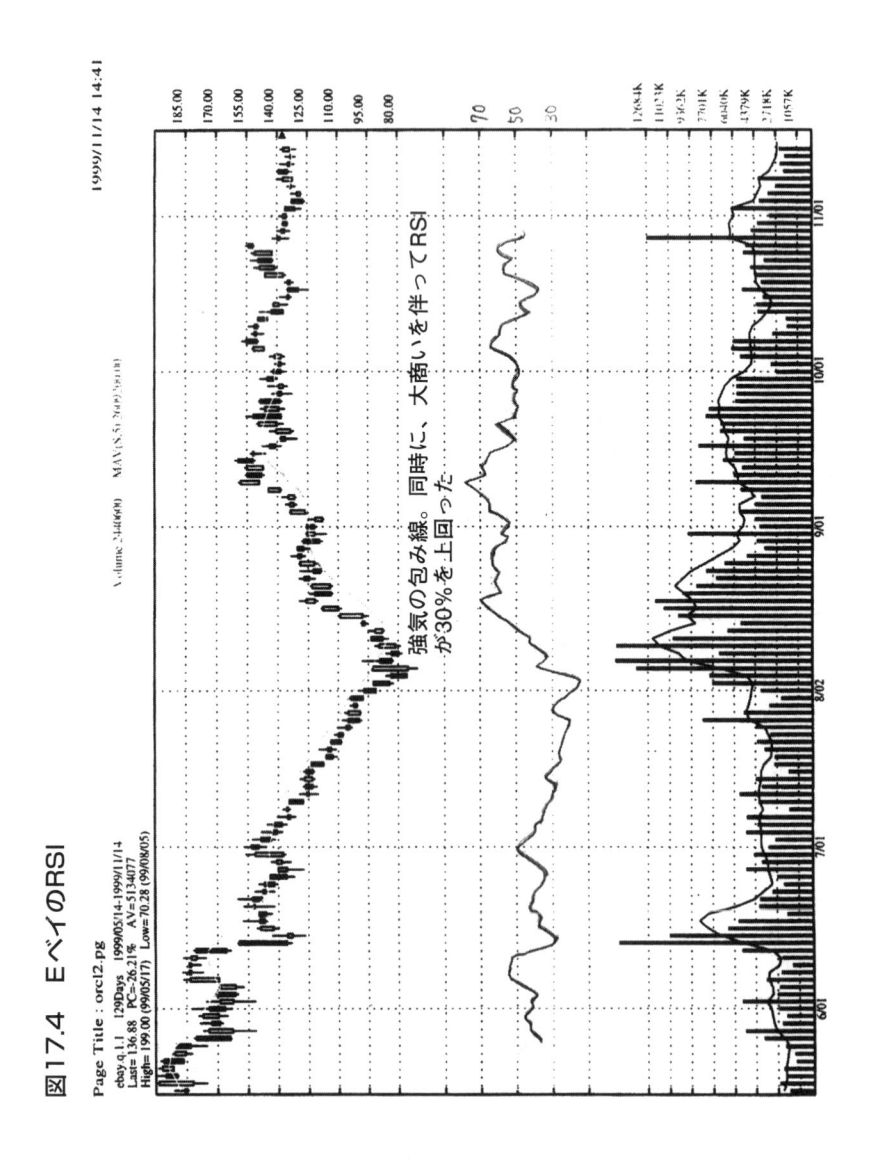

強気の包み線。同時に、大商いを伴ってRSIが30%を上回った。

らその下降トレンドに再度仕掛けるチャンスだからだ。

図17.4のＥベイのチャートでは、８月初めにRSIが６月半ば以降初めて売られ過ぎの30を上回ったとともに、強気の包み線が現れている。また出来高が大きく膨らんでおり、株価は８日移動平均線を上回っている。

モメンタム

モメンタムは価格変化のスピードメーターとして定義できる。モメンタムのスピードメーターは実際の値ではなくトレンドの加速度（つまり変化の変化量）を測る。モメンタムは当日の終値とＸ日前の終値の差に相当する。Ｘとしては普通７をとる。株価のモメンタムが極端な値になったら、個別株やセクター指数が買われ過ぎ・売られ過ぎの水準に達したことを示す。オシレーターは、問題となる期間内で株価が支持線水準や抵抗線水準で反転し、やがてトレンドの反転が起きる可能性をトレーダーに警告する役目を果たす。

Ｘ日前と比べた株価の変化率が加速すると、モメンタムオシレーターが上昇する。株価が上昇し続けているのにモメンタム指標が横ばいのときは、トレンドが成熟し、株価が反転する可能性がある。株価の下落が次第に加速しているときは、モメンタム指標が下落する。株価が下落していてもその勢いが弱まっていると、モメンタム指標が横ばいになったり売られ過ぎの線を上に交差したりして、下落の先が見えて逆転が近いことが示唆される。

モメンタムオシレーターが示す買われ過ぎ・売られ過ぎの基準線は自分の好みに合わせて変えることができる。−20を売られ過ぎ、＋20を買われ過ぎとするのが効果的であろう。また０の線をクロスオーバー線として使い、株価が上昇トレンドにあるときにそれを上に抜けれ

ば強気、株価が下降トレンドにあるときにそれを下に抜ければ弱気ととらえることができる。

　モメンタムオシレーターを強気のシグナルとして使うときは次のようにする。

1. 株価が新安値を更新する一方でモメンタムオシレーターがその安値を確認しないで底を切り上げたら、空売りを買い戻すか買いを仕掛ける。強気のダイバージェンスになっているからだ。
2. 株価が上昇トレンドにあるときに、モメンタムオシレーターが売られ過ぎの-20を下回ったあとまたその上に戻ったら、空売りを買い戻すか買いを仕掛ける。これは上昇トレンド中の押しを示しており、ロングの側からその上昇トレンドに再度仕掛けるチャンスだからだ。

　モメンタムオシレーターを弱気のシグナルとして使うときは次のようにする。

1. 株価が新高値を更新する一方でモメンタムオシレーターがその高値を確認せずピークを切り下げたら、持ち株を売るか空売りを仕掛ける。弱気のダイバージェンスになっているからだ。
2. 株価が下降トレンドにあるときに、モメンタムオシレーターが買われ過ぎの20を上回ったあとまたその下に戻ったら、持ち株を売るか空売りを仕掛ける。これは下降トレンド中の戻りを示しており、ショートの側からその下降トレンドに再度仕掛けるチャンスだからだ。

　図17.5のヤフー（YHOO）の日足チャートでは、6月下旬にモメ

第17章　オシレーターとリバーサル指標

図17.5　ヤフーのモメンタムオシレーター

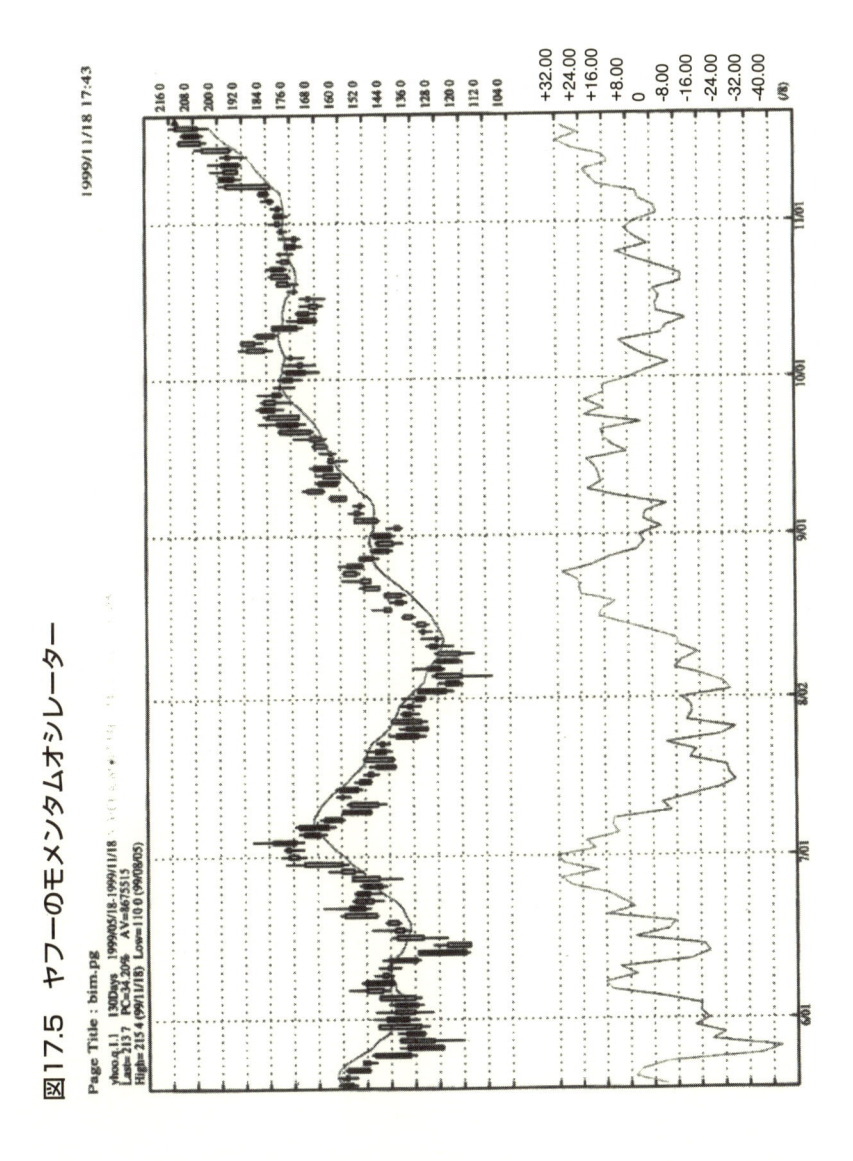

ンタムオシレーターが買われ過ぎの20の上でダブルトップを形成したあとその線を下に交差している。そのとき株価も8日移動平均線を下に交差した。その後、8月上旬にはモメンタムオシレーターが強気のダイバージェンスを示すとともに、強気の包み線のローソク足が現れたあと株価が8日移動平均線を上に抜けた。それと同時にモメンタムオシレーターも0の基準線を上に交差して買いのシグナルを発した。

　各種のオシレーターはチャートの補助手段として買われ過ぎ・売られ過ぎの状況を発見するために使用できる。最も効果を発揮するのは、上昇トレンド中の売られ過ぎである押し、下降トレンド中の買われ過ぎである戻りを見つけだそうとするときだ。またオシレーターは強気や弱気のダイバージェンスの発見にも優れた手段となる。ダイバージェンスは株価とオシレーター指標が食い違うときに生じる。最も人気が高いオシレーターは、個別株やセクターを仕掛けたり、手仕舞ったりするときに機が熟したことを知らせる最初の手がかりとなる先行指標のオシレーターだ。オシレーターを使ってポジションをとるときは、全体的なトレーディング計画に従い、価格の確認とストップロスを使用する。

第6部

市場の脈動
THE PULSE OF THE MARKET

第18章 出来高

VOLUME

　出来高によってテクニカル分析は二次元の世界へと拡張した。出来高はその銘柄に対するある一定の時点の積極的な関心の度合いを示す。チャートがこれから進もうとする領域の地図だとすれば、出来高はその領域の深さを表す。ゾウが足跡を残さずにジャングルを歩くことができないのと同じように、機関投資家も出来高に跡を残さずにポジションを仕掛けたり手仕舞ったりすることはできない。

　出来高はトレーダーに手がかりを与える。重要な支持線水準や抵抗線水準では出来高が膨らむことが多い。大商いは、感情的・金銭的な関心が強いことを示す。出来高に示されたそうした確信によって、その時点の株価が将来の基準として記憶される。例えば、大商いを伴って株価が史上最高値を付けたあと急落すると、トレーダーは勝者と敗者に分かれる。勝者とは天井でロングポジションを売って空売りを仕掛けた者だ。敗者とはロングを仕掛けたり、空売りを手仕舞いしたり、持ち株を売らなかった者だ。敗者は、株価が再び史上最高値まで上がったら売ろうと復讐心に燃えて待ち構えている。出来高から見て重要な価格が再び試されると、感情が再燃し、買い手と売り手が戻ってきて過去の過ちを正そうとする。

　出来高の急増は、たいていファンダメンタルズに関する重要なニュースに多くの買い手や売り手が反応した結果として生じる。出来高の

増加はさらなる増加を呼ぶことが多い。株式の大口所有者は、株価が動いて活発に売買されるときにポジションの規模を調整する機会を逃したくないと感じる。最大手の機関投資家は通常、ポジションを積み増したり、縮小したり、売却したり、あるいは単に短期的利益を狙ってデイトレードするなど、ほとんどどんなときも最大規模の商いを積極的に行っている。過去20日の平均よりも多い出来高を伴って株価が動くとき、株価変動とチャートのパターンの有効性が高くなる。

大口取引

　大口取引とは1万株以上の取引と定義される。1日の平均出来高にもよるが、2万5000株以上の大口取引は機関投資家の強い関心があることを示し、短期的な株価変動を主導することになるだろう。2万5000株の取引は大きな意味を持つ。そうした取引の結果、機関投資家を顧客とするマーケットメーカーによって、最低2万5000株（あるいはそれ以上）の反対注文が一掃されることになるからだ。

　大口取引があると、市場を動かす機関投資家の意向に対してトレーダーが警戒心を抱き、大口の買い手や売り手がすぐに態度を変えることがあるため、取引時間中は大口取引を注意深く監視していなければならない。普通、売り気配値によって成立した大口取引は買いの関心を示唆し、買い気配値によって成立した大口取引は売りの関心を示唆している。売りと買いの両側に大口取引があるときは買い手と売り手が交錯している。同じ側に複数の大口取引があるときは、同じマーケットメーカーを通じて複数の機関投資家の買い手や売り手が動いていることを意味する。こうした場合、株価がそれらの注文と同じ側に大きく動く公算が大きい。

　2つの大口注文を売りや買いの同じ側で同時に扱うマーケットメーカーは、両方の顧客の注文数をいっしょに扱う。機関投資家の顧客は、

同じ銘柄に別の買い注文や売り注文があると知ると、自分の注文の約定に一層躍起となる。ほかの注文と競合関係にあることが分かっているからだ。機関トレーダーはマーケットメーキング会社に注文指示を出す機関投資家のファンドを代表している。マーケットメーキング会社にはマーケットメーカーと機関トレーダーを仲介する営業トレーダーがいる。

投資信託やヘッジファンドや年金基金はバイサイドの機関投資家とみなされる。それらのファンドは、機関投資家の注文を円滑にさばくことを役目とするマーケットメーカーに売買注文を出す。マーケットメーカーには機関投資家の注文を専門に扱うところがある一方、非機関投資家の注文(小口注文とかインターネット注文と呼ばれることもある)に特化したところもある。機関投資家の注文を専門に扱うマーケットメーカーは注文を約定させるために最初に自分のリスクで資金を投入する。例えば、株価が50-50 1/8ドルの気配のときに機関投資家から10万株の買い注文を受けた場合、その注文をさばくために普通50 1/8ドルで最低2万5000株の売り注文を出す。つまりそのマーケットメーカーはこの注文でリスクを負うことになり、今や2万5000株を空売りしているのに等しい。発注後株価が有利に動けば利益を得られる。逆ならば損することになる。その銘柄の流動性が高ければ注文主の機関投資家のために50 1/8ドルで10万株買うことができるだろう。

比較的流動性の高い銘柄の2万5000株以下の取引は大口取引ほど重要ではない。同じ注文主から後続の注文が出てくることはまずないからだ。大規模な機関投資家が流動性の高い銘柄を大量に買おうとしているときは、マーケットメーカーはその注文が順調に約定するようにかなり大きな売り注文を出す。

マーケットメーカーが機関投資家のためにリスク資金を投入したあと、機関投資家は普通残りの注文をそのままマーケットメーカーに任せてもっとたくさんの株を買わせる(売らせる)ようにする。先の例

で言えば、マーケットメーカーは、機関投資家に2万5000株を50 1/8ドルで売ったあと、まだ7万5000株の注文を抱えているが、今や自分のリスクを解消する必要に迫られている。リスク解消のためには少額の利益か損益なしか少額の損失でその株を買わなければならない。そのリスクがなくなれば、残った7万5000株を1/16ポイントか1/8ポイントのスプレッドで取引することが目標となる。仮に1万2500株を50 1/16ドル、残りの1万2500株を50 1/8ドルで買い戻せたとすれば、注文の残りの取引によって利益を得るためにリスクゼロで自由に取引できることになる。そのために彼は50 1/8ドルの買い気配に応じて株を買い付け、機関投資家に50 3/4ドルか50 1/4ドルでそれを売るかもしれない。そうすれば、最初の2万5000株では利益がまったくか、あるいはわずかしか得られなかったものの、残りの7万5000株では1/16ポイントから1/8ポイントほどの利益が得られる結果となる。

　注文を持っている機関トレーダーは、その注文を約定させるために市場取引に参加することを狙っている。つまり、そのマーケットメーカーの注文以上に取引が成立するのであれば、機関トレーダーも自分の注文を約定させたいと考えている。ここでの例に即して言えば、マーケットメーカーが7万5000株をさばくために2万5000株を50 1/8ドルで機関投資家に売ったあと、その銘柄の出来高が10万株ほどに増えるとすれば、機関トレーダーはより多くの株数を買えると期待できる。銘柄の流動性や出されている注文の性質（大口注文か小口注文か）次第だが、マーケットメーカーは自分の空売りを買い戻し、さらに多くの株を買う機会が豊富にあるため、そのトレーダーはさらに出来高の増えるのが期待できるはずだ。

　別の例を挙げよう。WXYZという銘柄に40ドルの買い気配値が出ており、その1日の平均出来高が150万株だとする（中程度の流動性）。あるマーケットメーカーがより大きな注文をさばくために機関投資家の売り手から40ドルで買った2万5000株を買い持ちしている。マーケ

ットメーカーに２万5000株を売った機関トレーダーはさらに７万5000株の売り物を抱えており、できるだけ早く市場で売却したいと考えている。マーケットメーカーが40ドルで２万5000株の買いを約定させたあと、その買い気配がほかの市場参加者をおじけづかせたために、買い注文が引っ込みだした。

２万5000株を40ドルで買ったマーケットメーカーには２つの選択肢がある。つまり、何もしないで株価の下落を黙って見ているか、買値より安くその株を売ることによって出来高に影響を与えるかのどちらかだ。マーケットメーカーが中程度の流動性の銘柄を売ろうとする場合たいていは、ほかの買い手が手を出したくなる水準まで株価を下げることを余儀なくされる。マーケットメーカーは中程度の流動性の銘柄でリスクをとった場合、株価が下落しつつあり、またその背後にもっと大きな売り物が控えていることを知っているときは、できるだけ早く損切りしたいと考える。売り物を抱えたマーケットメーカーが手をこまねいて下落を見ているのは、その後の取引に手を出せなくなる危険を背負うことになる。マーケットメーカーにとってこれは２つの点でマイナスとなる。第一に、注文をさばくために仕掛けたロングポジションで損失がかさむことになる。第二に、大量の売り物を抱えている機関トレーダーが出来高の増加を利用して売ることができなくなって、その怒りを買うことになる。マーケットメーカーはその機関投資家のために大量の株を市場で売らなければならない以上、何もせずに最初のロングポジションにしがみついていることはまったく意味をなさない。

成功したすべてのトレーダーと同じように、最高のマーケットメーカーは事態の好転をただ祈るのではなく、すぐさま損切りする。優れたマーケットメーカーは様子見やナンピンによって損失ポジションをどうにかして救おうとはしない。逆に、できるだけ早く損を確定して次のトレードへと移る。WXYZ株の例では、マーケットメーカーは

安い水準で最初の損失を確定したあと、クリーンナップをもとにしていつでも2万5000株のロングポジションを復活することができるのだ。

クリーンナップ取引

クリーンナップ（一掃）取引とは短期的な動きの最後を締めくくる大口取引のことを指す。この取引によって、相場を一定の水準まで動かした機関投資家の注文が終わりになる。注文全体が完了するため、それによる圧力が弱くなり株価の反転につながる。

クリーンナップ取引を見分けるには忍耐力と熟練を要する。そうした取引はさまざまな形態や規模で、取引レンジの端の価格水準に現れる。それまでの間、機関投資家の取引は規模や銘柄の流動性に応じて何分も、何時間も、あるいは何日も続く、しつこい買い圧力や売り圧力をかけている。多くの場合、マーケットメーカーはクリーンナップ取引とは逆のポジションをとる。クリーンナップ取引が成立するまでの間、マーケットメーカーが最初に大きな注文を受けて以降、それをさばくために株価の変動に応じてさまざまな水準で多数の大口取引を成立させてきている。例えば、最初は合計100万株あった注文を市場でさばいて5万株だけが残っている場合、マーケットメーカーは自身のポジションとして5万株買い持ちしてからクリーンナップに取りかかるであろう。

クリーンナップ取引のあとでは、マーケットメーカーは機関投資家の注文をすべて片づけており、またその取引が株価を売られ過ぎや買われ過ぎの水準に押しやった原因になっているため、株価が反転することが多い。特に機関投資家が取引完了のために激しく売買したときは、クリーンナップ取引をきっかけに株価が逆方向に大きく動く。

AXが株価を一方向に動かしてきたあとで、その値幅の端で大量の取引が約定し、その後株価が急に反転したことにあなたが気づいたと

すれば、それはクリーンナップ取引である公算が大きい。マーケットメーカーはクリーンナップ取引のあとでは最良の気配値にあまり注文を出さなくなり、次第に舞台から退場していく。クリーンナップ取引が機関投資家の売り注文によるものだったとすれば、マーケットメーカーはもはや売り株がないため売り注文を出さなくなる。買い注文だったとすれば、もはや株を買う必要がなくなるため買い注文を出さなくなる。

出来高のクライマックス

　出来高のクライマックスとは、トレンドの天井や大底で起きる出来高の急増のことをいい、トレンドの終わりを告げるものとなる。それは極端にまで達した感情の熱狂によって引き起こされ、結果として買い手や売り手が消え失せる。出来高のクライマックスがトレンドの天井で生じると、買い手が消え失せ、買い注文が途絶える。トレンドの大底で生じると、売り手が消え失せ、売り注文が途絶える。

　出来高のクライマックスは天井や大底、新しい重要な支持線水準や抵抗線水準を形成する。動きが行き着いた高値や安値での出来高の急増がなぜその動きの終了のシグナルになるかといえば、その動きをとらえ損ねたり、間違ったポジションをとった多くのトレーダーが降参して逃げ出すからだ。仕掛けの失敗を長い間後悔し続け、あるいは損失ポジションを長い間抱えてきたトレーダーにとって、金銭的・感情的痛みがもはや耐え難いほどひどくなっていたのだ。

　株価が前の出来高のクライマックスで付けた価格の水準を再び試すときには、株価と出来高のダイバージェンスが現れることが多く、リバーサルの強力な指標となる。株価が前の天井を試しにいき、出来高がそれほど大きくないときは空売りの好機となる。株価が前の大底を試しにいき、出来高がそれほど大きくないときは買うチャンスとなる。

ダブルトップやダブルボトムのときの出来高を注意深く監視しなければならない。常に最初の山（谷）よりも出来高の少ない第二の山（谷）を狙うのが肝心だ。

出来高を伴うブレイクアウト

　出来高を伴うブレイクアウトとは、平均以上の出来高を伴った重要な支持線水準や抵抗線水準を突破する価格変動をいう。機関投資家の大口取引によって引き起こされるブレイクアウトは長続きする力を持っている。ブレイクアウトが本物かどうかを見分けるには出来高に注目するとよい。本格的なブレイクアウトは目を見張らせるほどの出来高に支えられている。機関投資家の関与のないブレイクアウトは簡単に元に戻ってしまう公算が大きい。その水準を突破させたトレーダーがすぐに利益確定に走って、押し下げてしまうためだ。大規模な投資家が重要なテクニカル水準をブレイクさせると、それに伴う出来高がほかの大規模プレーヤーの関心に火をつけ、売買に呼び込む結果となる。

　上昇トレンドに平均以上の出来高が伴うと、株価はさらに高くなる公算が大きい。下降トレンドに平均以上の出来高が伴うと、株価はさらに安くなる公算が大きい。しかし、株価の下落は上昇よりも長い期間少ない出来高に耐えられる。株式を売り持ちしている人よりも買い持ちしている人のほうが多いため、株価の上昇には買い手が必要となるが、下落はひとりでに起きやすい。だからこそ下落の恐怖はどうしても大きくなる。

OBV

　OBV（オンバランスボリューム）とはジョーゼフ・グランビルに

よって創案された出来高指標だ。その計算では株価の上昇・下落を考慮に入れながら出来高を累計する。当日の株価が前日よりも高く引けたら、その日の出来高をOBVの累計高に加える。前日よりも安く引けたらOBVの累計高から差し引く。変わらずで引けたら何も手を加えない。OBVを結んだ線のトレンドが株価変動の確認になっていれば、株価のトレンドが持続することを示唆する。OBVを指標として効果的に使う方法はOBV線と価格変動のダイバージェンスに着目することだ。

OBVを強気のシグナルとして使うときは次のようにする。

1. 株価が新安値を更新する一方で、OBVが底を切り上げているのは強気のダイバージェンスであり、空売りを買い戻すか買いを仕掛ける。このダイバージェンスは、株価の下落が出来高によって確認されておらず、弱気派が売りの力を失いつつあることを示している。
2. 株価が上昇トレンドにあるか新高値を更新しているときに、その価格変動がOBVによって確認されたらロングの側からトレードする。

OBVを弱気のシグナルとして使うときは次のようにする。

1. 株価が新高値を更新する一方で、OBVがピークを切り下げているのは弱気のダイバージェンスであり、持ち株を売るか空売りを仕掛ける。このダイバージェンスは、株価の上昇が出来高によって確認されておらず、強気派が買いの力を失いつつあることを示している。
2. 株価が下降トレンドにあるか新安値を更新しているときに、その価格変動がOBVによって確認されたらショートの側からトレー

第6部 市場の脈動

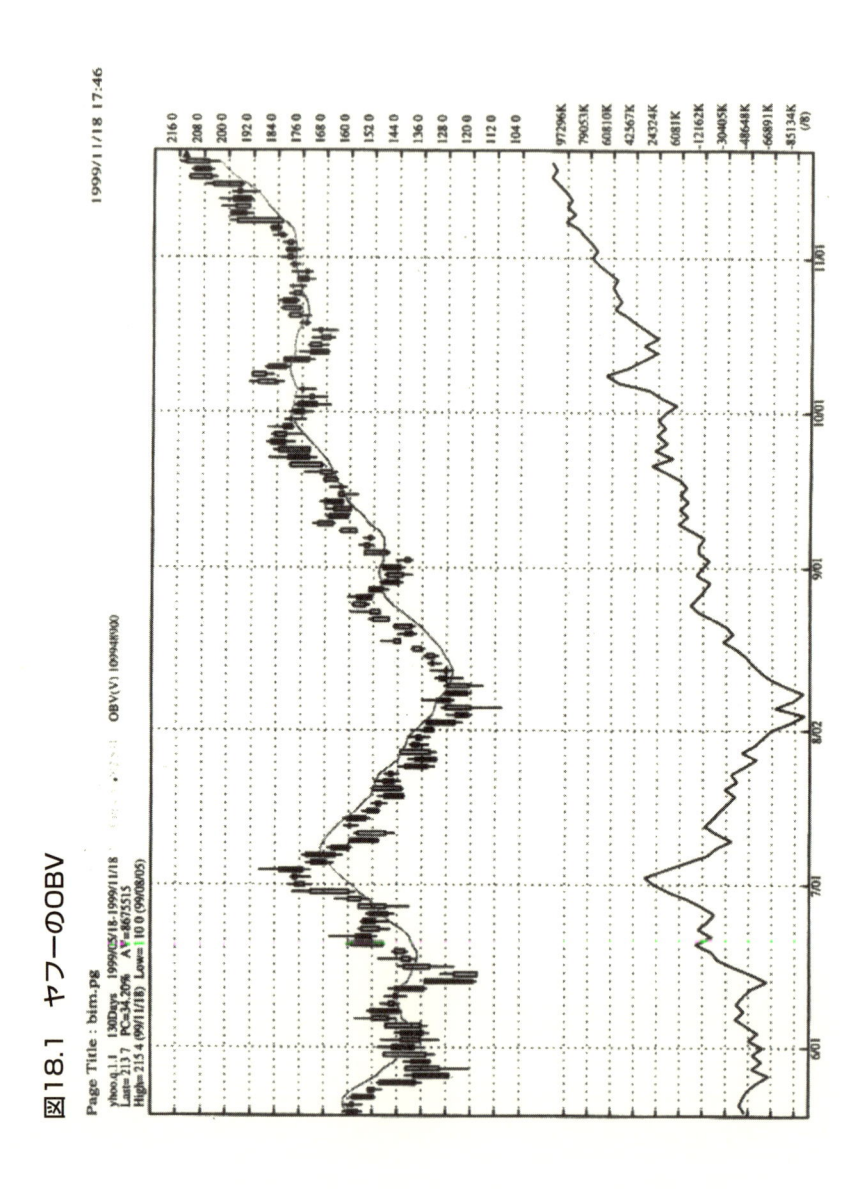

図18.1 ヤフーのOBV

ドする。

図18.1のヤフーのチャートでは、1999年8月初めにOBVがダブルボトムを形成したのち反転して一貫した上昇トレンドに入り、株価が8日移動平均線よりも上にあることが確認できる。

アキュミュレーションとディストリビューション

ラリー・ウィリアムズによって創案されたアキュミュレーション・ディストリビューション（ADライン）は、当日の出来高の一部を強気または弱気の側に加えてシグナルを作り上げる。ADラインでは終値ではなく始値を基準として使って、勝った日を決める。つまり、当日の始値から前日の終値を引いた値を当日の値幅（高値－安値）で割り、その値に出来高を掛ける。

ADラインで興味深いのは、当日の値幅全体ではなく始値と終値の正味の差を元にして当日の出来高の一部だけを勝った側に加えていることだ。ローソク足チャートを使って説明すれば、ADラインではローソク足の実体と影を比較して、変動のうち実体が占める比率を使って出来高のウエートを計算していることになる。

ADラインを強気のシグナルとして使うときは次のようにする。

1. 株価が新安値を更新する一方で、ADラインが底を切り上げているのは強気のダイバージェンスであり、空売りを買い戻すか買いを仕掛ける。このダイバージェンスは、株価の下落が出来高によって確認されておらず、弱気派が売りの力を失いつつあることを示している。
2. 株価が上昇トレンドにあるか新高値を更新しているときに、その価格変動がADラインによって確認されたらロングの側からトレ

ードする。

ADラインを弱気のシグナルとして使うときは次のようにする。

1. 株価が新高値を更新する一方で、ADラインがピークを切り下げているのは弱気のダイバージェンスであり、持ち株を売るか空売りを仕掛ける。このダイバージェンスは、株価の上昇が出来高によって確認されておらず、強気派が買いの力を失いつつあることを示している。
2. 株価が下降トレンドにあるか新安値を更新しているときに、その価格変動がADラインによって確認されたらショートの側からトレードする。

図18.2のインテル・コーポレーション（INTC）のチャートでは、1999年6月初めに株価が短期的な8日移動平均線を上にブレイクした。その期間にADラインはトリプルボトムを形成したあと、6月末には抵抗線を上にブレイクして上昇トレンドに入り、インテルが強気であることを確認した。

出来高は1日を通して株式の価格変動の不可分な一部をなしている。出来高を注意深く観察することによって、重要な支持線水準や抵抗線水準について、また最も少ない抵抗の道筋がどちら側にあるかについての情報が得られる。また1日を通して大口取引の量や出所を監視し、その情報を使って価格変動を確認する。出来高が平均を超えていれば普通、株価の動きが確認される。出来高が平均を下回っていれば普通、株価の変動は重要とみなされない。

第18章　出来高

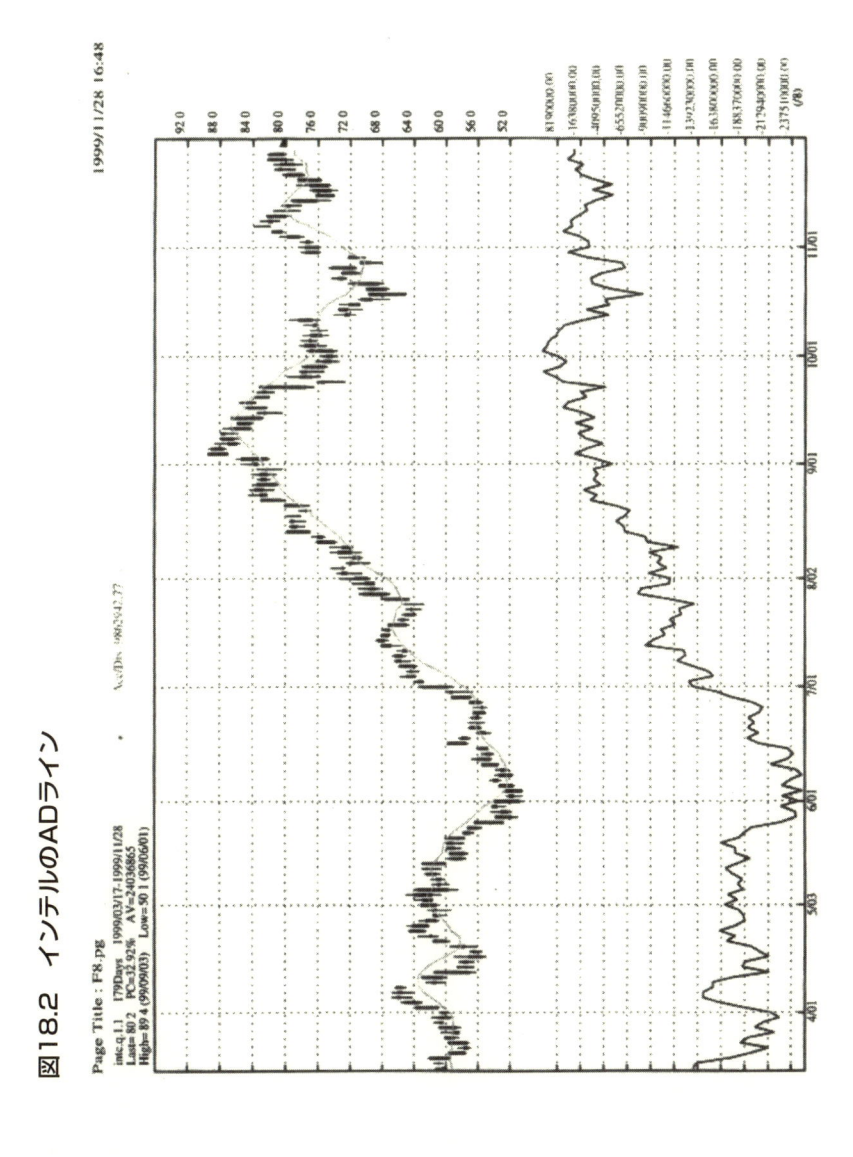

図18.2　インテルのADライン

第19章 先行指標

THE LEADING INDICATORS

　短期的なデイトレーダーは市場の日中の脈動を追跡する手軽で信頼できる方法を必要としている。ダウ工業株平均、S&P500、ナスダック総合指数など広く注目されている株価指数がひとつの方向に大きく動いているときに、実際には何らかの重要な指標がそれとは違うシグナルを発していることが珍しくない。パニックが最高潮に達したときは、たいていトレンドが終わりを迎える印であり、まもなく反転が始まる。短期トレーダーは何を見るべきかを心得ていれば、ほかの人々がパニックに陥っているのを見て、それを資金投入の機会として利用できる。

　日中の市場センチメントがどちら向きか、それがいつ変化しそうかを教えてくれる数少ない市場指標がある。そうした市場指標をチャートと併せて使えば、最良のリスク・リターン・レシオが売りと買いのどちらにあるかを簡単に判断できる。日中のタイミングを測るそうしたツールから仕掛けや手仕舞いの最初の青信号が得られる。

TICK

　TICK（ティック）指標は、アップティック（直近の約定よりも高い価格で約定すること）の銘柄数とダウンティック（直近の約定より

も安い価格で約定すること）の銘柄数の差を表す。ある銘柄がアップティックで取引されたということは、だれかが売り気配値を受け入れて株を買ったことを意味する。ダウンティックで取引されたということは、だれかがその買い気配値で株を売ったことを意味する。

TICKはNYSE（ニューヨーク証券取引所）の全銘柄の指標であるNYSE総合指数について利用できる。ほかにもダウ工業株平均、ナスダック100、S&P500などでTICKが発表されている。特によく使用されているのはNYSEのTICKだが、どの指標からも有用な情報が得られる。

例えばNYSEのTICKが＋500だったとすれば、売られた銘柄よりも買われた銘柄のほうが500多いことになる。この値はそれだけでは意味はないが、直前のTICKと比べた相対的な値は役に立つ。

TICKは市場全体の指数と食い違っているときに買われ過ぎや売られ過ぎのシグナルとなることがある。株価が高値や安値に到達して反転が始まろうとするときに、TICKが先行指標になるのだ。8期間などの短期的な移動平均線を使ったチャート上にTICKを描くことによって、市場センチメントやトレンドの変化を見つけだし、リバーサルを探ることができる。

総合指数が午前中下げ続けてTICKがマイナスだったのが、突然TICKが急上昇してプラスになったとすれば、株価が短期的に上昇に転じる公算が大きい。TICKの上昇によって示されるセンチメントの変化は8期間移動平均線を使ったチャートによって判断できる。つまり8期間移動平均線を上に抜ければ強気のセンチメントとなり、下に抜ければ弱気のセンチメントとなる。

相場の天井や大底には、過度の熱狂や悲観が伴う。NYSEのTICKが＋1000とか－1000といった極端な値になったとすれば、それは上昇や下落が行き着くところまで達した兆候であり、買われ過ぎや売られ過ぎの状態になっている。極端な値は、熱狂した強気派や弱気派が白

旗を掲げ、感情の嵐に揉まれながら、大底でロングを売ったり天井でショートを買い戻したりしたことを示唆している。痛みが耐えられないほど大きくなり、大部分がそれに耐えられずに降参したわけだ。そうした降参のあとではトレンドを支える担い手が消え失せているため反転が始まる。

TRIN

　TRIN（トレーダー指数、またはアームズインデックス）は極端な感情の産物である買われ過ぎや売られ過ぎの状態を測るのに役立つ先行指標だ。TRINでは上昇銘柄数と下落銘柄数の比率と、上昇銘柄の出来高と下落銘柄の出来高の比率を組み合わせて使う。TRINは急激に変化するが、その値は大部分のマーケット情報のTRINという欄を見れば分かる。また、大部分のチャート作成ソフトでは、買われ過ぎと売られ過ぎが逆にして表示され、上部と下部には基準線が引かれている。

　TRINの計算式は次のとおりだ。

TRIN =（上昇銘柄数÷下落銘柄数）÷
　　　　（上昇銘柄の出来高÷下落銘柄の出来高）

　TRINの目的は出来高と株価変動のダイナミックな様相をとらえて市場の状態を評価することにある。TRINは上昇銘柄がそれに見合った出来高を伴っていると同時に、下落銘柄がそれに見合った出来高を伴っていれば1になる。例えば10銘柄が上昇してその出来高が10万株、5銘柄が下落してその出来高が5万株であればTRINは1となる。5銘柄が上昇してその出来高が5万株、10銘柄が下落してその出来高が10万株であればやはり1となる。

TRINが1以下なら強気、1以上は弱気とみなされる。値が中立である1から離れれば離れるだけ強気派や弱気派が力を増していることを示す。上昇銘柄数に比較してその出来高が大きければTRINは1以下になる。強気派は相場が高値を付けると非常に楽観的になる傾向があり、そのセンチメントを反映して株価がそれほど上がらなくても出来高が増える。デイトレーダーはTRINが下がると強気の度が増すことを頭に刻んでおく必要がある。

　例えば上昇銘柄数と下落銘柄数の比率が3対2で、それぞれの出来高の比率が3対1（比率がより高い）だったとすれば、TRINは0.5となって強気を示す。この場合、株価が力強い出来高に見合うほど上昇していないことになる。TRINが低くなると、逆に買われ過ぎの度合いが高くなるわけだ。TRINが上の基準線を下に抜けると、売りのシグナルが発せられる。

　下落銘柄数に比較してその出来高が大きければTRINは1以上になる。相場が安値を付けると悲観論が非常に強くなり、弱気のトレーダーが撤退し、下落銘柄数の割りには売られる株数が多くなる。例えば下落銘柄数と上昇銘柄数の比率が3対2で、それぞれの出来高の比率が3対1だったとすれば、TRINは2となって弱気を示す。TRINが高くなれば、それに応じて売られ過ぎの度合いが高くなる。TRINが下の基準線を上に抜けると、買いのシグナルが発せられる。

　TRINを強気のシグナルとして使うときは次のようにする。

1．TRINが下の売られ過ぎの基準線を上に抜けたときは、弱気派が力を失って強気のリバーサルが間近いことを示す。
2．株価が新安値を付けているときに、TRINが底を切り上げているときは強気のダイバージェンスとなっている。
3．TRINの下落は強気とみなされる。

TRINを弱気のシグナルとして使うときは次のようにする。

1．TRINが上の買われ過ぎの基準線を下に抜けたときは、強気派が力を失って弱気のリバーサルが間近いことを示す。
2．株価が新高値を付けているときに、TRINが天井を切り下げているときは弱気のダイバージェンスとなっている。
3．TRINの上昇は弱気とみなされる。

適正価値

適正価値スプレッドはS&P先物からS&P現物を引いて算出する。例えば、S&P先物が1500、S&P現物が1490で取引されていたらスプレッドは＋10となる。当日の適正価値が10、上限が11、下限が9だった場合、先物が現物を11ポイント上回って取引されるようになると買いプログラムが発動する。9ポイント下回って取引されるようになると売りプログラムが発動する。

午前中ずっとS&P先物が適正価値に対して割安で取引されたあと、突然一貫して割高で取引されるようになったら、短期的に底入れして上昇に転じる公算が大きい。それが支持線水準で生じたとすれば、センチメントのこの変化が本物である可能性が一層高くなる。

S&P先物が1500、S&P現物が1488で取引され、そのスプレッドである＋12が上限を1ポイント上回っていたとすれば、市場は短期的に上昇モードにある（**表19.1**参照）。S&P先物が1496、S&P現物が1488で、スプレッドの＋8が下限を1ポイント下回っていたとすれば、市場は短期的に下落モードにある（**表19.2**参照）。大部分のソフトウエアではひとつのシンボルを使って適正価値スプレッドをダイナミックに監視できるようになっている。

表19.1　買いモードのS&P先物

スプレッド（先物－現物）	12
S&P先物直近価格	1500
S&P現物直近価格	1488
適正価値	10
上限	11
下限	9

表19.2　売りモードのS&P先物

スプレッド（先物－現物）	8
S&P先物直近価格	1496
S&P現物直近価格	1488
適正価値	10
上限	11
下限	9

　トレーディングソフトのなかには先物・現物スプレッドをマーケット情報表示に組み入れているものがある。先物が上限を超えて割高で取引されると緑の明かりがついて、買いの機会が現れたことを知らせてくれる。先物が下限を超えて割安で取引されると赤の明かりがついて、短期的な空売りの機会が訪れたことを知らせる。

　適正価値の指標はS&P先物とS&P現物の関係の解釈に基づいている。S&P500指数はポートフォリオマネジャーにとって主要なベンチマークであり、市場全体のセンチメントの指標として最も広く使われているため、その先物と現物の関係は重要だ。S&P先物は機関投資家やトレーダーがS&P現物を取得したりヘッジしたりしようとするとき、巨額の資金を素早く効率的に投入するための主要な手段となる。

　S&P先物の価格がS&P現物の価格を先導するのは、トレーダーが市場全体へのエクスポージャーを変える必要があるとき、真っ先にS&P先物に手をつけるからだ。市場全体を素早く効率的に売買したいトレーダーにとってS&P先物は、それだけで事が足りる便利なデ

リバティブ商品のため非常に人気が高い。S&P先物は極めて流動性が高く、スプレッドや売買手数料のせいで仕掛けのコストが現物よりずっと安く、ダウンティックでも空売りができ、証拠金が少なくてすむ。

S&P先物は1日を通してS&P現物指数に対し割高になったり割安になったりするため、スプレッドの適正価値は毎日算定される。適正価値とは、先物が現物よりもどの程度高いのが適正かを示す価格である。適正価値はS&P500構成銘柄の配当金、短期金利（米国財務省短期証券またはロンドン銀行間取引金利［LIBOR］を基準として使用）、先物のタイムディケイ（残存期間の減少に伴う価値の低下）を考慮した算式を使って決定される。

現物に対する先物の割高や割安が行きすぎると、価格の乖離から利益を得るために買いや売りのプログラムが発動される。スプレッドが上限を超え、先物が適正価値に対して割高で取引されるようになると、トレーダーは先物を売って現物を買おうとする。スプレッドが下限を超え、先物が割安で取引されるようになると、現物を売って先物を買おうとする。

S&P先物とS&P現物のスプレッドは、デイトレーダーにとって短期的な方向を見つけだすための格好の指標となる。S&P先物が割高になると、買い注文が殺到して相場が上昇する。割安になると売り注文が大量に出て相場が下落する。その割高の割合がより高くなると強気派が楽観論を噴出させ、割安の割合がより高くなると弱気派が極端に暗い見通しを示す。

注意しておきたいのは、先物が極端な割高や割安になっているときはなかなか思いどおりに注文が執行されないということだ。また、買いモードになっているときに買い気配値で買ったり、売りモードのときに売り気配値で売ったりするのも簡単ではない。適正価値に基づいてトレードするには機敏かつ大胆に成り行き注文を出さなければならない。トレードのスピードと銘柄の流動性次第で、執行がうまくいっ

たり、うまくいかなかったりする。

　適正価値を使って効果を上げるにはほかの仕掛け基準と組み合わせる必要がある。単にスプレッドが上限や下限を超えたというだけで仕掛けたりするのは間違ったトレーディングだ。適正価値は先行指標のためダマシが多くなりやすく、特に昼食時間中などの商いが薄いときは簡単に大きく動くことがある。

長期債と金融株

　長期債、つまり米30年物国債は債券市場の基調を決める。また銀行株、証券株、保険株、インターネット株など金利依存度の高い金利敏感株の取引でも、長期債の価格や利回りを監視することが重要になる（第9章参照）。

　金利敏感銘柄は資金を安く借りられる低金利環境を好む。債券価格と金利は逆に動き、債券価格が下がれば、利回りが上がる。その場合、金利敏感株は値下がりするだろう。逆に債券価格が上がって利回りが下がれば、金利敏感株は値上がりするだろう。

　銀行株と証券株は金利敏感株だが、市場全体の内部的な強さを測るときの重要な要素となる。金融セクターが好調ならS&P500も上昇することが多い。銀行株や証券株がさえなければ、S&P500も持ちこたえることが難しい。

　金融株が重要な指標となるのは、米国企業全体の財務や経済の健全性のカギを握っているからだ。金融株が順調ということは、より多くの人がお金を借り、株に投資し、物を買っているということだから、企業も好調ということになる。金利が低ければ借り入れコストが安いので、借りる人が増えて出費も多くなる。低金利環境ではFRB（連邦準備制度理事会）が景気の刺激に熱心になっており、金融株に良い影響を及ぼす。金融セクターが好調なときは、銀行から借りて出費を

増やそうとする米国の最大手企業が含まれるS&P500指数が押し上げられる。

金融株が低調なときはたいてい市場全体の足が引っ張られる。そうなるのは通常インフレ懸念を背景にFRBが利上げに動いているときだ。金利が高いと借り入れコストが上昇し需要が減少するため、銀行のローンは少なくなる。それに伴い、S&P500指数構成銘柄の支出水準は低下し、成長が減速する。

FRBが将来どう動くかの予想が金融セクターの短期的な株価変動に影響することがある。例えば、利上げがあっても将来の再利上げへの態度が中立的ならば、安心感から金融株が値上がりするかもしれない。逆に利下げされても将来の再利下げへの態度が中立的ならば、金融株が売り込まれるかもしれない。

当日の市場全体の動きを支える力が強いか弱いかを判断するために、日中の株価を監視するのに適した少数の重要な金融株がある。**表19.3**には、2つの主要な指数に含まれ、その構成比が高いいくつかの銘柄を示した。

先行指標は嵐のなかの灯台として利用できる。目標に向かって進むときの指針の役目を果たすのだ。すべてのトレーダーが取り囲まれている情報の洪水に惑わされずに、目指す目標に絶えず目を向けていられる。さまざまな先行指標によって市場状況の最初の見通しが与えられ、求めているトレンドが始まろうとしているのか、逆転しようとしているのかの手がかりが得られる。仕掛けるべき時機だけでなく仕掛けてはならない時機も教えられる。ちらりと目をやるだけで、短期的な市場の行方についてすぐに答えを出してくれるのだ。

表19.3　2つの主要な指標に含まれる銀行株と証券株

フィラデルフィア銀行株指数（BKX）

銘柄記号	銘柄	ウエート
C	シティグループ	22%
BAC	バンク・オブ・アメリカ	13%
WFC	ウェルズ・ファーゴ	9%
CMB	チェース・マンハッタン	8%
ONE	バンク・ワン	5%

証券株指数（XBD）

銘柄記号	銘柄	ウエート
MER	メリルリンチ	22%
MWD	モルガン・スタンレー・ディーン・ウィッター	13%
GSC	ゴールドマン・サックス	9%

第7部

高等トレーディング戦術
ADVANCED TRADING TACTICS

第20章 高度なチャートパターン

ADVANCED CHART PATTERNS

　デイトレードのアイデアを見つけだそうとするとき、繰り返し現れる一定のチャートパターンが素晴らしい利益機会をもたらすことがある。そうしたチャートパターンが成果を上げるのは、トレンドを背景として生じた仕掛けのポイントを示してくれるからだ。それらに出合うとリスク・リターン・レシオが有利だという確信が持てる。現れる場所はトレンドが始まったあとの重要な支持線水準や抵抗線水準の前後だ。それらのパターンは仕掛けのタイミングを決める機会のみならず、最初のストップロスを置く理想的な位置も教えてくれる。

死猫のジャンプ

　「死猫のジャンプ」とは、その銘柄や業界のファンダメンタルズに関する悪いニュースが出て、大きなギャップダウン（通常10％以上の下落）が起こったあとに生じる短期的な株価の上昇を指す。このギャップダウンは大商いを伴い、前日の終値と当日の始値の間に大きなギャップ（窓）を空ける。
　死猫のジャンプは株価の安値で起きる反射的な動きで、上昇が止まれば空売りの好機となる。利益狙いのトレーダーやアマチュアの投資家は安値をバーゲンと見て、この短期的な上げに飛びついてくる。と

ころがマーケットメーカーやプロのトレーダーは空売りや売却のチャンスととらえるのだ。

　死猫がいつどのように首をもたげるのかを知ることは、それを利用して市場の正しい側でトレードするのに役立つ。1日で大きく下げるのを見ると底値あさりの誘惑に簡単に負けてしまう。投資家はバーゲンの臭いをかぎつけ、時には何を買おうとしているのかも考えずそこに殺到する。急落のあとで株を買う人は、普通はもっと高い水準でそれを買いたいと思っていた人だ。思っていたよりもずっと安くなったので、「ここぞ」とばかり買いに走るのだ。

　ところが機関投資家はまったく違うストーリーをそこに見ている。悪材料が出て、それが急落した価格に反映されているとき、大口保有者の多くは買い持ちの一部、あるいは全部を処分したがる。投資信託は年度末に損失株を帳簿上に残しておきたくないと考える。あるいは、すでにその銘柄に大きく利が乗っていて、これを利益確定の機会ととらえるかもしれない。ニュースがどれほど重大かにもよるが、1日で大幅に下げた株は、死猫のジャンプのあとも長い間低迷することが多い。

　大商いを伴って新安値を更新したあとに値上がりした銘柄は、ほぼ間違いなく再びその安値を試す。それを買い持ちしていた投資家は株価の急落に見舞われて、その会社に問題があったのを見抜けなかったのを後悔している。そして、下落前の価格に達したら売ろうと必死になっている。その水準に向かって上昇しようとすると、たいていは売り圧力が再燃する。

　死猫のジャンプは理想的な低リスク高リターンのトレード機会となる。そのトレードではジャンプを狙って買うのではなく、ジャンプのあとで空売りするのだ。悪材料の出た銘柄は普通下げ続けるからだ。プロのトレーダーは、死猫のジャンプで買うのは主にバーゲンハンターか空売り筋であることを知っているため、好んで空売りの戦術に出

る。

　死猫のジャンプで株価が前日の終値に近づいたらリスク・リターン・レシオは空売りに有利となる。これは論理的に当然と言える。ファンダメンタルズに悪材料が出たために株価が急落したあと、また元の水準付近に戻ったわけだ。悪材料を考慮すれば、ここで買う理由があるだろうか。その材料が間違っていたか取り消されないかぎりは、以前と同じかそれ以上の株価になるのは道理が通らない。

　死猫のジャンプはギャップダウンのあと、安値の更新が止まってから起きる。たいていは急落のあとに、このジャンプが2回起こる。最初のものは悪材料が出た当日に起きるのが普通だが、翌朝になることもある。このジャンプでは株価がギャップダウンの日の始値にまで達する。この始値が抵抗線として働き、たいていは上昇をそこで食い止める。その後、方向が変わり、再び下落することになる。最初のジャンプ後のこの下落は地震のあとの余震に似ている。だれもが最悪の事態は終わったと思っているときに、別の地震が襲いかかるのだ。

　2回目の死猫のジャンプはやや長い時間続くが、結局は失敗に終わる。1回目のジャンプに続いて株価が急落したあと、たいていは一時的に底が形成される。底打ち後、株価は勢いを盛り返し、ギャップダウンの日の高値を目指して上昇する。この2回目のジャンプは、普通は最初の急落の1～3日後に起きる。そして1回目のジャンプで売り損ねたロングや、空売りしなかったことを悔やんでいたショートの大量の売りに見舞われる。

　図20.1と**図20.2**は死猫のジャンプが現れたEベイの日足チャートと日中足チャートを示している。株価は1999年6月14日に大商いを伴ってギャップダウンした。週末に悪材料が報じられたためだった。ギャップダウンのあと1時間もたたずに最初の死猫のジャンプが起きた。**図20.2**の1で示された60分足の陽線から分かるように、株価はしばらくの間上昇した。この上昇に失敗してから3日後の6月17日に、

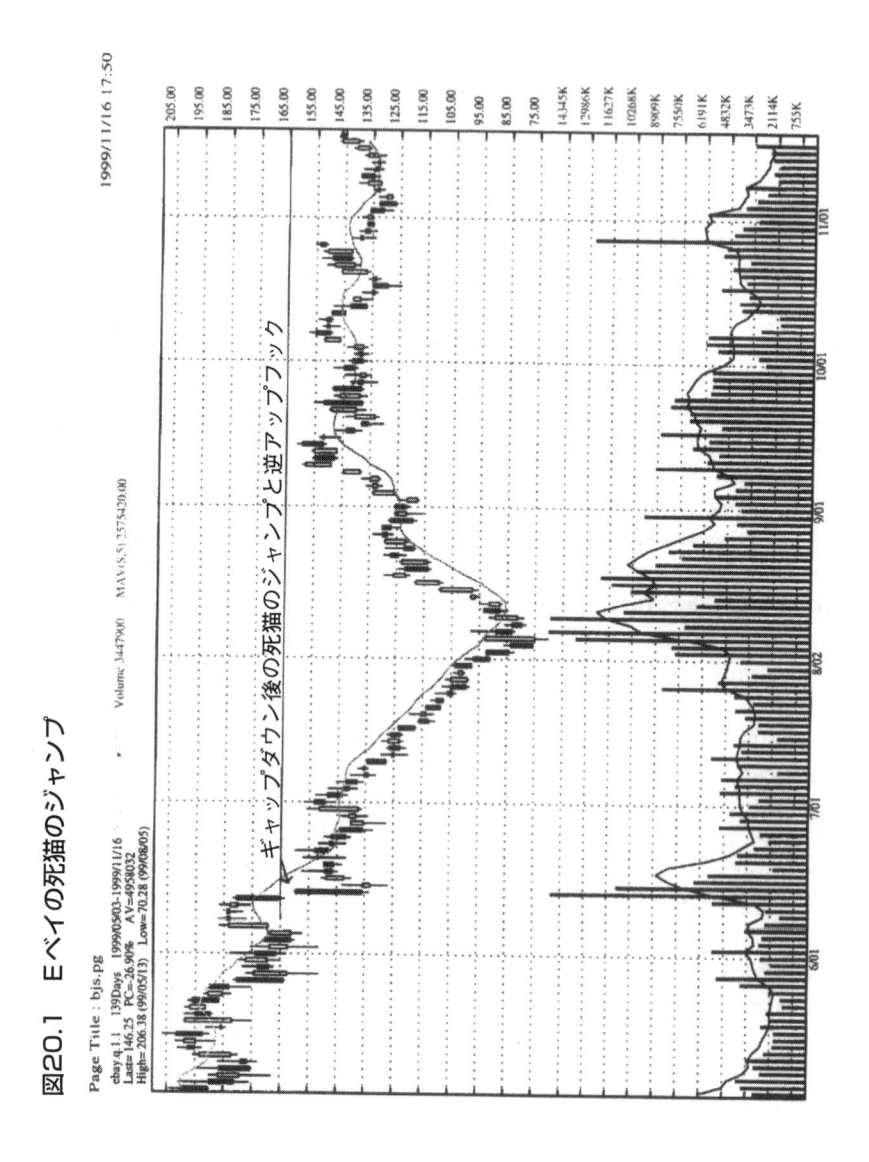

図20.1　Eベイの死猫のジャンプ

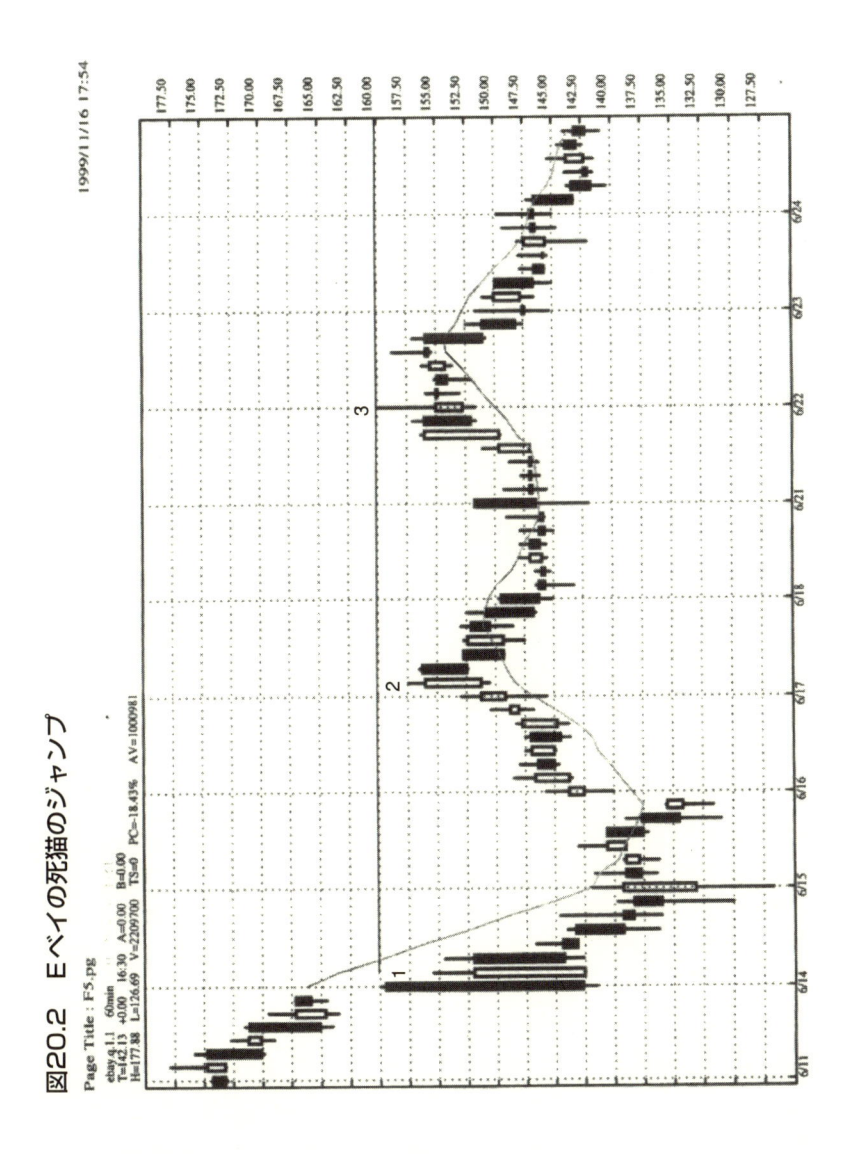

図20.2 Eベイの死猫のジャンプ

2回目の死猫のジャンプが生じた。このとき株価はギャップダウンの日の高値を試したが、2に示されるようにやはり失敗した。

3日後の6月22日にEベイはまた3で示したように高値を試したが、ギャップダウンの日の高値の抵抗線で行く手を阻まれた。その後は7月1日に改めて高値を試して失敗したあと、下降トレンドに入って80ポイントを失った。

死猫のジャンプを利用して利益につなげるのに、始値シグナルとローソク足チャート（第6章、第14章参照）が優れたトレードツールとなる。ギャップダウンの日に起きる1回目の死猫のジャンプで、始値シグナルによってチャンスを見つけられるのだ。デイトレーダーはギャップダウン後の高値で出る最初のネガティブな始値シグナルによって、ジャンプが終わりつつあることを確認するとよい。そのシグナルが現れると空売りを仕掛ける条件が整う。

2回目の死猫のジャンプは1回目の下落から相当日数がたってから起きる。**図20.1**の日足チャートの短陽線に示されるように、1回目の下落後に株価は、普通は上昇する。そうした陽線の日足が現れたら、多くの場合、抵抗線領域で形成される最初の陰線を待って空売りに動く。

図20.3のナイキ（NKE）の日足チャートではギャップダウンのあと死猫のジャンプが生じている。ギャップダウンは11月3日で、同じ日にジャンプが起きている。2回目のジャンプはその翌取引日の11月6日だった。ギャップダウンの日の高値が最初の抵抗線領域となっており、最初のストップロスポイントとして使うとよい。

機関投資家が容赦なく持ち株を処分する最大の理由はアーニングサプライズだ。投資信託のマネジャーは企業業績の基準として収益に注視している。マネジャーたちは失望させられた企業をまず許さない。決算発表シーズンに死猫のジャンプを見つけだせば、空売りする機会が多く現れる。

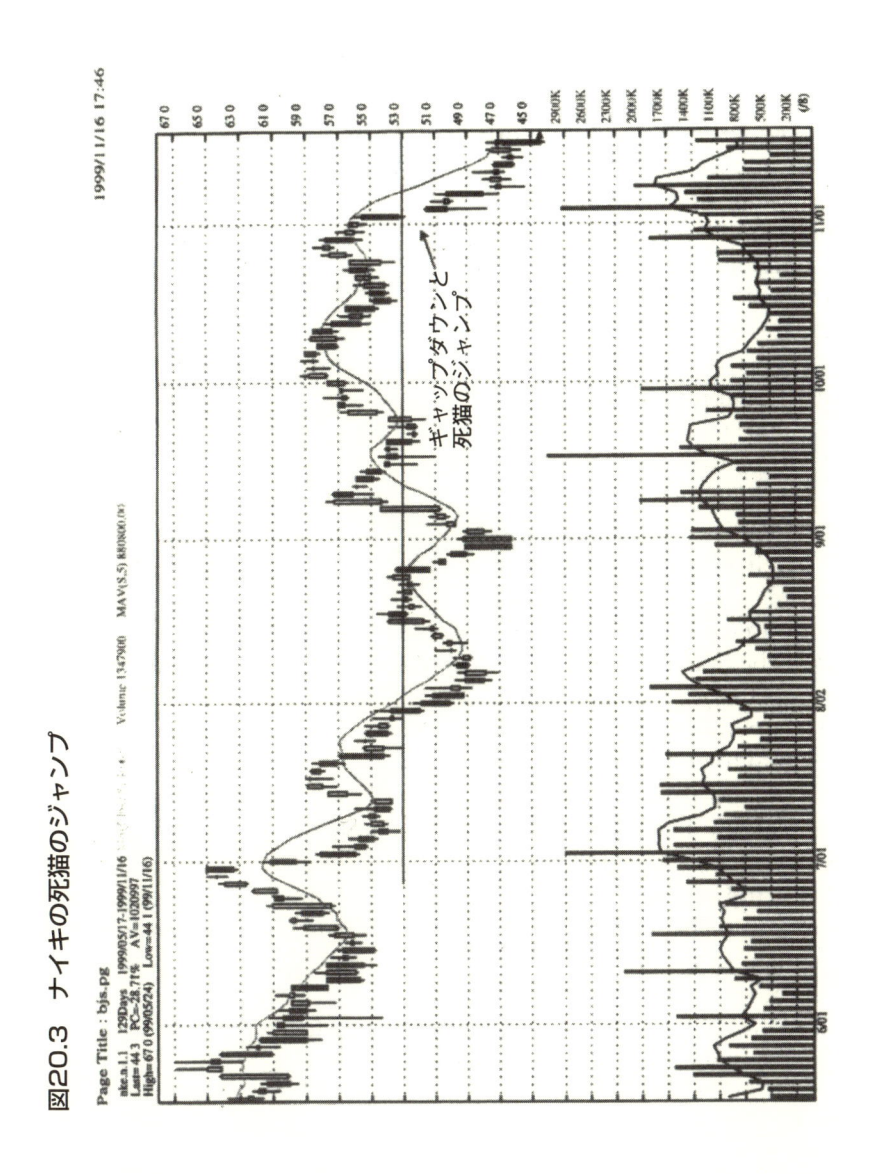

第20章 高度なチャートパターン

図20.3 ナイキの死猫のジャンプ

アップフックパターンのロング

「アップフック（釣り針）」は、ブレイクアウト後の押しでロングの側からトレードする好機を示すチャートパターンだ。大商いを伴って抵抗線の上へとブレイクアウトが生じると、たいていは利益確定が原因で少ない出来高を伴って最初のブレイクアウトゾーンに向かって下落する。この下落は通常、同じ日に生じ、数日後にも繰り返される。どちらの下落も支持線で跳ね返されたときに買いを仕掛ける好機になる。アップフックで仕掛ける理想的な領域は上昇に転じたときだ。

アップフックの下部にある以前の抵抗線は新たな支持線になる。

株価が初めて支持線まで下げると、普通はそこで食い止められ、自信を取り戻し、再び以前の上昇の道筋をたどる。アップフックを狙うトレーダーはこの２番目の波で買い、すぐにストップロスを支持線領域の下に置く。

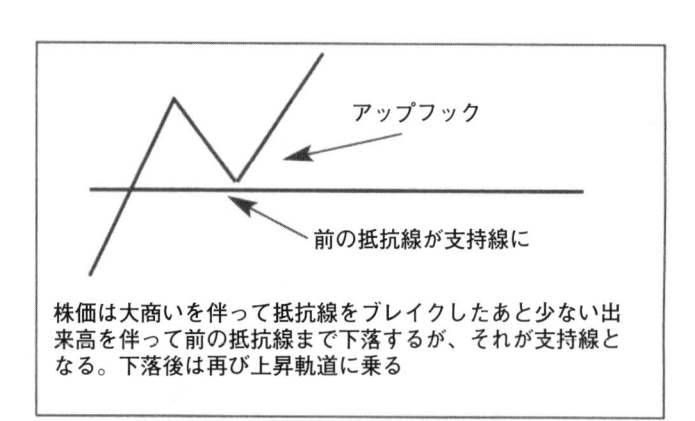

株価は大商いを伴って抵抗線をブレイクしたあと少ない出来高を伴って前の抵抗線まで下落するが、それが支持線となる。下落後は再び上昇軌道に乗る

図20.4aと図20.4bのエレクトロニック・アーツ（ERTS）のチャートではアップフックが形成されている。エレクトロニック・アーツは1999年10月のブレイクアウトによって２回のアップフックトレーディングの機会を生み出した。日中足チャートに示されるように最初

第20章 高度なチャートパターン

図20.4a エレクトロニック・アーツのアップブック

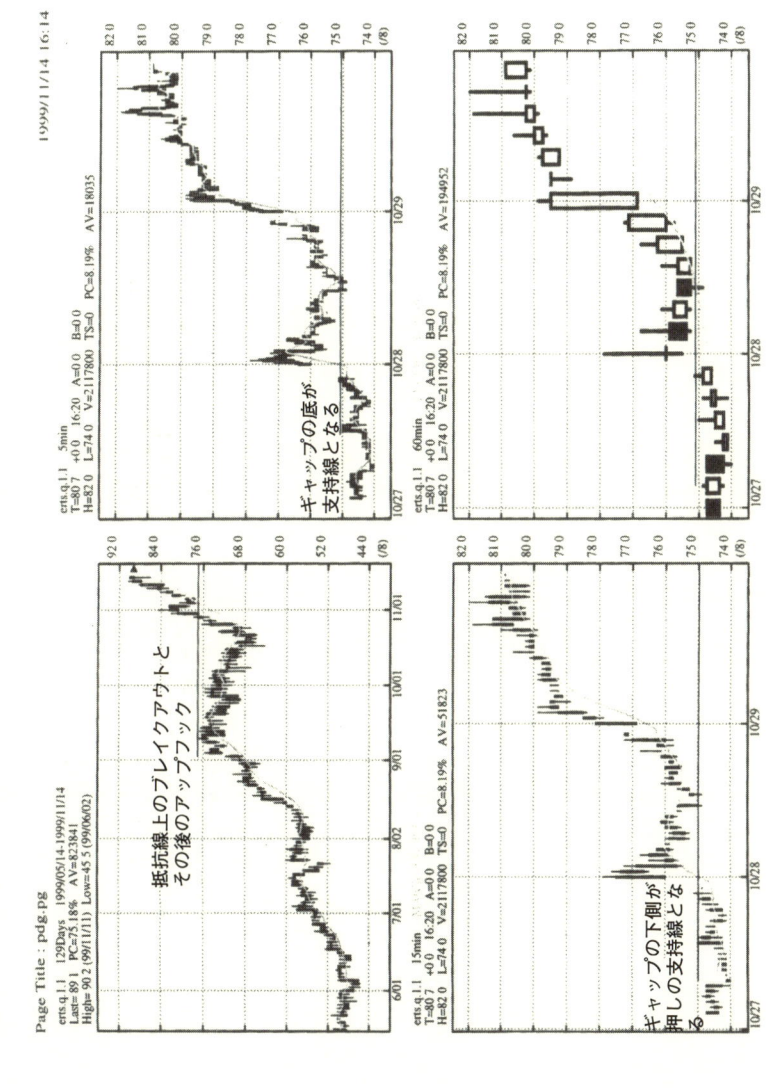

図20.4b エレクトロニック・アーツのアップブック

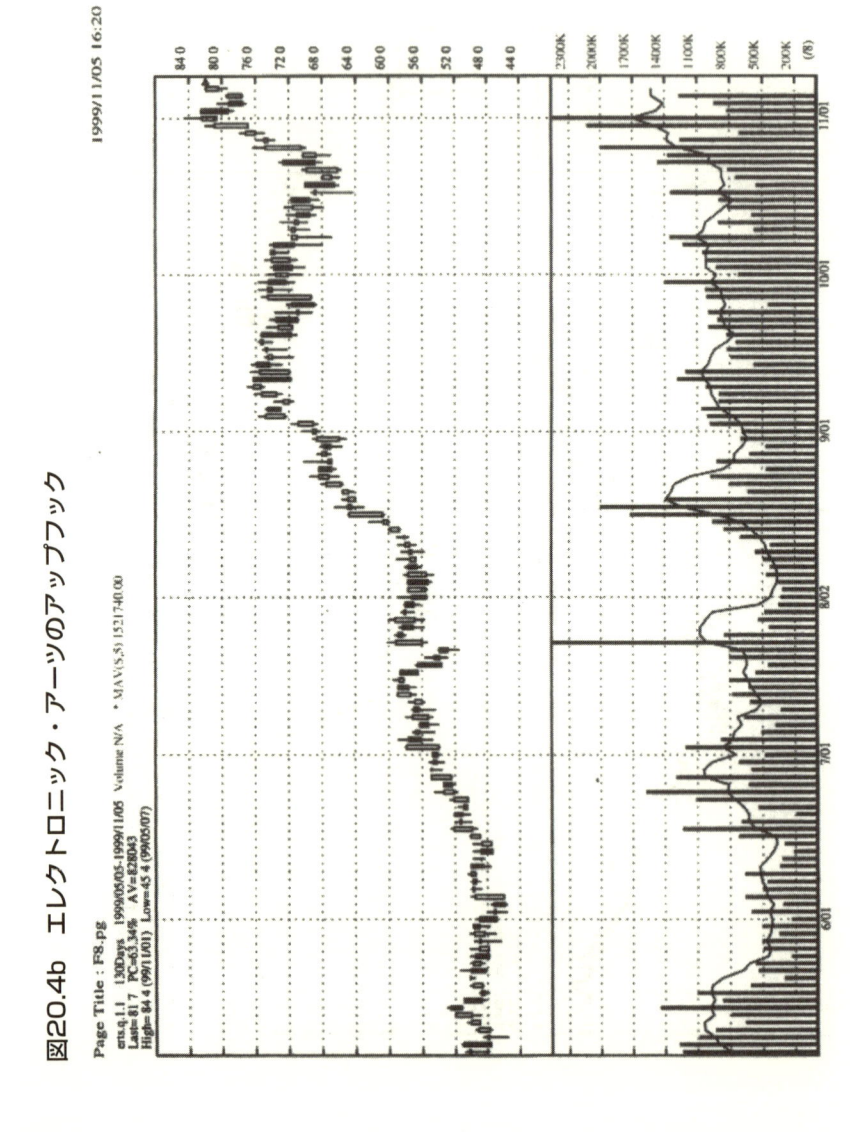

のアップフックは株価がギャップアップで75ドルをブレイクしたあとに生じた。株価は反転し、午後半ばには75ドルのブレイクアウト領域を試したが、その後、上昇の動きを再開した。当日の始値は76ドルだった。株価がこの始値を超えて上昇することによってアップフックが形成され、ロングのシグナルが現れた。

　２回目のアップフックは最初のブレイクアウトから６日後に生じた。この期間、株価は下落し、ブレイクアウトゾーンの底である75ドルの支持線を試しに行った。このとき75ドルに触れるところまでは行かなかったが、十分に近づいた。支持線領域や抵抗線領域は目安として使われている。チャート手法は芸術と科学が混じっていることを忘れないでほしい。２回目の下落で重要なのは、株価が支持線に近づいたということだ。デイトレーダーは自分に不利なときに株を買ってはならない。支持線のところでエレクトロニック・アーツに手出ししてはならないのだ。株価が支持線に跳ね返されて、より高く上昇しようとしたところで買うのである。これが生じたのは11月４日のことだった。**図20.5**に示されるように、この日、下落後の最初の陽線が現れている。この60分足チャートを見れば、このパターンがアップフックと呼ばれる理由が理解されるだろう。

　アップフックパターンと組み合わせてオシレーターを使えば、ブレイクアウト後の少ない出来高での下落が実際には上昇トレンド中の押しであることを確認できる。オシレーターが売られ過ぎのラインを下に抜けたあとで再びその上に戻れば、アップフックが確認され、買いの機会が訪れたことが示唆される。

　例えば、ABCD株が通常の２倍の出来高で50ドルを上にブレイクアウトしたとする。その２日後、株価は55ドルの高値を付けた。そこで利益確定や空売りの動きが活発になった。ABCD株は市場全体が軟調ななかで比較的少ない出来高を伴って、結局50 3/4ドルまで下げた。以前抵抗線だった50ドルのラインは今では堅固な支持線になっている。

図20.5 エレクトロニック・アーツのアップブック

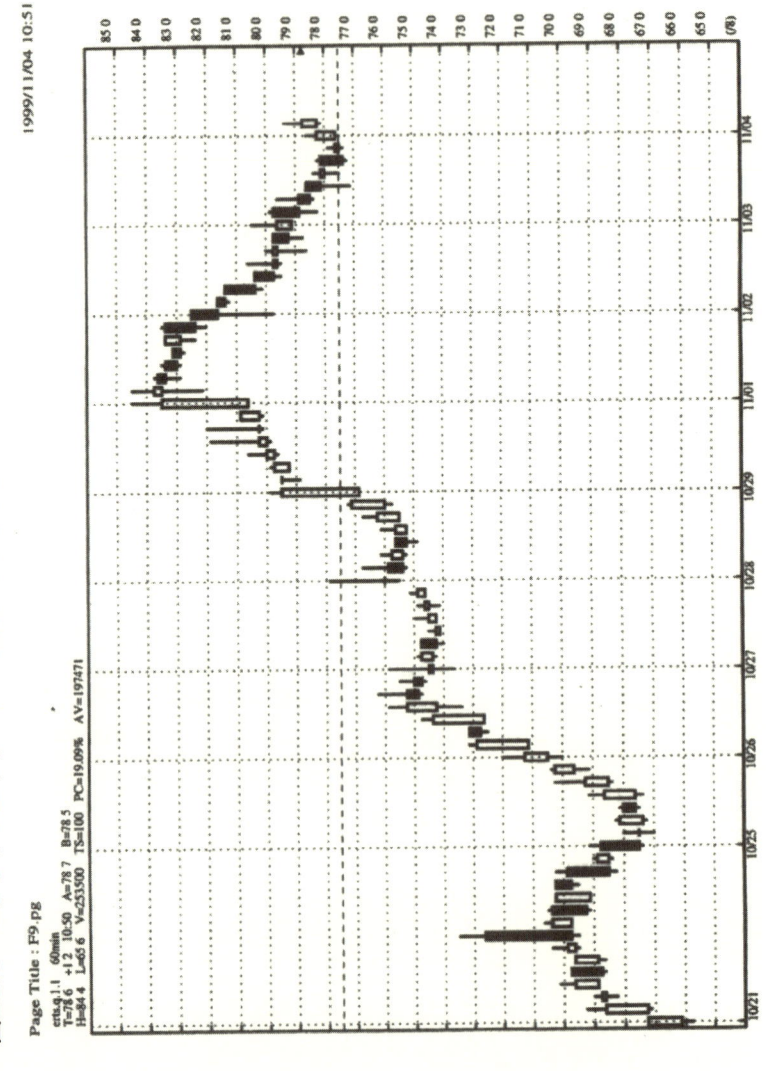

50 3/4ドルで引けた次の日、株価は再び上昇に転じた。アップフック を狙うトレーダーはここで買いを仕掛け、50ドルの支持線の1/4ポイ ント下にストップロスを置く。

ABCDを50ドルで買おうとするのは底値あさりに相当する。支持線 領域は必ずしも明確な境界があるわけではない。市場全体の力が一時 的に50ドルの支持線を無視してABCDをさらに安く押し下げるかもし れない。デイトレーダーは明日ではなく、今日稼ぐのを目標としてい ることを忘れてはならない。どんなときも市場が株価の動きによって、 自分の見方を確認してくれるのを待つようにしなければならない。そ れによって、自分の見解が正しいと認められたときに動き出すのだ。

アップフックパターンで買う理想的な場所は、最初の下落の途中で はなく、その勢いが止まったあとにある。株価が支持線に跳ね返され て上昇に向かい、アップフックが形成されたときが仕掛けのタイミン グなのだ。

支持線で跳ね返されたあと、トレンドがどの時点で自分にとって有 利に変わったかを判断する際、ローソク足チャートを使うと明確な答 えが得られる。答えはローソク足の色によって示される。黒の陰線は その日のモメンタムが下向きであることを示唆している。白の陽線は その逆を意味している。

支持線水準を試したあと初めて陽線が現れたときに、支持線領域が 本物であったことが確認される。終値が始値を上回ったときに陽線と なる。これが跳ね返されたあとで最初に生じたときがロングの合図な のだ。

アップフックではロングのエントリーポイントが2つある。最初は 株価が支持線で跳ね返されたあと初めて終値が始値を超えたときだ。 これは、前日の高値による短期的な抵抗がまだ残っているため、比較 的積極的な仕掛けのポイントと言える。株価が前日の終値と高値を超 えて上昇すれば、ロングを仕掛ける二重の確認が得られる。

終値が始値を超えたときに、ロングを仕掛けるべきポジティブな始値シグナルが発せられる。日中足では、始値シグナルをダイナミックに監視する必要があることを忘れてはならない。ポジティブな始値シグナルは、狙った銘柄が抵抗線を超えて上昇することを示す最初の手がかりとなる。アップフックが形成されたあとでこのシグナルが出たときに買いを仕掛けるのだ。

　最初のストップロスは始値の1/4ポイント下、当日の安値の1/8ポイント下、最初にブレイクアウトが生じた支持線領域の1/4ポイント下のどこに置いてもかまわない。3つのポイントのどれも有効な位置だ。トレードする銘柄の変動が大きい場合は、それらを組み合わせて段階的にストップロスポイントを置いてもかまわない。

　アップフックでロングを仕掛けるときに使う第二の仕掛けのポイントは、株価が前日の高値を超えたところにある。このポイントを超えるのを待つことによって、短期的な抵抗が消えたという確認が得られる。また、ネットプライスと始値シグナルのどちらも自分の有利になったことがはっきりする。効果的な段階的仕掛け法のひとつは、終値が始値を超えたところでポジションの半分を買い、終値が前日の高値を上回ったところで残り半分を買うことだ。

　図20.6のチャートはもうひとつのアップフックの例で、クライスラーの株価が10月28日に抵抗線をギャップアップしたあとで形成されている。株価は下落に転じて9日後に支持線を試しに行き、その後上昇を再開してアップフックが出現した。アップフックの形成後、53ドルの上に現れた大陽線はロングを仕掛けるシグナルとなる。終値が50ドルの始値を超えたことで、ポジティブな始値シグナルが発せられ買いに動けるのだ。

　図20.7はナスダックの5分足チャートに現れたアップフックを示している。アップフックパターンはさまざまな時間枠でとらえることができるのである。

第20章 高度なチャートパターン

図20.6 **クライスラーのアップフック**

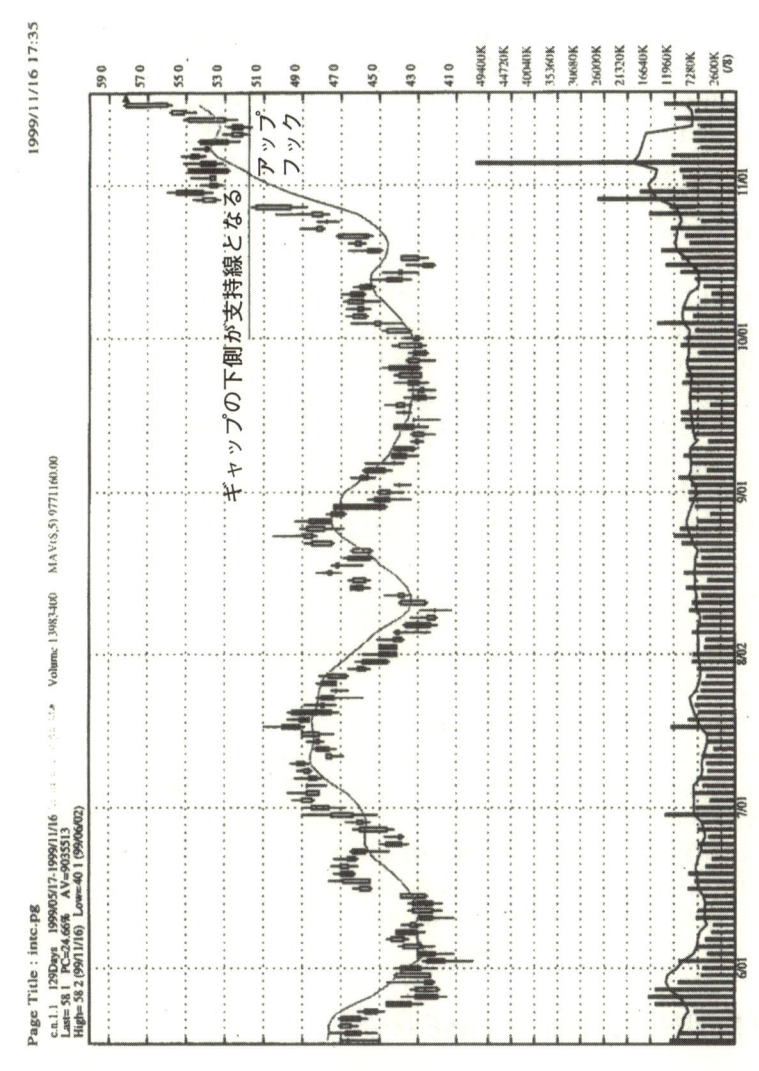

キャップの下側が支持線となる

アップ
フック

図20.7 ナスダックのアップブック

(チャート内ラベル: アップブック、流れ星、明けの明星、前の抵抗線が支持線となる)

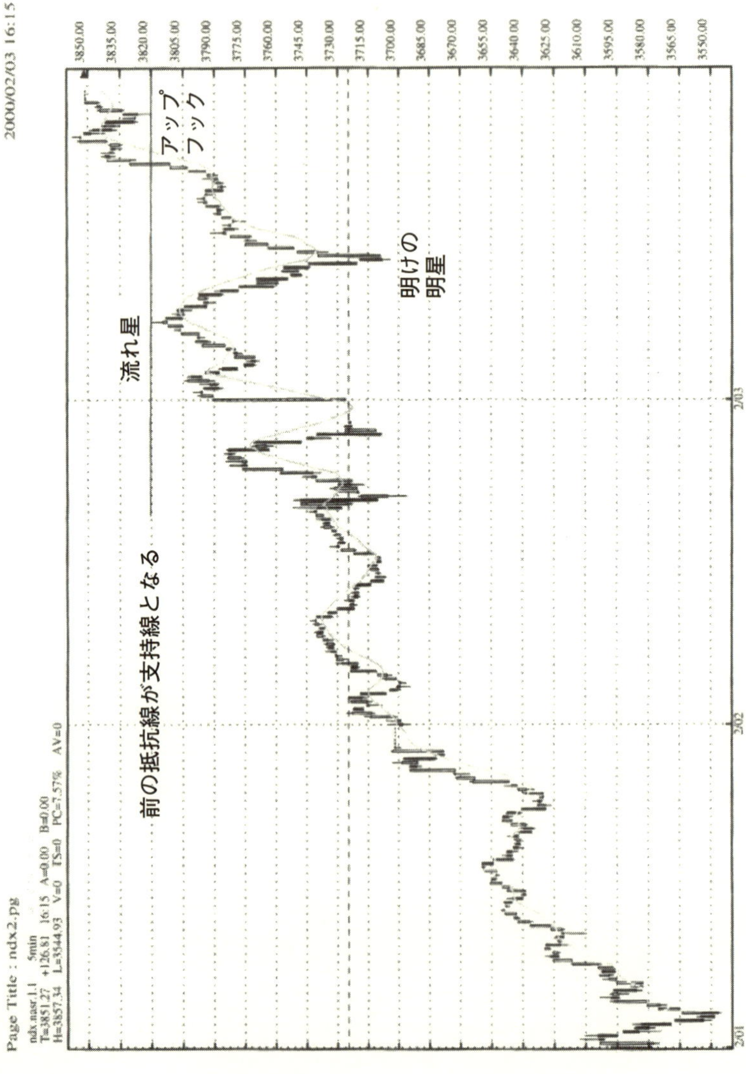

逆アップフックの空売り

　逆アップフックはアップフックの逆パターンだ。株価が支持線を下にブレイクしたあとで、元のブレイクダウン領域まで上昇することによって形成される。大商いを伴って下落したあと少ない出来高で上昇すると、前の支持線が今度は抵抗線となる。新たな抵抗線領域は株価の上昇を止めて方向を逆転させ、こうして逆アップフックが完成する。前の支持線へと株価を押し上げるのは空売りの買い戻しと底値買いで、全体としては下降トレンドにあるために、上昇は通常は短期で終わる。

　株価が下降トレンドの途中で買われ過ぎの状態になった時点を判断する際は、オシレーターが手がかりとして役立つことがある。株価が最近大商いを伴って重要な支持線を割り込んでいるときに、買われ過ぎのラインを超えたオシレーターが再びその下に戻ったとすれば、逆アップフックが確認され、それを活用すべきシグナルとなる。

　平均以上の出来高で起きたブレイクダウンでは、その2～10日内に株価が比較的少ない出来高を伴ってブレイクダウン前の水準に向かって上昇する傾向がある。この上昇は普通、先にポジションを売る機会を逃したロングや、ブレイクダウンで売り持ちしていなかったことを悔やむ空売り筋の大量の売りをぶつけられる。

　株価が逆アップフックを形成したことの最初の手がかりは、ローソク足チャートの手法を使うことによって得られる。ブレイクダウンのあと少ない出来高を伴って前の支持線に向かって上昇するときは、小陽線が現れる。その後に陰線が初めて出現したとすれば、逆アップフックが形成されつつあることのシグナルとなる。

　抵抗線領域で勢いが止まったら、終値が始値を下回るのを待って空売りを仕掛ける。これが上昇開始後の最初のネガティブな始値シグナルとなる。売り持ちしたら、始値の1/4ポイント上、当日の高値の1/8ポイント上、前の支持線領域の1/4ポイント上のどこかにストップロ

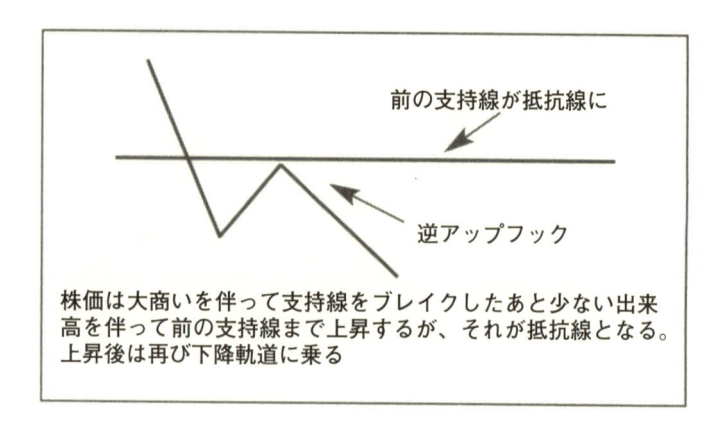

```
┌─────────────────────────────────────────────────┐
│                                                 │
│                        前の支持線が抵抗線に      │
│   ─────────────────↙─────────────────────       │
│    \                /\                          │
│     \              /  \  ↖                      │
│      \            /    \   逆アップフック       │
│       \          /      \                       │
│        \/                \                      │
│                           \                     │
│  株価は大商いを伴って支持線をブレイクしたあと少ない出来 │
│  高を伴って前の支持線まで上昇するが、それが抵抗線となる。│
│  上昇後は再び下降軌道に乗る                      │
└─────────────────────────────────────────────────┘
```

スを置く。3つのポイントのどれを選んでもかまわない。それらを組み合わせて段階的にストップロスを置くこともできる。

　例えば、WXYZ株が35ドルからブレイクダウンして当日中に32ドルまで下げたとする。その後、2日の間に株価は前の支持線である35ドルに向かって上昇し、34 1/4ドルで引けた。その翌朝は34 1/2ドルで寄り付き、その後34ドルまで下げて−1/2ポイントのネガティブな始値シグナルが出た。この場合、始値シグナルが1/4ポイント、ネガティブとなる34 1/4ドルを割り込んだならば、すぐにショートを仕掛けるべきだ。最初のストップロスは始値の1/4ポイント上、つまり34 3/4ドルに置くのがよい。

　ギャップダウン後の逆アップフックの具体例は**図20.1**、**図20.2**、**図20.3**に示されている。

　潜在的なパターンを発見したら、必ずその銘柄をウオッチリストに入れてパターンの完成までそれを追跡する。潜在的なパターンを発見しても別の状況に気をとられて数日後のその銘柄の様子を見なかったとすれば、何にもならない。必ず自分のアイデアを最後まで見届けるようにする。それが成果に結び付いても結び付かなくても、何かを学

ぶことができる。

　チャートパターンの発見に熟練すれば、より強い確信を持って迅速に動けるようになる。リスクが低下する一方で、リターンを得る可能性が増大する。力強く動いた株は普通、2～5日以内に利益確定によって少ない出来高を伴って逆に動く。この逆の動きが一定のトレンドのなかで生じた場合、それをとらえる態勢の整ったトレーダーには利益のチャンスとなる。

第21章 ギャップのトレーディング

TRADING THE GAP

　ギャップ（窓）とは、株価が前日の終値から離れて寄り付くことによって生じるチャートパターンだ。ギャップは強力な支持線水準や抵抗線水準となる。ギャップに大商いが伴うとき、それらの水準は一層重要になる。上方にギャップが生じた場合、その下端が支持線となる。下方にギャップが生じた場合、その上端が抵抗線となる。

　ギャップが大きければ大きいほど、それだけ支持線や抵抗線の重要度が増す傾向にある。ギャップは支持線水準や抵抗線水準を生み出すほか、継続ギャップ、ブレイクアウエーギャップ、エグゾースチョンギャップのパターンがある。継続ギャップとは現在のトレンドの方向に生じ、そのトレンドがさらに続くことを示す。ブレイクアウエーギャップとは、現在の保ち合い圏やトレンドから急激に放れて（ブレイクアウエー）新しいトレンドが作られることを示す。エグゾースチョンギャップとは、トレンドの終結（エグゾースチョン）時に現れて、現在のトレンドの担い手が降参してトレンドが反転することを示す。

ブレイクアウエーギャップ

　ブレイクアウエーギャップは取引終了後や朝方に飛び出したファンダメンタルズの材料が引き金となって、その株式に対して非常に大き

な供給や需要が生み出されることによって形成される。ブレイクアウエーギャップは、株価が一定期間保ち合い圏のなかを推移したあとに起きることが多い。その期間が長ければ長いほど、保ち合い圏を抜けるブレイクアウエーギャップの重要度が大きくなる。ブレイクアウエーギャップによって新しい支持線水準や抵抗線水準が生まれると、その水準は長期間にわたって威力を発揮し続けることがある。重大ニュースをきっかけに大商いとともに大きなギャップが生じ、株価が新しいレンジに突き動かされて新トレンドが形成されたときに、ブレイクアウエーギャップと認められる。

　図21.1のチャートではプレーサー・ドーム・インク（PDG）が18ドルの抵抗線を上にブレイクして、大きなブレイクアウエーギャップを生み出している。株価は窓を空けて20 1/8ドルで寄り付いたあと、さらに2ポイント上昇した。午前の早い時間帯にやや下落したあと、始値を再び超えたところがロングを仕掛ける好機だっただろう。ブレイクアウエーギャップの翌日、プレーサー・ドームはまたギャップアップして25ドルを上回って寄り付いた。だが、このギャップはすぐに埋められた。寄り付き後すぐに始値シグナル（第6章参照）がネガティブに変わり、売りのシグナルとなった（ブレイクアウエーギャップの別の例として**図20.6**参照）。

継続ギャップ

　継続ギャップはトレンドの途中で発生し、そのトレンドが強力で、継続する公算が大きいことの確認となる。継続ギャップはトレンドが勢いを増し、熱狂が高まりつつあるときに起きる。強気派や弱気派がその銘柄やセクターの動きに乗り遅れることを心配して大挙して仕掛けてくることがある。継続ギャップの日には出来高が平均以上に膨れ上がり、その後、そのトレンド中の新高値や新安値が更新される。ト

第21章 ギャップのトレーディング

図21.1 ブレーザー・ドーム・インクのブレイクアウエーギャップ

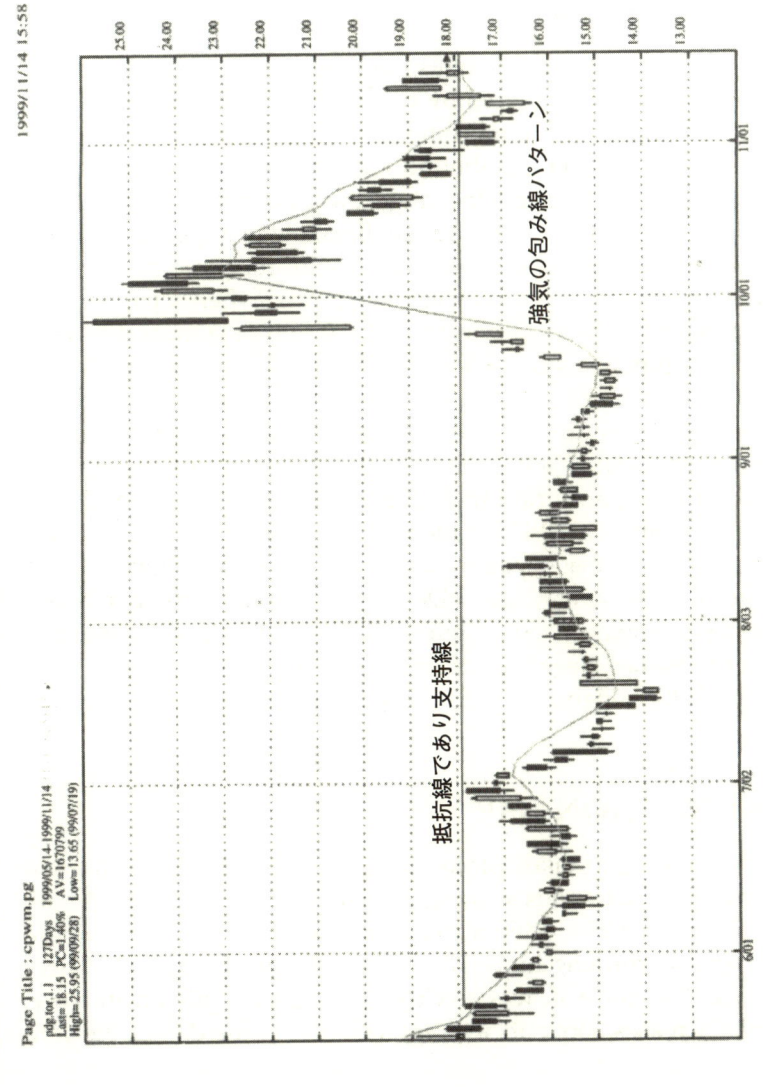

強気の包み線パターン

抵抗線であり支持線

301

レンドが強いときは、そのトレンド中に継続ギャップが何度も起きることが珍しくない。継続ギャップに対して、トレンドに反する仕掛けをしてはならない（継続ギャップの例としては**図14.16**を参照）。

エグゾースチョンギャップ

エグゾースチョンギャップは動きの終結を示す。このギャップは上昇トレンドの天井や下降トレンドの大底で、通常以上の出来高を伴って生じる。このギャップはフィナーレであり、その背後にある力の最後の熱狂的な一押しに対応する。多くの場合、遅れてパーティーに参加したアマチュアの産物である。またこのギャップでパニックに陥った空売り筋や買い方によって一層極端な動きとなる。

エグゾースチョンギャップは宵（明け）の明星や宵（明け）の十字星の形をとることが多いため、ローソク足チャートで簡単に発見できる。それらはすべてギャップを伴うリバーサルパターンだ。エグゾースチョンギャップは支持線水準や抵抗線水準で起きることもある。また多くの場合、その銘柄のセクターの強力な変動を伴い、それによって動きが一層激しくなる。

人為的ギャップ

人為的ギャップはその銘柄の条件が何も変化していないとき、つまり出来高も平均的で、株価パターンにもこれといった特徴がなく、ファンダメンタルズも前日と変わらない状況で生じる。多くの銘柄では朝方にこのギャップが起きやすい。それはマーケットメーカーが注文の薄いなか、S&P先物に合わせて株価を動かそうとするためだ。S&P先物が寄り付きでギャップを空けると、そのギャップは一部ないし全部が埋められることが多い。多くのS&P先物のトレーダーは午前中

早くにギャップが埋められることを期待して、この種の寄り付きのギャップで逆張りをすることを好む。

デイトレーダーもマーケットメーカーに倣って逆張りをすることによって、人為的ギャップから利益を上げることができる。人為的ギャップの逆張りで大事なのは、始値シグナルから目を離さないようにすることだ。人為的ギャップの大部分は寄り付きのS&P先物のギャップアップやギャップダウンによって起きる。寄り付きのギャップアップが短期的な行きすぎによって生じた場合、始値シグナルの方向によるその確認が取引開始後15分以内に得られる。したがって、ある銘柄が人為的な力でギャップアップになった場合、たいていは取引開始後15分以内に始値とは逆方向の下落の動きが生じる。

始値シグナルがネガティブに変化したときは空売りによって人為的ギャップから利益を上げられる。ポジティブに変化したときは買いを仕掛けることになる。これは朝方のボラティリティをうまく利用するために使われる短期的なトレーディング戦略だ。

現在の多くのソフトウエアはNYSE（ニューヨーク証券取引所）やナスダックで、ギャップアップやギャップダウンした先導株のリストを表示してくれる。そのリストは絶対的な値幅でも変化率でも表示できる。どちらも調べる価値があるものの、デイトレーダーにとってはポイントによる表示のほうが役に立つ。低位株はわずかな値幅のギャップでも変化率では上位に表示されることがあるからだ。ギャップアップやギャップダウンの上位リストを使ってトレーディングアイデアを考案することができる。

ギャップアップの空売り

ある銘柄が起爆剤となる重要な材料が何もないのに、寄り付きで前日の終値よりも１ポイント以上大きなギャップアップとなったときは

空売りのチャンスとなるだろう。このギャップアップが本物か人為的かを見分けるには、出来高、抵抗線と支持線、時間、始値、それにAXの5つの側面を監視する。

　先に述べたように、人為的ギャップはだいたい短期で終わり、多くの場合、それが当日の高値となる。本物のギャップアップは大規模な機関投資家の買い手によって引き起こされる。ファンダメンタルズの好材料やテクニカル上の重要な抵抗線のブレイクがあれば、おおむね人為的でないブレイクアウエーギャップと見てよい。

　ギャップアップ後すぐに下落し、それが一段落したあとも始値を下回って推移した場合には、ギャップアップがその日の高値となる可能性が高い。これに対して、ギャップアップ後すぐに下落しても再び上昇して始値を超えたときは、そのギャップはたぶん人為的ではなく、株価が日中に高値を更新する公算が大きい。

　監視する時間についていえば、特に寄り付き後30分は注意を要する。NYSEのスペシャリストやナスダックのマーケットメーカーは、寄り付き直後に利益の相当部分を稼ぎ出す。多くの銘柄は、寄り付き後15分以内にギャップアップから下落する。これは最初の熱狂のあと、アマチュアの小口注文やパニック的な買い戻しが消えてなくなるからだ。

　寄り付きのギャップアップで空売りするのはやめたほうがよい。アマチュアの買い注文やパニック的な買い戻しが市場から消えるのを最低5分は待つべきだ。その時間が過ぎれば、最初のギャップの背後にどんな種類の注文があったのかがよりはっきりとする。5分経過後は、ギャップが人為的で短期トレンドが下向きであることを確認するためにネガティブな始値シグナル（第5章参照）が出るのを待つ。人為的ギャップの空売りは、寄り付きのギャップアップに伴う動きの反動をとらえるための攻撃的なトレーディング戦術であることを忘れてはならない。

　寄り付きから5分以内に始値シグナルがポジティブから最低1/4ポ

イントのマイナスになったとすれば、狭めのストップロスポイントを置いて空売りを仕掛けるゴーサインとなる。始値シグナルの確認に1/4ポイントのバッファーを使うのは、そのシグナルが厳密な科学ではないからだ。

　空売りでストップロスを置くのに最適の位置は当日の高値の1/8ポイント上だ。変動の大きい銘柄を対象に人為的ギャップの空売りを仕掛けるときは、２カ所にプロテクティブストップを置く。ひとつはショートポジションの半分について始値の1/4ポイント上に置き、もうひとつは当日の高値の1/8ポイント上に置く。インターネット株の寄り付きのギャップアップで逆張りしようとするトレーダーは、最初のストップロスを始値の上下1/4ポイントに置くことを厳守する必要がある。インターネット株は寄り付きのギャップアップ後に激しく動くことが多いため、段階的なストップロスを２カ所に置いて、ゆとりを持たせることが慎重なやり方となる。

　アマチュアとプロがともに犯しやすい共通の過ちは、取引開始直後にポジションをとらずにはいられないことだ。取引開始後数分間は至るところで注文が飛び交い、マーケットメーカーはできるだけ早く不必要なポジションを手放し、デスクの上から注文を片づけるなどして守りの姿勢でトレードを行うことが多い。

　マーケットメーキング会社にもよるが、個々のマーケットメーカーはひとりのアシスタントとともに少ない場合で10銘柄、多ければ100以上の銘柄を担当している。忙しいときは、マーケットメーカーとアシスタントは寄り付きのあとに、バイサイドの機関投資家、リテールのブローカー、取り次ぎ注文、インターネット注文、オプション運用会社、社内注文、ほかのブローカーやディーラーなどさまざまなところから成り行き注文が殺到して、手いっぱいの状態になっている。こうした朝方の注文状況によって、ちゃぶつき、高ボラティリティ、トレンドのなさ、株価の効率性の低さなどが引き起こされる。こうした

表面的な活況を見て、実際には何も起きていないのに何か重要なことが起きていると勘違いしてはならない。自分に不利ではなく有利な時間帯にトレードしなければならない。

　ギャップが本物かどうかを判断するときは、出来高を注意深く見守ることが重要になる。ギャップアップに出合ったら、その水準でどんな出来高が相場情報に表示されているかを見るべきだ。出来高はそこまで株価を押し上げるのに十分なものだったか。ギャップアップのとき機関投資家の大口取引があったとすれば、その動きが本物であることが確認される。機関投資家の大口取引があったうえに、普通寄り付き後15～30分以内に起きる下落のあとも株価が始値を上回っていれば、そこからさらに値上がりする公算が大きい。

　一方、ギャップアップしたあと、大口取引も現れず株価も始値を割り込んだとすれば、そのギャップは人為的で、機関投資家は様子見に回って推移を見守りながら待っていると考えてよい。

　ギャップアップ中は前日のAXから目を離さないようにして、そのAXがビッドしてその銘柄を買い集めているかどうかを見守ることが重要となる。銘柄の流動性にもよるが、機関投資家が大口注文を使って狙った株式を全部買い終えるのに数日かかることがある。その場合、機関投資家は目的を達成するまでたいてい同じマーケットメーカーに注文を出すものだ。

　前日に活況だった銘柄があり、その出来高の大部分を扱ったマーケットメーカーがいたとすれば、そのマーケットメーカーはその日のAXだったとみてよい。翌朝もそのマーケットメーカーが現れて、ギャップアップのあともその銘柄をビッドで買い集めていたとしたら、機関投資家がもっと買うようにとの指示を出している可能性が高い。

　ギャップアップの際、デイトレーダーにとって特に魅力的なリスク・リターンのトレードは、大規模な機関投資家が人為的ギャップアップを利用して、寄り付きと同時にマーケットメーカーに大量の空売

り注文を出すときに生じる。マーケットメーカーはこうした状況を恐れているが、それでもどこかの時点でこのリスクにさらされる。このことが起きるのは、ギャップアップの際に機関投資家が寄り付きの前後5分内にマーケットメーカーに大口の売り注文を出しているときだ。

マーケットメーカーは寄り付き前に自分が扱う最大で最も活発な銘柄の買いや売りの意向を発表する。この発表は、一般向けにオーテックス、ブリッジ、FIXなどの電子的手段を通して行う。朝方の買い注文と売り注文に大きな差がある場合、マーケットメーカーは寄り付き前に買いと売りのどちら側で注文引き受けの意向を示すかを決める必要に迫られることがよくある。その際、マーケットメーカーにとっては、機関投資家がどちらの側に強い関心を持っているかを判断し、その逆の側に立ってその注文を引き受けることが目標となる。

その銘柄で買いのほうが有望と判断したとき、マーケットメーカーは売りの意向を示す。売りのほうが有望と判断したときは、買いの意向を示す。この場合、マーケットメーカーは短期的トレンドの逆側に立たざるを得なくなるため、注文の流れをとらえる方法としてはリスクが高い。価格を付け間違えたりトレンドの評価を誤ったりすると、あっという間に損をする。人為的ギャップで逆側につくとギャップが瞬く間に埋められてしまう。ひとつの例を示そう。

> アプライド・マテリアルズ（AMAT）は2 1/2ドル高の64 1/8ドルで寄り付き、S&P先物は適正価値よりも10ポイント高く取引されていた。アプライド・マテリアルズを扱うあるマーケットメーカーは取引に参加したいと考えていた。そのマーケットメーカーには前日、その銘柄の買い注文を受けており、今日は売りが有望と考えて、寄り付き前にオーテックスに買いの意思を表示した。すると機関投資家が彼の会社に電話をかけてきて大口注文を出した。「ダン、アプライド・マテリアルズを大量に買いたいようだな。

50万株の売り注文を出すが、そのうち25万株を64ドルで君に売りたい」

　今やマーケットメーカーは、交渉によって最終的に価格がどうなろうとアプライド・マテリアルズを25万株買い持ちすることになる。彼はその25万株について63 7/8ドルで買うという逆提案をし、機関投資家はそれに応じた。取引が63 7/8ドルで成立したことが表示されたあとビッドが引っ込み、株価はあっという間に1ポイント下げて62 7/8ドルとなった。その間、マーケットメーカーは10万株を市場で売却できたが、それでも結局大損を抱えてしまった。

　ギャップアップ後、大口取引が表示され、その直後に売り圧力が強まったとすれば、その約定の背後には売り手がいる可能性が高い。ギャップアップの状況で大口取引が表示されたあと株価が上昇したとすれば、背後には買い手がいる可能性が高い——そもそもギャップアップ自体がその買い手によるものと考えられる。マーケットメーカーは買い手を抱えていればその銘柄を買い支えることになるだろうし、売り手を抱えていれば急いで売るだろう。機関投資家はどうしてもそうする理由がないかぎり、通常朝方のギャップアップの方向に深追いすることはない。

ギャップアップの買い

　好材料が出て大商いを伴ってギャップアップして寄り付いた銘柄は、その後も上げ続ける可能性が高い。機関投資家の買いを伴うギャップアップはロングの側でトレードする好機となる。

　ギャップアップが本物かどうかを見分けるためには、株価が寄り付き直後の下げのあと、始値を超えるかどうかをじっと見守る。寄り付

き後の下落は時には15～30分以内に起きる。ギャップアップ後の下落のあと始値を超えると、プラスの始値シグナルが発せられる。このシグナルが最低1/4ポイント以上プラスになれば、さらに上昇することが多い。また始値よりも上の水準で大口取引が約定すれば、機関投資家がその株式を所有しようとしており、ギャップアップが本物だったという有力な証拠となる。

　ギャップアップが起き、寄り付き後15～30分内に始値シグナルがプラスとなったら、買いを仕掛けてストップロスを当日の安値の1/8ポイント下に置く。変動の大きい値がさ株の場合には、急落に備えて2つのストップロスを使ってもよい。最初のストップロスはポジションの半分について始値の1/4ポイント下に置き、2つ目は当日の安値の1/8ポイント下に置く。変動の激しい銘柄は段階的にトレードすることを覚えておいてほしい。

　図21.1を見ると、プレーサー・ドームがギャップアップで抵抗線をブレイクした当日中に、陽線で示されるように始値シグナルがプラスになった。最初のブレイクアウトの翌日にも株価が再びギャップアップしたが、長い陰線から分かるように、寄り付きのほぼ直後に始値シグナルがマイナスとなり、ほぼ終日その状態が続いた。

ギャップダウンの買い

　ギャップダウンの買いは死猫のジャンプと違い、人為的ギャップダウン後でロングを仕掛けるトレードだ。人為的ギャップダウンはたいてい出来高が少なく、このときS&P先物やナスダック100先物にも行きすぎたギャップダウンが生じている。人為的ギャップダウンでは、積み上がったアマチュアの売り注文を受けてマーケットメーカーが株価を押し下げる。普通この売り注文は、パニックに陥った買い方が寄り付きでポジションを処分したり、空売り筋が下落を夢中で追いかけ

たりしようとするものだ。

　人為的ギャップダウンではファンダメンタルズの悪材料は出ておらず、テクニカル上の重要な支持線もブレイクされていない。しかし朝方、S&P先物が適正価値に対して大幅に割安で取引されており、それが影響してほかの銘柄もつれ安となる。この人工的なギャップダウンは、始値シグナルがプラスに転じたときに買いを仕掛けるチャンスをデイトレーダーにもたらす。

　ギャップダウンをロングの側からトレードする時機としては、行きすぎた下落のあと、寄り付きから15～30分以内に起きる上昇を狙う。最低5分間は市場の寄り付き時の注文が消化されるのを待ち、その後、直近の約定価格が始値を最低1/4ポイント超えるのを見守る。それが起きたら買いを仕掛け、当日の安値の1/8ポイント下にストップロスを置く。

　その銘柄が非常に変動が大きいときは2つのストップロスを使う。1つ目は始値の1/4ポイント下に置き、2つ目はポジションの残り半分について当日の安値の1/8ポイント下に置く。

　図16.4ではマイクロソフトが11月11日にギャップダウンしたが、寄り付き直後の安値のあと、ほぼ7ポイント上昇している。大陽線に示されるように寄り付き後にプラスの始値シグナルが出た。それがギャップダウンの買いの好機だった。

ギャップダウンの空売り

　ギャップダウンの空売りでは朝方の下落のあとにショートを仕掛ける。ファンダメンタルズに悪材料が出て大商いを伴ってギャップダウンした場合には、たいていその後も下げ続ける。この下落は大口取引の形で機関投資家の売り圧力が加わることによって生じるが、大口取引は普通その背後にさらに多くの売り物が控えていることを示してい

る。

　本物のギャップダウンの原因はファンダメンタルズの悪材料、テクニカルな支持線の割り込み、オファーを出すAXの存在などさまざまなものがある。しかし重要なのは、ギャップダウンがなぜ起こるかということよりも、ギャップが本物か人為的かを見分けることだ。トレーダーは株価が動いているときにその原因を分析したり考えたりして、時間を費やしてはならない。トレンドやシグナルを見分ける迅速で単純な方法を身につけて行動に移るべきなのだ。

　本物のギャップダウンをショートの側からトレードするには、株価が朝方の上昇のあとで始値を最低1/4ポイント割り込むのを待つ。始値シグナルがマイナスに転じたら、空売りを仕掛けて当日の高値の1/8ポイント上にストップロスを置く。

　その銘柄が変動の大きい値がさ株の場合には、段階的方法を用いて2つのストップロスを置く。1つ目のストップロスはポジションの半分について始値の1/4ポイント上に置き、2つ目は残りのポジションについて当日の高値の1/8ポイント上に置く。

　図17.4ではEベイが6月14日にギャップダウンし、大陰線に示されるようにすぐにマイナスの始値シグナルを発した。これがギャップダウンの空売りを仕掛ける好機だった。

　ギャップは数多くのデイトレードの機会をもたらす。ギャップは、新しい重要な支持線水準や抵抗線水準、勢いを増しつつあるトレンド、非効率的な寄り付き、さらには強力なブレイクアウトやブレイクダウンの手がかりとなる。ファンダメンタルズに関する重要な材料によって生じたギャップは、新しいトレンドが形成されることを示す。デイトレーダーにとってギャップは、適切に使えば極めて有望なリスクリターンの好機となる。ギャップはチャート上で簡単に見つけられる。上手に活用して利益を伸ばすべきだ。

第22章 イベントドリブントレード

EVENT-DRIVEN TRADES

　イベントドリブントレードは収益機会を生み出すファンダメンタルズのアイデアに基づく。ファンダメンタルズに関するアイデアはどんなときも、元になった出来事が株価によって確認されたときに最も成果が上がる。時にはファンダメンタルズの材料が株価にどんな影響を与えるかがはっきりしないことがある。デイトレーダーは主観的解釈や行きすぎた分析を避けるべきだ。自分の解釈が正しければほかのトレーダーも同じように考えるはずであり、そうした大勢の認識が株価を動かす。株価が動き出せば自分の見方の確認が得られる。デイトレーダーはパーティーに着くのが早すぎても遅すぎてもいけない。一番面白い部分をすぐに楽しめるように最高潮のときに飛び込むべきだ。

決算発表

　決算発表がきっかけで株価が大きく動き、トレーダーがそれをうまく利用できることがよくある。大きな値動きはたいてい発表日の1日か2日前に始まり、発表後1日か2日で終わる。初心者によくある間違いは、好調な決算発表の報道を受けて、寄り付きに成り行き注文で買おうとすることだ。決算がウォール街の予想や、もっと重要なこととしてうわさの数字を上回る場合、その好材料は寄り付きの株価にす

でに織り込まれている。

　プロのトレーダーやマーケットメーカーは、うわさで買ってニュースで売る。好決算のうわさは実際の発表の数日以上前から流れている。プロは発表のずっと以前からその株を買っており、決算が発表されたらそのポジションを一般投資家に売る。

　好決算が飛び出すと、買い注文がマーケットメーカーのところに殺到するため、株価はギャップアップで始まることが少なくない。そうした注文は小口のアマチュア投資家や、悪い決算の予想が外れて踏み上げを迫られた空売りのトレーダーから出されたものだ。決算発表の前日に大幅に値上がりし、発表の翌朝のギャップでさらに高くなった株価は、一時的な動きの終了を告げるエグゾースチョンギャップとなる可能性が十分ある。多くの場合、これは売りの機会とみるべきであり、その銘柄を保有しているのならば利益を確定し、そうでなければ空売りを開始するのがよい。

　前日に大きく上げている銘柄を、好決算発表後のエグゾースチョンギャップで空売りするには、最低でも5分待って株価が始値と比べてどう動くかを見守る。株価が始値を最低1/4ポイント下回ったら、空売りを仕掛けて、ストップロスを始値の1/4ポイント上と前日の高値の1/8ポイント上に置く。

　決算報告がうわさの数字よりもずっと良いのにもかかわらず、株価が発表前よりもあまり上がっていないときは、みんなが不意打ちを食らった可能性がある。こうした状況では、株価がギャップを付けて寄り付いたあと、始値を超えて力強く上昇することがある。その場合、ギャップアップ後の下げに続いて始値を再び上回ったら、買いを仕掛けてストップロスを始値の1/4ポイント下と安値の1/8ポイント下に置く。決算発表後のギャップアップのシナリオでトレードする場合、取引開始から約30分以内は常に始値と直近の株価との関係に注意を払う。朝方の下落が起きるのは普通、取引開始後30分以内であることを覚え

ておくとよい。そこからギャップアップで付けた始値を超えてくるようなことがあれば、大きなリターンが期待できる。

　多くの場合、決算発表の数字それ自体よりもその後の電話会議のほうがはるかに大事だ。プロはたいてい経営者の発言を聞くために電話会議を待ち構えている。発表直後に値上がりや値下がりした株価が、電話会議のあとで一瞬のうちに方向を変えることがよくある。電話会議は一般投資家が聞けることもあるし、そうでないこともある。いずれにせよ、会議が始まるとその内容がメディアを通じて流れてくる。会議の中身に関する最も良い指標は、会議中やその後にインターネットでその銘柄がどう取引されているかだ。株価の変動を通して、市場に自分の考えを確認してもらうようにすることを忘れてはならない。決算発表後に株価変動に関する自分の意見を市場に押し付けてはならない。

　1999年7月のEベイの決算発表は、複雑な内容の発表を受けて混乱やパニック、損失が生じた典型的な例だった。発表の前日の株価は、103 5/8ドルで引けていた。発表後は110ドルまで上げたものの、電話会議が始まった数分後には100ドルを割り込んでいた。こうした激しい値動きは短期トレーダーにとって危険なものとなる。

　マーケットメーカーは大きな勝負に出ようと思ったら、大量の注文を引き受けて相当のリスクをとる。朝方ある企業の失望的な決算がメディアに流れたとすれば、マーケットメーカーは午後の遅い時間にビッドを開始する。オーテックスにビッドを提示して、買う用意のある価格と株数を示す。その際、その銘柄がECN（電子証券取引ネットワーク）で取引されていればその状況を参考にし、あるいはチャート上の支持線を考慮に入れる。具体的には次のようなことが起きるだろう。

　　　ABCD株は前日に30ドルで引けていた。その後、ウォール街の

予想するEPS（1株当たり利益）15セントに対して企業から10セントという決算が発表され、ネガティブサプライズを引き起こした。取引は一時停止され5時30分に再開されたが、ECNにはすぐに27ドルの売り気配が現れた。翌朝はインスティネットで1万株が26 1/2ドルで取引され、現在は買い気配値26 1/4ドル、売り気配値26 3/4ドルとなっている。過去の支持線は26ドルにある。あるマーケットメーカーは買い注文をとらえるつもりで買いの意思表示を行った。この銘柄は1日の平均出来高が多いため、その買い気配値も26 1/2ドルで10万株、26 1/4ドルで25万株、26ドルで50万株、25 1/2ドルで100万株と規模が大きい。その表示を見た機関投資家から電話があって25万株を26 1/4ドルで売ってきた。その背後には、75万株の売り注文が控えている。

　持ち株の処分を望む機関投資家は最良の買い気配値のマーケットメーカーに連絡して取引開始前に売却し、その後1日中同じマーケットメーカーに売り注文を出し続けることがある。マーケットメーカーは最初の高リスクの買い気配値で痛手を受けるかもしれないが、たいていはその後の売り注文で損失を取り戻し、さらには利益につなげるものだ。

IPO

　今日ではインターネットによるIPO（新規株式公開）によって非常に変動の大きいトレード機会が生み出されている。驚くほどの株価変動が極めて短時間で起きるために、特に柔軟で熟練したトレーダーでなければ参加は見合わせるべきだ。IPOのスプレッドはしばしば大きくなり、高コストのスリッページを引き起こすことがある。デイトレーダーのなかには主にIPOに専念している者がある。新規発行の株式をトレードしたいと思ったら最高のテクノロジーを使って、取引執行

が安定して短時間で行えるようにしなければならない。

　新規公開株の売買は必要に迫られて行うのではなく、それが可能なときに実行すべきだ。トレードではたいていECNを使って買い気配値や売り気配値を提示することになる。買い気配値で買うということは、その買い気配値に売りをぶつけてくる相手がいるために、短期的には狙いとは逆に株価が動くことを意味する。インターネットのIPOで買いを仕掛け、株価が勢いをつけながら下落したときは、ポジションを売れるようになるまでに数ポイントもの上昇が必要になることも珍しくない。IPOでは最大額のスリッページを覚悟し、必ず普段より小さなサイズでトレードを始める。

　AXが機関投資家の買い注文を扱っているため、多くのトレーダーは買うときはAXの買い気配値の動きを追いかけ、売りたいときは売り気配値の動きに注目する（第13章参照）。よく使われるデイトレード戦術は、寄り付き後に株価が下落したあと、主幹事の買いによって下げ止まるのを待つことだ。下げ止まった株価が再び上昇し始めると、多くのデイトレーダーがECNを通じて売り気配値を引き受けたり買い気配値で買い持ちを増やし、AXに先回りして動こうとする。

　たいていはスプレッドが非常に広く、変動やモメンタムが極めて激しいため、買いを仕掛けたらすぐにECNを通じて一定数の水準に売り注文を出しておくのがよい。そうすれば株価が狙いどおりに動いて吹き上げたときに持ち株を売ることができる。

　インターネットのIPOでトレードするときは仕掛けや手仕舞いで段階的アプローチをとることが重要だ。一点を狙ってトレードし、持ち株を保有し続けるのではなく、たえずポジションを調節するように心がける。買いを仕掛けたらすぐに売り注文を出すという規律を保たなければならない。例えば、ポジションを分けて1/2ポイント上、2ポイント上、4ポイント上といった具合に売りを出す。インターネットでIPOをトレードするときは仕掛けや手仕舞いの売買手数料のことは

最後に考えればよい。スリッページやスプレッドのコストに比べたら手数料の負担はほんのわずかにすぎない。

　主幹事は配分を受けたクライアントから出される機関投資家の注文を扱うため、大量の需要が存在する価格帯を正確に判断できる。取引開始前に株価を法外に押し上げるのはそうしたマーケットメーカーではない。インターネット取引や個人投資家の注文を専門とするマーケットメーカーなのだ。彼らはできるだけ高く寄り付かせ、それを空売りして大きな稼ぎを手に入れようとしている。

　大きくギャップアップしたときは高値から急落することが多い。株価はたいてい大幅に下げるが、主幹事のAXが大量の機関投資家の買い注文を抱えながら、それを待ち受けている。

公募

　公募では企業が追加的に一般投資家に株式を発行する。その目的は資本を増強することにある。公募を実施すると浮動株が増えるが、状況によって肯定的にも否定的にもとらえられる。

　企業の経営が順調で、明るい市場環境のなかで収益が着実に伸びているときなら、増資は歓迎されるだろう。企業のファンダメンタルズが健全なときに悪い市場環境のなかで大量の増資を強行したら、投資家はそんなに急いで株式を売りに出す理由に疑問を持ち、否定的な兆候として受けとめるかもしれない。企業のファンダメンタルズに問題があるときに悪い市場環境のなかで公募を実施したら空売りの標的となり、ダブルパンチのせいで下落に向かうはずだ。

　利益確定を狙うトレーダーや空売り筋は、市場が大きなプレッシャーを受けている日に公募を行う企業に売りを仕掛けるのを好む。そうした状況では、公募の主幹事の投資銀行が株価を発行価格で安定化させるために持てる力のかぎりを尽くすだろう。投資銀行はいわゆるグ

リーンシューオプションと呼ばれる手段を用いることがある。これは主幹事が与えられた所定数の株式を使って公募価格以下に株価を維持する操作を指す。グリーンシューに訴えるかどうか、そしてどの程度のグリーンシューを使うかは投資銀行に任されている。

軟調な市場環境では、売り手が人為的と判断した高い株価から利益を得ようとして、流動性を利用して安定化のための買い気配値に対して大量の売りを仕掛ける。明るい市場環境のなかで開始された好感された公募では、買い手がロングを仕掛けて公募価格付近にストップロスを置く。安定化のための買い気配がその水準で株価を買い支えることを知っているからだ。

株式分割

強気相場のなかで株式分割を発表した銘柄に買いを仕掛けるという戦術が個人投資家の間で大変な人気を集めているため、発表翌朝のギャップアップがほぼ確実な状況となっている。株式分割は普通、株価が好調なときに決算の発表と併せて引け後に発表される。株式分割は、平均的な個人投資家にとって株式が買いやすくなるという印象を生み出すために企業が行う市場戦略だ。しかし、株式分割によって価値が付加されるということは一切ない。

株式分割の発表を受けたギャップアップで空売りするのは高リスクで危険なトレードだ。発表当日から2日後までは普通買い上がるほうがよい。空売りをしたかったら、分割が実施されたあとにする。その場合、始値の1/4ポイント上にストップロスを置く。銘柄の変動が大きいときは2つのストップロスを使用し、始値の1/4ポイント上と当日の高値の1/8ポイント上にストップ注文を置いておく。

買いの側から株式分割をトレードするのに適した時期は、最初のギャップアップから株価が下落したあとだ。この場合、銘記すべき最も

重要なことは始値シグナルがプラスになるのを待つことだ。それが買いに動く最初の手がかりとなる。当初のギャップアップが極端なときは発表から１日か２日たたないと始値シグナルがプラスにならないかもしれない。ギャップの下の端が最初の支持線領域となる公算が大きく、もしかすると仕掛けのターゲットとして使えることもあるだろう（ギャップアップの買いとアップフックの手法については第20章と第21章を参照）。

　株式分割で買いを仕掛けるときは、直近の株価が始値を最低1/4ポイント超えるのを待つ。そうなったら株を買い、始値の1/4ポイント下にストップロスを置く。トレードしている銘柄の変動が大きいときは２つのストップロスを置き、１つは始値の1/4ポイント下、２つ目は当日の安値の1/8ポイント下に置く。

　株式分割で買いを仕掛ける最適の時機は、発表のあとの分割日の１日か２日前だ。普通このときには発表当初の熱狂は覚めてすでに株価が下げており、特に市場全体が強いときなどは分割でロングを仕掛けようとする買い手の第二波が準備を整えている。

　実際の分割当日には、利益確定や空売りの動きのせいで株価が下げることがある。多くの場合、分割日には分割は古いニュースになっている。プロのトレーダーは、うわさで買ってニュースで売る傾向があることを思い出してほしい。ファンダメンタルズに関するニュースがどんなものであっても、株価によって自分の見方を確認しなければならない。

　株式分割した銘柄は、そもそも分割の背景となった株価押し上げの要因がすでに存在していることから、長期的に値上がりすることが多い。

　分割は強い需要があるときに実施される。もっとも企業が比較的短い期間中に何度も分割を行うのは、その銘柄にとって必ずしも好材料とはいえない。企業が上昇局面の終わりが近いと考えて、短期間にで

きるだけ多く分割しようとしている可能性があるからだ。こうした状況は1999年春から夏にかけての急落に先立つインターネット株の上昇時に起きた。多くの分割発表が慌ただしく次から次へと繰り返されたため、天井が近い兆しと受け止められて、結局、強力な売り圧力にさらされることになったのだ。

　どんなときも、なすべきことの評価基準となるテクニカル要因やゲームプランに依拠すべきだ。ニュースやうわさが飛び出すとそれに絡むトレードについ手を出したくなる。プロのトレーダーによくある過ちは、普段ならば株価変動や出来高によってトレーディングのアイデアが確認されないうちはけっして仕掛けたりしないのに、ニュースが素晴らしいからといって売買に走ることだ。どんな場合でも株価変動は、株式分割などのファンダメンタルな出来事を市場がどう見ているかを教えてくれる。ファンダメンタルズに関する材料に基づいてトレードするときは、自明で心地良く思われることを控えるようにしなければならない。可能な場合はいつもテクニカルとファンダメンタルズが一致しているときにトレードすべきだ。

第8部

心理
PSYCHOLOGY

第23章 トレード心理

THE TRADING MIND

偉大なトレーダーは心理がトレーディングに影響することをみんな認めている。大勢の人がトレードの意思決定に対して、心理が最大の影響を与えると考えている。意識的か無意識的かを問わず、重要な心理的な要素がトレーダーの意思決定プロセスを動かしている。そうした心の要素や心理的特性の多くは子供時代から培われてきたものであり、トレーダーはそれに気づいていない。株価は、利益や損失に関係する連想によって引き起こされる極端な感情によって突き動かされる。トレーディングで成功するための最初のステップは、自分の行動が心理的要因や感情的要因からどんな影響を受けているかを知ることだ。

恐怖心を持たない

> 夢の実現を不可能にする原因はひとつしかない。それは失敗を恐れることだ——ベン・ジョンソン著『錬金術師』

恐怖はトレーダーを萎縮させる最も大きな原因だろう。痛みの記憶が恐怖を生み出し、それがトレーダーの集中を妨げる。どんな理由であれ、損することを恐れたら損失ばかりに目を奪われ、まさに避けようとした方向へと引っ張り込まれる

間違えることを恐れながらトレードすると、エネルギーが損失の方向に向けられる。トレーダーは主に恐怖心から早まって利益を確定し損失を放置してしまう。利の乗ったポジションを持っているときに、得たものを失う恐怖に捕らわれる。損失を恐れるために、トレンドの実際の行く末に関する証拠ではなく、反転を示す兆候を見つけだそうとする。その結果、自分の恐怖を確認する根拠を探し出し、利を伸ばす代わりにあわてて確定してしまう。

　損失の恐怖は諸刃の剣だ。つまり利が乗っているときだけでなく損の出ているポジションを持つときも、トレーダーを説得して間違ったことを行わせる。裏目に出て、含み損になっているポジションを抱えているときに、その事実を受け入れたくないという気持ちにさせ、トレードの順行を示すシグナルに目を向かわせるのだ。迅速に損切りすべきなのに、逆に損失をほったらかしにさせてしまう。

　網様体賦活系（RAS。アンソニー・ロビンズ著『アウエイクン・ザ・ジャイアント・ウィズイン［Awaken the Giant Within］』）は何を見ているかや、それに対してどんなふうに注意を払うかを決める脳内の仕組みだ。RASは注意が向けられた対象が何かを決める証拠を集めてきて意識内容を変える。例えば、さまざまな商品があるなかで今買ったばかりの品物がはっきり認識されるようなこともRASの働きだ。

　トレーダーがトレードで勝利を確信し、到達すべき目標に焦点を合わせると、RASがその確信と焦点を確認する情報を集めてくる。これに対して、ポジションで損する恐怖を抱き続けていると、RASがその恐怖を確認する証拠を見つけだしてくる。トレードを仕掛けてうまくいった場合でも利益を失うことを恐れていると、RASが恐怖という強い感情にあおられて、トレードが失敗する根拠となりそうな情報にトレーダーの目を向けさせ、すぐに利益を確定するようにとそそのかす。

　脳が一度に焦点を合わせられる対象は少数に限定されるため、RAS

が重要とみなさなかったものはすべて閉め出される。つまり、優先順位が低く重要でないとされたものはノイズとして取り除かれる。株式をトレードしているときには、市場に関する無数の情報断片が頭に入ってきて、そのすべてが解釈を必要とする。脳はそうした情報を一度に全部処理することはできないので、RASがどれに注意を向けるべきかを決める。トレーダーが自分の目標に焦点を合わせたときには、その目標達成にとって重要でない情報をRASが心から閉め出してしまう。

　アンソニー・ロビンズによれば、恐怖とは「まもなく発生する出来事に対して対処の必要があるという予測」であるとされる。その出来事が実際に起きるかどうかにはかかわりなく、恐ろしい予測は現実である。予測される出来事に対して前もって準備することが恐怖を管理するために不可欠なステップとなる。トレーダーが行う最悪のことは恐怖の存在を否定することだ。恐怖が伝えるメッセージは対処されるまでは消えない。**すべての恐怖は行動によって取り除くことができる。**

　恐怖に対するコントロールを失ったら、自分の行動が恐怖に支配されるようになる。恐怖をまったく無視したら、そのメッセージの背後にある潜在的価値を重視しないことになる。恐怖の管理に向けた第一歩はその存在を認めることだ。恐怖の存在を自覚し、その力を弱めるためには、どんな対策が必要なのかを決めなければならないのだ。

　トレーディングに現れる恐怖の感情は、心配、不安、懸念といった軽いものから、おののき、パニック、おびえといった極端な水準まで多岐にわたる。恐怖の水準は、個人的・職業的・経済的側面で損失が自分にとってどんな意味を持つかという点について形成された連想によって決まる。最高のトレーダーは、自分が全部を失うと考えても平然としていられる。このように損失を受け入れ、それに超然としていられれば恐怖の大部分は消失する。そうしたトレーダーは恐怖を抑制できるので、心が自由になり勝利に向けてエネルギーをそそぎ込める

ようになる。

　損失の恐怖を克服する最高の方法のひとつは、適切なリスクコントロールによってあらかじめ損失に備えることだ。現在のポジションに付随するすべてを失っても経済的に耐えられると知っていれば、損失に対して超然としていられる。流動的な純資産が50万ドルあったとして、その大部分を新規ポジションに投入して適切なストップロスによるリスク管理もしていなかったとすれば、損失の恐怖はとてつもなく大きくなるだろう。このことは、ボラティリティが高く流動性が低いためにスリッページが大きい銘柄のトレードのときに特によく当てはまる。

　デイトレーダーがレバレッジを多く使って、ボラティリティが高い銘柄をトレードし、しかもポートフォリオの大部分が少数のポジションに集中していたとすれば、損失が大きく膨らむおそれがあるため、恐怖の水準は非常に高くなるだろう。こうした状況で損失を出すと、負け続ける悪循環に陥りかねない。絶望の淵に追いやられ、失ったものを取り戻そうとして感情的・主観的にトレードすることになるに違いない。この時点で味わわされる感情は恐怖にとどまらず、罪や恥、無力感なども混じり込んでくるはずだ。自信も確信もほぼ完全に失われ、トレーディングにはまさに最悪のコンディションとなる。

　流動的な純資産の一部だけを使用し、ポートフォリオの約２％というストップロスのリスク特性を守るという資金管理の規律に従ってトレードすれば損失に十分耐えられるため、損失の恐怖は大幅に和らげられる。そのためには、特にトレードを始めたばかりの時期には、成果として期待する金額を現実的な水準にとどめることが必要になる。

　あなたが50万ドルの流動的資産を持っていたとして、その20％に当たる10万ドルをトレーディングに投入し、１日当たり最高2000ドルのストップロスを使ったとすれば、損失の恐怖を抑えるために現実味のある先回り策を打ったと言える。このようなトレードで成功を収めら

れれば、その利益を再投資してもっと大規模なトレードのための基盤を拡大することができる。

　また損失の恐怖を抑えたり和らげたりするためには、デイトレードに投入した資金は二度とお目にかかれないかもしれないという事実を理解し受け入れる必要がある。前もってこのことを理解し、資金を失ってもかまわないという気になれれば、損失に惑わされたり損失を恐れたりすることはなくなる。そんな気持ちでトレードすれば、ためらいや迷いもなく客観的態度で自由に行動できるため、成功のチャンスが大きくなる。この水準にまで到達すれば、ほかの大部分のトレーダーの数歩先を行けるようになる。トレードしているときは最悪のケースを恐れてはならない。失敗は自然なものでありトレーディングには付きものであることを理解すれば、一層大きな自信を持ってリスクをとり素早く損切りできるようになる。

市場に耳を傾ける

　市場の現在の価格はその時点でその市場に参加しているトレーダー全員の考えと認識を表す。直近の価格はその時点で自分の認識に基づいて行動している大衆の感情的合意を示す。株価や指数が一定の水準に到達した理由は重要ではない。価格変動は、間違っていようがいまいがプレーヤー全員の解釈を表している。もしだれかがある銘柄についてインサイダー情報を手に入れてそれに基づいて行動したとしても、価格変動にそれが現れ、だれもがそれを見ることができる。行動のもとになった情報は必ず価格と出来高に反映されるため、どうしても隠せない。

　トレーディングでは正しいことと稼ぐことが一致しない場合がある。デイトレードの目標は稼ぐことであって正しくあることではない。価格はその背後にある最も強力なエネルギーの方向に沿って動く。価格

の背後にある力が発する声に耳を傾け、その動きに飛び乗れば、自分の行動が市場の見方と食い違うことはなくなる。例えばあなたがある企業のリサーチを行ったところ、同業他社に比べて過小評価されているという結論が得られたとする。そこでその株を5000株か1万株買ったら株価が2ポイント値下がりしてしまった。正しいのはあなたなのか市場なのか。

　あなたの最初の見方を市場が確認してくれるのを待つことが決定的に重要だ。市場は、あなたの見方とは無関係に最良の行動方針に関する明確なシグナルを発する。市場がどう動くかに関する予測は捨てて、今ここで市場が何をしようとしているかに集中し続けなければならない。何が起きようとしているかに関する手がかりやシグナルは、自分の見方を捨てて市場の声に耳を傾ける用意のある人ならだれでもすぐに手に入れられる。

　客観的に市場のシグナルを聞く能力を高めるには、ディーパック・チョプラが言う「超然とした意識」の心理的態度を身につける必要がある。超然とした意識は、自分の利害関係から離れて目の前の出来事を見るときの心理状態を指す。そのためには自分の外に出て冷静に自分の行動を観察しなければならない。トレーダーに即して言えば、この超然性は、株価変動による感情的・経済的・個人的影響へのこだわりを捨てることを意味する。

責任を受け入れる

　どんな理由があろうと常に自分の行動とトレードのすべてについて責任をとることは、高度な精神的成熟が必要で、なかなかできることではない。だが、たとえ自分の制御が及ぶ範囲外で何かが起きたとしても、自分だけに結果の責任があるかのように振る舞わなければならない。

自分の精神のコントロールについては自分だけに責任があり、したがって自分の行動と結果についても自分だけが責任を負う。自分の全行動に対する責任を受け入れれば、望ましい事態を選びとる力が増すだろう。自分だけが自分の行動の原因と結果を支配するようになるからだ。

　トレーダーは事がうまくいかなかった責任を自分以外のだれかや何かに押し付けることによって、自分の行動を正当化しようとすることがよくある。正当化は責任回避の傾向を強めるためトレーダーに悪影響を及ぼす。トレードや自分の人生の出来事が計画や希望どおりにいかなかったときに、いつも言い訳や理由づけができることになるからだ。ずばぬけたトレーダーは言い訳や正当化がバカげていることを認めている。

　自分の行動の正当化によって責任を放棄するやいなや、最高の学習方法である過ちから学ぶ力が失われる。負け株を持ち続けたりナンピンしたりした理由をいつもひねり出すことになる。間違った理由が正当で適切なものだった場合でも、損失の責任を受け入れなければそこから学ぶことが不可能になる。

　正当化を行うと、正しい行動だと自分に分かっていることと自分が最終的に望むこととが切り離されてしまう。正当化は自分の間違いを認められないことを意味する。失敗に対して言い訳をするのは、自己意識が過剰になっているために将来のパフォーマンスに向けた改善が妨げられていることを示す確かな証拠だ。

　どれほど苦痛であっても自分のあらゆる行動の結果を受け入れることによって、トレーダーとしての力がすぐさま強化される。トレーディングの結果のすべてが自分のせいであるという考え方でトレードしなければならない。トレーディングに偶然というものがあると一瞬たりとも考えてはならない。原因と結果の法則を受け入れることによって、トレーディングと生活で起きるすべてについて責任を受け入れら

れるようになる。

　自分が原因を作ったとは思えず、責任を引き受けたくない状況に直面することも多々あるだろう。トレーディングでよく使われる言い訳としては、トレーディングシステムの欠陥、取引執行の遅さ、責任逃れ、助手の失敗、間違った情報、虚偽のうわさ、他人の意見に従ったこと、曖昧な思考などがある。その多くはそのとおりかもしれない。だが、そのせいにしたいという衝動に従ってはならない。

　責任を受け入れなければ将来間違いを改めるという力が失われる。短期的にはそれで気持ちが収まるだろうが、長期的にはマイナスとなる。生活のなかで起きたすべてについて責任を受け入れれば自分が望むトレーディング世界を作り上げる力が得られる。自分のトレードの責任を受け入れることによって、将来のパフォーマンスを着実に改善する力が自分のものとなる。

強欲は障害となる

　ウエブスター辞典によれば、強欲（greed）は過度のあるいは非難すべき欲求と定義される。強欲の問題は歯止めがかからなくなり、欠乏状態がさらに強まることだ。強欲に望んだこととは逆の結果になるのだ。強欲に突き動かされると手に入れた以上のものが欲しくなり、持てるものが前よりも少なくなる。

　欲求は実際には欠乏状態と定義できる。何かをひどく欲しくなると、脳は飢餓のシグナルを送り出す。何かを欲しがった状態で暮らしていると欠乏感が強まる。目指すもの、感情的に重要と思ったものが何であれ、それが生活のなかで膨れ上がる。強欲に動かされると、足りないものをたえず意識しながらトレードすることになる。これは貧困意識と呼ばれ、生活を豊かにするという目標と反対の作用を及ぼす。

　強欲は金銭への強いこだわりを意味する。強欲は物が十分に行き渡

らず、自分の分が足りないという思いから生まれる。この考え方は有害で間違っている。世界は本来豊かで物があふれている。もしあなた自身がそう信じていなかったとすれば、自分の可能性を達成するという目標を持ってトレードしていなかったはずだ。強欲な気持ちを持つと何も達成できない。自分に欠けていると思うものをけっして十分に満たすことができず、手に入れるものが増えるほど足りないものが多くなるからだ。

強欲なトレーダーは金銭で得られるものに個人的に強いこだわりを持っている。大半の人々は金銭や金銭で得られる物によって、自分が他人に認められ、尊敬されると信じて生活を送っている。他人に認められたいという欲求は、人間が経験する最も強い感情のひとつだ。その感情は子供時代に培われ、無意識のうちに行動を支配する。

トレーダーは認められたいという思いからあらゆる種類の奇妙な行動をとる。トレーディング計画を無視して、自分の仲間、親、子供時代の先生、自分自身などからあらゆる形の承認を求めようとする。ある状況のなかで自分が承認や称賛を求めているという事実を認めることが、その感情から解放される第一歩となる。そのことによって強欲に捕らわれず客観的にトレードする自由が得られる。

欲求不満を克服する

トレーダーは欲求不満のときに最悪の決定を下す。欲求不満は思考を曇らせ客観性を失わせる。欲求不満は、問題が解決されなかったり、欲求が満たされなかったりすることから生じる不安や不満足な状態を指す。この不満足な状態は損失を経験したトレーダーによくみられる。トレーディングではよく欲求不満に陥る。数え切れないほどの要因が欲求不満へと導くのだ。

トレーディングは集中力と体力を最も必要とする職業のひとつだ。

テクノロジーへの依存が極めて大きく、非常に多くのことがかかっているため、ほんの少しの失敗が動揺と欲求不満の状態を作り出す。トレーディングではトレードの瞬間の準備のために非常に大きな努力が払われているため、欲求不満が広くみられる感情となっている。リターンが得られないまま損失が続くと、トレーダーはすぐに欲求不満の状態に陥る。

　市場と価格がたえず動いているために、トレーダーはしばしば思いどおりの結果が得られずその熱意と確信が試練にさらされる。すぐに結果が出ないからといって欲求不満を募らせると、曖昧な主観的な見方しかできなくなる。欲求不満を感じたら、もっと柔軟に我慢強くトレードする気持ちを高めることが必要なシグナルだと自覚しなければならない。

　時にはトレーダーとしての成功が欲求不満を克服できるかどうかにかかっていることがある。成功に向かう道の途中でたえず欲求不満が現れる。それに打ち勝つトレーダーもいるし、屈してしまうトレーダーもいる。達成に向けて進んでいるときに障害に出合ったら、その克服によって多くのことを学び取り、さらに成長できるようにするためにその障害が現れたと考えるとよい。小人物は些細なことにこだわるという格言を忘れないようにしてほしい。

過去を振り返らない

　後悔はトレーダーが頻繁に経験する有害な感情だ。何らかの理由で仕掛けるチャンスを逃したあとで、株価が狙っていた方向に大きく動くのを見るのはつらいものだ。市場にはトレーディングの機会が無数にある以上、その多くを逃すことは避けられない。

　トレードのときは後悔はやめて自分をいたわるようにすべきだ。機会を逃したからといって自分にむち打つのはやめよう。勝利するチャ

ンスはこれからもたくさん現れることを思い起こすべきだ。後悔が有害なのは、貴重な時間とエネルギーを使って現在とこの場所に集中してトレーディングの機会を見つけだすべきときに過去を振り返らせ、そのことによってエネルギーを奪うからだ。

　自分が後悔していることを認めれば、その影響を和らげる第一歩を踏み出せる。後悔の存在を認め、責任を受け入れることによってそのメッセージから素早く教訓を学び取ったら、自分を許して先に進もう。そうすれば後悔も役に立つ。

　できたはずのことを悔やんで過去に生きるよりは、現在とこの場所で生きる決断を下すべきだ。仮に自分にできたとすれば、そのことをやっていたはずだと考えるのがよい。言い訳をしても結局、何も変わらない以上、トレーディングには言い訳の場所はない。何らかの理由で自分のなかの何かが行動を妨げたと自分に認めるべきだ。それが何か分からなければ正すことはできない。自分を責めることなく責任を受け入れることによって経験から学び、後悔せずにトレーダーとして成長できる。トレーディングの能力向上は連続的なプロセスだ。常に成長の余地がある。だから緊張を緩める場所を自分に与え、後悔の感情に妨げられることなく学ぶようにしなければならない。

自信を持つ

　最高のトレーダーは自分自身と自分の決断に確固たる自信を持ち続けることで成功している。この落ち着いた自信こそが望ましい心の状態と行動への意志を作り上げる。

　「強くなりたかったら強いふりをせよ」という古くからの格言がある。トレーディングで自信を育てるひとつの方法は演じることだ。自信の手本となる人、できれば自分が尊敬している成功したトレーダーを思い浮かべ、その人になったつもりになる。自分にはトレーディ

グのときにためらうことなく決然と行動する力があり、利益を伸ばすことも損切りもできると想像する。そうすれば、自分に対する見方や決断の仕方が変わるはずだ。

　人間は言葉よりもボディランゲージと声の調子でコミュニケーションする。ボディランゲージと声に自信が現れていれば、人はあたかもあなたが自信にあふれた人間であるかのように対応する。日常生活のなかで自信にあふれた姿勢や話し方、行動を続けるように訓練し、それによってトレーディングのときの確信や意思決定プロセスが改善するのを見守るようにすべきだ。

　練習も自信を強めるのに大いに役立つ。自分自身と外観について申し分ないと感じられれば、一層自信を持って行動できるようになる。練習すれば、ストレスや不安の軽減などトレードの面でもさまざまなほかの副次的効果が現れる。トレーディングは極めて体力を必要とする仕事なので、できるだけ頻繁に練習する必要がある。練習はトレーディングのキャリアへの投資と考えるべきだ。

　トレードするときは身なりをきちんとする。外観を整えることで自負心が高まる。自負心は日常的な意思決定に好影響を及ぼし、全体として楽観的な見方の形成に役立つ。

　自分自身と自分の行動に対する自信を強めることは一生続くプロセスだ。このことには毎日時間を充てる必要がある。自信が強まれば、自分自身と周囲の世界に対してより心地良く感じられるようになる。普段から自信にあふれた声の調子やボディランゲージを使う練習をしていれば、意思決定プロセスで自信が必要になったときすぐに発揮できるようになる。自信を持ってものを見、話し、行動すれば、自分自身が自信にあふれていると感じられるようになる。他人もあなたに対して自信にあふれた人間として対応するようになり、そのことがあなたの力を一層強める。

裕福さを意識し続ける

　ディーパック・チョプラは「すべての人間関係は自分自身との関係の反映である」と述べている（ディーパック・チョプラ著『富と成功をもたらす７つの法則——願望が自然に叶う実践ガイド』[大和出版]）。あなたが自分の生活のなかで富やほかの良いものを所有していることに罪や不安を感じていたとすれば、その感情は対処が必要な自分の性格の一部となる。トレードで利益を上げてもその問題の解決には役立たない。トレーダーにとって自問すべき重要な問題は、自分が真に富に値すると感じているかどうかだ。この問題には正直に答えなければならない。もし富に値しないと感じていたら、遅かれ早かれ成功のチャンスをつぶすことになる。

　たくさんの人が子供時代から培われた、富に値しないという感情に付きまとわれている。その感情は多くの場合、親や宗教が金銭について植え付けた評価に原因がある。こうした有害で非現実的な感情を変える最初のステップは自覚だ。その感情が表に出ることを意識的に許すことによってのみ、それに対処し、それから開放され、それを捨て去ることができる。

　自分に対する最も厳しい批判者は自分だ。自分に対する罪や恥の感情は現実とは何の関係もない。人は、実際にはそうでないのに他人に傷を負わせたというゆがめられた記憶を持っていることがある。人生で成功を達成するためには自分に同情することを学ばなければならない。自分に価値があると感じれば、生活のあらゆる領域で外部に対して肯定的に臨めるようになる。自分が生活の最良のものにのみ値すると感じている人は、その信念を確認するほかの人々や状況を自分のところに引き寄せる。あなたが、裕福や富が世界の自然な状態であることを理解し、自分が富に値することを自覚すれば、あなたの行動にはそうした信念が反映されるようになる。

確実性は幻想である

　あなたは確実なものを求めてトレードしているのか。もしそうなら間違った職業に就いているのかもしれない。トレーダーが確実性のためにトレードしているとすれば、2つの対立する力を操ろうとしていることになる。つまり、本質的に不安定で揺れ動く市場の力から安定性と確実性を引き出そうとしているのだ。

　はたして確実というものが存在するのだろうか。ヘレン・ケラーは「人生は大胆な冒険か、さもなくば無価値だ」と言った。もしあなたが確実ということにこだわったとしたら、確実でないという感情をわき上がらせる結果になる。自分の外にあるものが大事だと思う気持ちは満たされることがない。それがないときには空しく感じられるからだ。

　市場には確実なものは存在しない。最も賢明とされるトレーダーもほとんど一夜にして破産する経験を何度も重ねている。

　確実性を求めてトレードすると損失を恐れて今持っているものを維持したがるようになる。そうした恐怖は行動をためらわせ、トレーダーとしての能力を弱める。損失を恐れると逆に損失を生み出してしまう。まだ少額のうちに損切りすることができず、損失を恐れるあまり素晴らしいトレーディング機会を見逃してしまう。

　同じような失うことへの恐怖は日常生活でも人々の行動に悪影響を及ぼし、いつも望んでいた生活を送れなくさせてしまう。確実性は非常にうつろいやすく、また金銭それ自体からは絶対に得られない。金銭や利益に対するこだわりは心配と欠乏感を生み出す。そうしたこだわりはあなたの幸福感が自分の外のものに依存していることを示しているが、外のものが十分にあったためしがない。失うことができないと感じると、必ず心が恐怖やこだわりに支配される。

　自分の身に起きる最悪のこと、想像できる最悪の結果を考えてみる

とよい。だが、あなたは現在ここまでなんとか暮らしてきた。常にものを与えられ、世話を受けてきた。そうでなかったら今この本を読んでいることはないだろう。テーブルの上にはいつも十分な食べ物があった。生活はなんとかなるものだ。何も問題は起きないだろう。

損失を受け入れると、個々のトレードは物事の移りゆきの一側面にすぎないという事実がよく見えるようになる。10年後に損失を振り返ってみれば、学習経験として最善の結果に終わった些細な出来事のように思われるだろう。トレーディングで唯一確実なことは、勝つときも負けるときもあるということだ。市場は常に変化している。変わらないものは何ひとつとしてない。

サムライは武士道に従って生きていた。武士道がその生き方を定め、従うべき規律と哲学となった。17世紀の有名な武士である山本常朝は『葉隠』と呼ばれる書物を著し、そのなかで武士道を死の絶対的な受容として規定した。本書のテーマに沿っていえば、損失の絶対的な受け入れということになる。常朝は「武士道とは死ぬことと見つけたり」と述べている。これはどういう意味か。常朝は続けて次のように書いている。「失敗して死ぬことは恥ではない。朝から夕べまで精神を正しく保ち、死という考えに慣れ、死の決意を固め、自身を死に身としてとらえれば、武士道に従うことができ、一生落ち度なく、職務を無事務めることができる」。だれもが結局は直面する死や失敗の可能性を受け入れたとすれば、いったいどんなものが自分の身に起きる最悪の事態となるのか。失ってもかまわない資金でトレードすれば、最悪の事態をあらかじめ受け入れていることになる。失敗や損失の予想は損失それ自体よりも悪い。失敗や損失を恐れないことが真の自由なのだ。

人生で成長するにはすべてを無にしなければならない
　すべてを無にすれば心やすく暮らせる

> この意味を理解できれば
> 鉄の船も水に浮かぶ──（禅の格言）

目標を書き留める

世界は望むものを届けてくれるのだから、自分の目標は明確にしなければならない。世界はあなたが考えているものを与えてくれる。曖昧なことを考えていたら曖昧なものしか受け取れない──（タッド・ジェームズ）

　自分のトレーディング目標をできるだけ具体的に書き留めておく必要がある。目標は、達成できたときにそれが分かるように測定可能なものでなければならない。もう一度言うが具体的に書くこと。脳は目標が決まると、その最良の達成方法を考え始めることができる。損益の目標は各年、各月、各週、各日に分けて定めるべきだ。
　トレーディングで進歩が必要なあらゆる領域について目標を設定する必要がある。リターンの側面にだけ焦点を合わせるのは間違ったアプローチだ。トレーディングのアプローチのなかに、より大きな進歩を必要とする領域があるはずだ。最も努力が必要な側面はあなただけが知っている。目標を決めるときは内省と誠実な分析が欠かせない。
　あなたは利益を伸ばすという面では熟練していても、損切りや利益確定には問題があるかもしれない。理想的な仕掛けのポイントを逃すと深追いする傾向があるかもしれないし、あるいは大胆に取引を執行できないかもしれない。1日が終わったら、その日に成功したトレードも失敗したトレードも日記に記録して、そこから学べるようにする必要がある。日記をつけるのは、トレーダーとしての強みと弱みを際立たせるのに有力な方法だ。欠点に気づいたら、それをプラスの目標に直して書き留めておく。

どんな目標も、あたかもすでに達成されたかのように現在形で書くのがよい。目標に関する作業はあたかも実現済みであるかのように行い、そう心で感じとる。目標が達成できたと感じられれば自信がわき、道を阻む障害を乗り越えられるようになる。もし目標が毎月10万ドル稼ぐことだったら「トレーディングで今月10万ドル稼いでいる」と書く。ストップロスの基準を厳守することが目標だったら「わたしはいつも所定のストップロスポイントを厳守している」と書く。夜寝る前と朝起きたときに、それらの目標を大声で読み上げる。その際はできるだけ感情を込めて読み、その結果を実際に経験しているような気持ちになるようにする。

トレーディングの目標はできるかぎり現実的なものでなければならない。自分自身が心のなかで達成できないと思っていたら受け入れることが難しくなる。非現実的な目標は心をなえさせる。現実的な目標を立てるには今いる位置から出発する。具体的にどんな行動をとり、その行動からどんな成果を期待できるかを決める。当面は比較的保守的な目標から始める。過去の達成水準をとりあえずの基準として将来の目標を定める。

目標達成のスケジュールも決める必要がある。具体的な日付を設定することが非常に重要となる。期限を書き留めてその決意を固めると、時として不思議な形で脳がそれを引き継ぐ。人は脳のごく一部しか意識的に使っていない。目標を書き出すことが驚くべき結果をもたらす。できるだけ具体的にできるだけ将来の目標まで書いておくとよい。

どんなときも他人の目標ではなく、自分の目標によってのみ自分を判断することを忘れてはならない。他人がしていることや他人がしたことは、自分とは関係がない。デイトレードの金銭的目標は1日当たり200ドルから100万ドル超まで大きな幅がある。自分の能力と資金について現実的なレベルで押さえていることが重要となる。

心理はトレーディングの結果に大きな影響を与える。心理的な構造

と結果とを切り離すことは不可能だ。自分の心がどのように働くかを理解することが第一歩となる。自分自身の強みと弱みを知ってはじめて、強力に成長し、必ずトレーディングの成功に至る途中で待ち受けている障害を克服することが可能となる。

結論
Conclusion

　本書はトレードで成功するために必要なさまざまな要素を丁寧に説明するという目的で書かれた。本書の原則と手法を適用することを練習すれば収益が増し、次第にトレーダーとして成長できるであろう。本書のテーマはナスダックのマーケットメーカーやデイトレーダーだけでなく、すべてのトレーダーに応用できる。

　市場の正しい側でトレードしてそこから利益を上げるには、知的な能力とは異なる一連の才能と性格が必要となる。デイトレードとして成功するのに必要な才能と性格を得るには脳を別の形で使うようにすることだ。必要となる精神的性質は多くの場合、大部分の人が成長の過程で身につけてきたものとは対極にあるため、それらを作り上げ、維持することが難しいことが多い。そうした性質はトレーディングを行う年月を通してたえず保持し磨きをかけることが求められる。その性質の一部を挙げれば、精神的な規律、勇気、自信と確信、結果に対する超然性、自己意識の抑制、損失の受け入れ、忍耐、自分のすべての行動に関する責任の受け入れ、率直性、自分が富に値するという強い確信などがある。

　デイトレードのときに考えすぎると頭が混乱するだけだ。頭の良いインテリはたいていトレーダーには向いていない。例えば、脳を使って1990年代の素晴らしい強気相場について考えたとしたら、天文学的

な評価がはたして理にかなっていると結論づけることができるだろうか。人々が将来の投機のために企業収益の何百倍、あるいは何千倍もの金額を投資するのが合理的と考えるだろうか。合理的と思う人もそうでない人もいる。

そのことを考えるためにあまりに多くの時間を使ったとすれば、容易にトレードの決定が下せなかったはずだ。その結果、歴史上最も利益の大きい強気相場の大部分を逃すことになっただろう。もっとひどければ、バリュエーションが合理的でないと考えて、怒濤の勢いの強気派に対して最悪の時期に空売りを仕掛けて大損していたかもしれない。それは、株価変動によって制限を受ける客観的なデイトレードの見通しに対する疑いがわき上がるのを放置し、見る目を曇らせてしまった結果なのだ。

マーケットメーカーやトレーダーを成功に導く特性は心の内部で成長し育てられるものだ。最初から成功したトレーダーはまずいない。学ぶための最高の方法は失敗すること、それもたびたび間違えることだ。最も偉大なトレーダーの多くが最初は資金の全部を失った。最初の嵐を乗り越えてからも、元の悪い習慣に負けてゲームプランを台無しにして再び全財産をなくした。トレードを学ぶ過程では資金の投入が欠かせない。多くの初心者のトレーダーが生き延びられないのは、適切なリスクコントロールを実行しないために、失敗を通じて教訓を学びとるだけの資金がなくなってしまうからだ。

トレーダーとして成功するのに要する性質は、ナスダックの銘柄を扱うマーケットメーカーだろうが、S&P先物を取引するデイトレーダーだろうが変わらない。成功が態度次第であるのと同じように、トレーディングは規律次第なのだ。

トレードを学ぶことはピアノの調律に似ている。ピアノの調律師は1回調律して、それで終わりにはしない。何週間にもわたって週1回ピアノの音を合わせる。その後は2週に1回、次は月1回、次は半年

に１回というようにピアノが使われている間ずっと続くのだ。調律師は一貫して調律することによって、最初にピアノに教え込んだ音を精緻化し強化する。

　成功を目指すトレーダーも同じことをしなければならない。調整のプロセスには終わりがない。利益の上がるトレーディングの習慣を継続して磨き上げるための努力が必要となる。このことは規律と忍耐、さらには率直性によって成し遂げられる。トレーディングは単なる職業ではなく、生き方そのものだ。考え方や信念を含めた人格とトレーダーとしての結果を分離することはできない。努力を重ねるにつれて必ず新しい洞察が生まれる。訓練を続けることによって初めて成功に手が届く。

■著者紹介
Josh Lukeman（ジョッシュ・リュークマン）
モルガン・スタンレー・ディーン・ウィッターの機関マーケットメーカーで、ナスダックのハイテク株を専門に扱っている。モルガン・スタンレーの店頭グループのために、ローソク足チャートの手法を組み入れて各種セクターの動きを分析・解釈するテクニカル分析の定期報告を毎日作成している。以前はバッファー・パートナーズで上場証券や先物の取引を担当していた。

■監修者紹介
長尾慎太郎（ながお・しんたろう）
東京大学工学部原子力工学科卒。日米の銀行、投資顧問会社、ヘッジファンドなどを経て、現在は大手運用会社勤務。訳書に『魔術師リンダ・ラリーの短期売買入門』『タートルズの秘密』『新マーケットの魔術師』『マーケットの魔術師【株式編】』（いずれもパンローリング、共訳）、監修に『ゲイリー・スミスの短期売買入門』『バーンスタインのデイトレード入門』『究極のトレーディングガイド』『マーケットのテクニカル秘録』『高勝率トレード学のススメ』『フルタイムトレーダー完全マニュアル』『新版 魔術師たちの心理学』『トレーディングエッジ入門』『スイングトレードの法則』『エリオット波動入門』『EVトレーダー』『ロジカルトレーダー』『タープ博士のトレード学校 ポジションサイジング入門』『フィボナッチトレーディング』『フィボナッチブレイクアウト売買法』『アルゴリズムトレーディング入門』『クオンツトレーディング入門』『イベントトレーディング入門』『スイングトレード大学』『オニールの成長株発掘法【第4版】』『コナーズの短期売買実践』など、多数。

■訳者紹介
鈴木敏昭（すずき・としあき）
愛知県生まれ。1972年東京大学文学部言語学科卒業。訳書に『スイング売買の心得』（『ストックマーケットテクニック 基礎編』）、『相場勝者の考え方』（『ワイコフの相場大学』）、『金融と審判の日』『ワイコフの相場成功指南』『マーケットの魔術師 システムトレーダー編』『伝説のマーケットの魔術師たち』『マーケットの魔術師 大損失編』『ターナーの短期売買革命』『資産設計の黄金比率』『テンプルトン卿の流儀』（いずれもパンローリング）、『心理言語学』（研究社）など。

2011年7月3日　初版第1刷発行

ウィザードブックシリーズ ⑱1

トレードの教典
──メンタル強化 チャート読解 損失管理

著　者	ジョッシュ・リュークマン
監修者	長尾慎太郎
訳　者	鈴木敏昭
発行者	後藤康徳
発行所	パンローリング株式会社
	〒 160-0023　東京都新宿区西新宿 7-9-18-6F
	TEL 03-5386-7391　FAX 03-5386-7393
	http://www.panrolling.com/
	E-mail　info@panrolling.com
編　集	エフ・ジー・アイ（Factory of Gnomic Three Monkeys Investment）合資会社
装　丁	パンローリング装丁室
組　版	パンローリング制作室
印刷・製本	株式会社シナノ

ISBN978-4-7759-7148-2

落丁・乱丁本はお取り替えします。
また、本書の全部、または一部を複写・複製・転訳載、および磁気・光記録媒体に
入力することなどは、著作権法上の例外を除き禁じられています。

本文　©Toshiaki Suzuki／図表　© PanRolling　2011 Printed in Japan

トレード基礎理論の決定版!!

ウィザードブックシリーズ9
投資苑
定価 本体5,800円＋税　ISBN:9784939103285

【トレーダーの心技体とは？】
それは3つのM「Mind=心理」「Method=手法」「Money=資金管理」であると、著者のエルダー医学博士は説く。そして「ちょうど三脚のように、どのMも欠かすことはできない」と強調する。本書は、その3つのMをバランス良く、やさしく解説したトレード基本書の決定版だ。世界13カ国で翻訳され、各国で超ロングセラーを記録し続けるトレーダーを志望する者は必読の書である。

ウィザードブックシリーズ50
投資苑がわかる203問
定価 本体2,800円＋税　ISBN:978775970119

DVD 投資苑 〜アレキサンダー・エルダー博士の超テクニカル分析〜
定価 本体50,000円＋税　ISBN:9784775961346

■プログラム
1)概論
　トレードの心理学
　テクニカル分析とは
　システムのデザイン
　記録の保持
　リスク制御
　資金管理
2)成功を阻む3つの障壁
　手数料
　スリッページ
　経費
3)心理学
　個人と大衆の市場心理
4)4種類の分析アプローチ
　A)インサイダー情報
　B)ファンダメンタル分析
　C)テクニカル分析
　D)直感
5)価格とは？
　価格は取引の瞬間に示されていた価値感の一致である。
6)移動平均〜バリュートレードvs大バカ理論トレード
7)利食いの道具：エンベロープ(包絡線)でトレードを格付け
8)MACD線、MACDヒストグラム、勢力指数
9)時間〜因数「5」
10)ダイバージェンス(乖離)とカンガルーテールズ(カンガルーの尻尾)
11)資金管理と売買規律
　A)2%ルール
　B)6%ルール
12)記録の保持
13)意思決定プロセスの開発
14)まとめ

ウィザードブックシリーズ56
投資苑2
定価 本体5,800円＋税
ISBN:9784775970171

『投資苑』の読者にさらに知識を広げてもらおうと、エルダー博士が自身のトレーディングルームを開放。自らの手法を惜しげもなく公開している。世界に絶賛された「3段式売買システム」の威力を堪能してほしい。

ウィザードブックシリーズ57
投資苑2 Q&A
定価 本体5,800円＋税
ISBN:9784775970188

『投資苑2』で紹介した手法や技法を習得するには、実際の売買で何回も試す必要があるだろう。そこで、この問題が役に立つ。あらかじめ洞察を深めておけば、いたずらに資金を浪費することを避けられるからだ。

ウィザードブックシリーズ120
投資苑3
定価 本体7,800円＋税
ISBN:9784775970867

「成功しているトレーダーはどんな考えで仕掛け、なぜそこで手仕舞ったのか！」——16人のトレーダーたちの売買譜！

ウィザードブックシリーズ121
投資苑3 スタディガイド
定価 本体2,800円＋税
ISBN:9784775970874

マーケットを征服するための101問！
資金をリスクにさらす前にトレード知識の穴を見つけ、それを埋めよう！

心の鍛錬はトレード成功への大きなカギ！

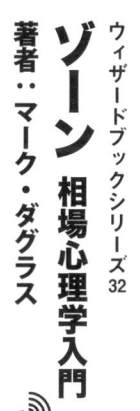

ウィザードブックシリーズ 32
著者：マーク・ダグラス
ゾーン 相場心理学入門

定価 本体 2,800円＋税　ISBN:9784939103575

オーディオブックも絶賛発売中!!

【己を知れば百戦危うからず】
恐怖心ゼロ、悩みゼロで、結果は気にせず、淡々と直感的に行動し、反応し、ただその瞬間に「するだけ」の境地、つまり「ゾーン」に達した者こそが勝つ投資家になる！　さて、その方法とは？　世界中のトレード業界で一大センセーションを巻き起こした相場心理の名作が究極の相場心理を伝授する！

ウィザードブックシリーズ 114
著者：マーク・ダグラス
規律とトレーダー 相場心理分析入門

定価 本体 2,800円＋税　ISBN:9784775970805

オーディオブックも絶賛発売中!!

【トレーダーとしての成功に不可欠】
「仏作って魂入れず」――どんなに努力して素晴らしい売買戦略をつくり上げても、心のあり方が「なっていなければ」成功は難しいだろう。つまり、心の世界をコントロールできるトレーダーこそ、相場の世界で勝者となれるのだ！　『ゾーン』愛読者の熱心なリクエストにお応えして急遽刊行！

ウィザードブックシリーズ 107
トレーダーの心理学
トレーディングコーチが伝授する達人への道
著者：アリ・キエフ
定価 本体 2,800 円＋税　ISBN:9784775970737

高名な心理学者でもあるアリ・キエフ博士がトップトレーダーの心理的な法則と戦略を検証。トレーダーが自らの潜在能力を引き出し、目標を達成させるアプローチを紹介する。

ウィザードブックシリーズ 124
NLPトレーディング
投資心理を鍛える究極トレーニング
著者：エイドリアン・ラリス・トグライ
定価 本体 3,200 円＋税　ISBN:9784775970904

オーディオブックも絶賛発売中!!

NLPは「神経言語プログラミング」の略。この最先端の心理学を利用して勝者の思考術をモデル化し、トレーダーとして成功を極めるために必要な「自己管理能力」を高めようというのが本書の趣旨である。

ウィザードブックシリーズ 126
トレーダーの精神分析
自分を理解し、自分だけのエッジを見つけた者だけが成功できる
著者：ブレット・N・スティーンバーガー
定価 本体 2,800 円＋税　ISBN:9784775970911

トレードとはパフォーマンスを競うスポーツのようなものである。トレーダーは自分の強み（エッジ）を見つけ、生かさなければならない。そのために求められるのが「強靭な精神力」なのだ。

相場で負けたときに読む本
〜真理編〜
著者：山口祐介
定価 本体 1,500 円＋税　ISBN:9784775990469

オーディオブックも絶賛発売中!!

なぜ勝者は「負けても」勝っているのか？　なぜ敗者は「勝っても」負けているのか？　10年以上勝ち続けてきた現役トレーダーが相場の"真理"を詩的に表現。

※投資心理といえば『投資苑』も必見!!

マーケットの魔術師シリーズ

ウィザードブックシリーズ 19
マーケットの魔術師
著者：ジャック・D・シュワッガー
定価 本体 2,800 円＋税　ISBN:9784939103407

【いつ読んでも発見がある】
トレーダー・投資家は、そのとき、その成長過程で、さまざまな悩みや問題意識を抱えているもの。本書はその答えの糸口を「常に」提示してくれる「トレーダーのバイブル」だ。「本書を読まずして、投資をすることなかれ」とは世界的トレーダーたちが口をそろえて言う「投資業界の常識」だ！

ウィザードブックシリーズ 13
新マーケットの魔術師
著者：ジャック・D・シュワッガー
定価 本体 2,800 円＋税　ISBN:9784939103346

【世にこれほどすごいヤツらがいるのか!!】
株式、先物、為替、オプション、それぞれの市場で勝ち続けている魔術師たちが、成功の秘訣を語る。またトレード・投資の本質である「心理」をはじめ、勝者の条件について鋭い分析がなされている。関心のあるトレーダー・投資家から読み始めてかまわない。自分のスタイルづくりに役立ててほしい。

ウィザードブックシリーズ 14
マーケットの魔術師 株式編《増補版》
著者：ジャック・D・シュワッガー
定価 本体 2,800 円＋税　ISBN:9784775970232

投資家待望のシリーズ第三弾、フォローアップインタビューを加えて新登場!!　90年代の米株の上げ相場でとてつもないリターンをたたき出した新世代の「魔術師＝ウィザード」たち。彼らは、その後の下落局面でも、その称号にふさわしい成果を残しているのだろうか？

◎アート・コリンズ著 マーケットの魔術師シリーズ

ウィザードブックシリーズ 90
マーケットの魔術師 システムトレーダー編
著者：アート・コリンズ
定価 本体 2,800 円＋税　ISBN:9784775970522

システムトレードで市場に勝っている職人たちが明かす機械的売買のすべて。相場分析から発見した優位性を最大限に発揮するため、どのようなシステムを構築しているのだろうか？ 14人の傑出したトレーダーたちから、システムトレードに対する正しい姿勢を学ぼう！

ウィザードブックシリーズ 111
マーケットの魔術師 大損失編
著者：アート・コリンズ
定価 本体 2,800 円＋税　ISBN:9784775970775

スーパートレーダーたちはいかにして危機を脱したか？　局地的な損失はトレーダーならだれでも経験する不可避なもの。また人間のすることである以上、ミスはつきものだ。35人のスーパートレーダーたちは、窮地に立ったときどのように取り組み、対処したのだろうか？

FX トレーディング関連書

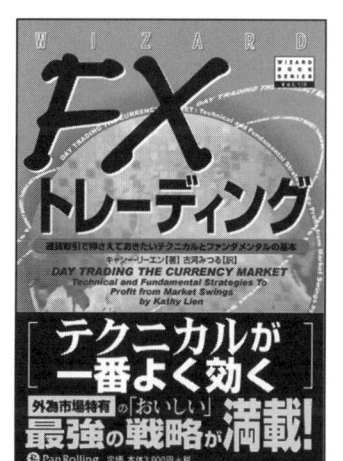

FX トレーディング
著者：キャシー・リーエン
定価 本体 3,800円+税　ISBN:9784775970843

外為市場特有の「おいしい」最強の戦略が満載！ テクニカルが一番よく効くFX市場！ 今、もっともホットなFX市場を征服には……
本書は、初心者にもベテランにも参考になる内容が盛られている。すべてのトレーダー——とりわけデイトレーダー——が知っておくべき主要市場や各通貨に関する基本知識や特徴、さらには実際の取引戦略の基礎として使える実践的な情報が含まれている。

FXトレーダーの大冒険
著者：ロブ・ブッカー
定価 本体 3,800円+税　ISBN:9784775971291

エンターテインメント性を備えたトレード文学の金字塔！ 自制心の鬼となれ！ 技術的な要素と啓発的な要素を合わせ持った本書は、ほかに類を見ないFXトレードの手引書であり、この分野で成功するための確かな足がかりを読者に提供してくれる。実践のトレードと苦労を重ねることで得た知恵がたっぷりと詰まっている本書は、トレード文学の金字塔になるに違いない！

FX メタトレーダー入門
著者：豊嶋久道
定価 本体 2,800円+税
ISBN:9784775990636

無料なのにリアルタイムのテクニカル分析からデモ売買、指標作成、売買検証、自動売買、口座管理までできる！ 高性能FXソフトを徹底紹介！

実践 FX トレーディング
著者：イゴール・トシュチャコフ
定価 本体 3,800円+税
ISBN:9784775970898

余計な公式や机上の数式を排除し、実証済みのメソッドとテクニックを駆使し、発想と戦術の両面から読者の取引手法を大幅に強化するFXトレード決定版！

FX の小鬼たち
著者：キャシー・リーエン、ボリス・シュロスバーグ
定価 本体 2,800円+税
ISBN:9784775971154

並外れたトレーダーになった12人の普通の人たちとのインタビューで、「普通のあなた」ができるウォール街のプロたちを打ち負かす方法が今、明らかになる！

魔術師に学ぶ FX トレード
著者：中原駿
定価 本体 2,800円+税
ISBN:9784775990704

本書では、ベテランFXトレーダーである著者が、トレンドフォローや短期ブレイクアウトなどの売買戦術で大きな成功を遂げている「魔術師」たちの運用手法をどのように解釈し、研究したか紹介している。

関連書

ウィザードブックシリーズ 169
コナーズの短期売買入門
著者:: ローレンス・A・コナーズ、シーザー・アルバレス

定価 本体 4,800円+税　ISBN:9784775971369

本書で学ぶ戦略は、すべて10年以上の研究によって裏付けされている。それぞれの戦略のルールとその戦略の検証結果を読者の皆さんに紹介する。株式売買の戦略と指数先物のタイミング戦略も、すべて数値でその根拠を示す。日足を使った戦略を探している読者の皆さんにとって、本書は最高の手引書となるだろう。

ウィザードブックシリーズ 180
コナーズの短期売買実践
著者:: ローレンス・A・コナーズ

定価 本体 7,800円+税　ISBN:9784775971475

FX、先物、株式のシステム売買のための考え方とヒント短期売買とシステムトレーダーのバイブル！ トレーディングのパターンをはじめ、デイトレード、マーケットタイミングなどに分かれて解説された本書は、儲けることが難しくなったと言われる現在でも十分通用するヒントや考え方、システムトレーダーとしてのあなたの琴線に触れる金言にあふれている。

ウィザードブックシリーズ 1
魔術師リンダ・ラリーの短期売買入門
著者:リンダ・ブラッドフォード・ラシュキ、ローレンス・A・コナーズ
定価 本体28,000円+税　ISBN:9784939103032

国内初の実践的な短期売買の入門書。具体的な例と豊富なチャートパターンでわかりやすく解説してあります。古典的な指標ですら有効なことを証明しています。

ウィザードブックシリーズ 103
アペル流テクニカル売買のコツ
著者:ジェラルド・アペル
定価 本体5,800円+税
ISBN:9784775970690

テクニカル分析の世界的権威、そしてMACD（マックディー）開発者として知られるジェラルド・アペル氏が、サイクルやトレンド、モメンタム、出来高シグナルなどを用いて相場動向を予測する手法を明らかにしている。

ウィザードブックシリーズ 127
投資家のための投資信託入門
著者：ジェラルド・アペル
定価 本体 2,800円+税
ISBN:9784775970935

株価が上昇したり下落したり、インフレが高騰したり、物価が落ち込んだり、原油価格が天井を打ったりしたときと、その過程で利益を上げる方法個別銘柄に頼らない投資信託、ETF、REITを使った高リターン・低リスクの投資戦略を習得しよう。

ウィザードブックシリーズ 25
相場心理を読み解く出来高分析入門
著者：リチャード・W・アームズ・ジュニア
定価 本体 4,800円+税
ISBN:9784775970683

出来高が分かれば、相場が分かる 天才アームズの発明したノウハウ (30年分)
TRIN (アームズ・インデックス) による勝利の方程式

【参考文献】

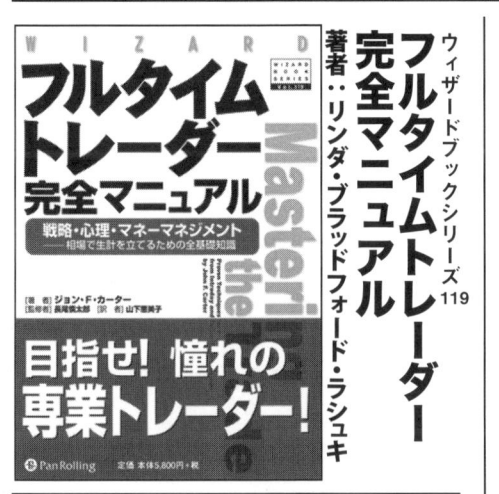

ウィザードブックシリーズ 119
フルタイムトレーダー完全マニュアル
著者：リンダ・ブラッドフォード・ラシュキ

定価 本体 5,800円＋税　ISBN:9784775970850

トレードで経済的自立をするための「虎の巻」！　本書でジョン・F・カーターは、トレードに不可欠な知識、市場の仕組み、トレーディング戦略と概念を余すことなく伝授するだけでなく、チャートの作成、トレーディング手法、マネーマネジメント、心理、ハードウエアとソフトウエアなど、フルタイムトレーダーとして確実に抑えておくべき項目すべてについて詳しく解説している。ステップ・バイ・ステップで分かりやすく書かれた本書は、これからトレーダーとして経済的自立を目指す人の必携の書である。

ウィザードブックシリーズ 138
トレーディングエッジ入門
著者：ボー・ヨーダー

定価 本体 3,800円＋税　ISBN:9784775971055

マーケットの振る舞いを理解し、自分だけの優位性（エッジ）がわかる！　エッジの内容とは、「統計的エッジ」「戦略的エッジ」「自分の性格や個性に合ったエッジ」「苦労しないで賢明にトレードする」秘密を学ぼう！　マーケットの動きと、その原因である非効率を理解することは、投資家として利益を上げるために欠かせないスキルと言える。本物のエッジを得るためには、どのマーケットでもトレーダーは成功確率を見極めなければならない。本書は、トレーディングのための武器庫に欠かすことのできない強力な手法とツールを提供してくれることだろう！

ウィザードブックシリーズ 108
高勝率トレード学のススメ
著者：マーセル・リンク　定価 本体5,800円＋税　ISBN：9784775970744

本書では、低確率な状況と高確率な状況とを見分け、高確率な状況下でのみトレードする方法を紹介する。多くのトレーダーの弱点と陥りやすい過ちを指摘するだけにとどまらず、こうした欠点を理解し克服することでそれらを有利に活用する方法についても解説する。

ウィザードブックシリーズ 139
罫線売買航海術
著者：オリバー・ベレス、ポール・ラング　定価 本体5,800円＋税　ISBN：9784775971062

「スキャルピング」「デイトレード」「スイングトレード」「ポジショントレード」「トレンドあり」「トレンドなし」などあらゆる市場を征服するテクニカル手法が満載！　すべての時間枠やどんなマーケットでも機能する戦略の宝庫！　臨機応変に買ったり、売ったりせよ！

トレード業界に旋風を巻き起こしたウィザードブックシリーズ!!

ウィザードブックシリーズ 1
魔術師リンダ・ラリーの短期売買入門
著者：リンダ・ブラッドフォード・ラシュキ

定価 本体 28,000円+税　ISBN:9784939103032

【米国で短期売買のバイブルと絶賛】
日本初の実践的短期売買書として大きな話題を呼んだプロ必携の書。順バリ（トレンドフォロー）派の多くが悩まされる仕掛け時の「ダマシ」を逆手に取った手法（タートル・スープ戦略）をはじめ、システム化の困難な多くのパターンが、具体的な売買タイミングと併せて詳細に解説されている。

ウィザードブックシリーズ 2
ラリー・ウィリアムズの短期売買法
著者：ラリー・ウィリアムズ

定価 本体 9,800円+税　ISBN:9784939103063

【トレードの大先達に学ぶ】
短期売買で安定的な収益を維持するために有効な普遍的な基礎が満載された画期的な書。著者のラリー・ウィリアムズは30年を超えるトレード経験を持ち、多くの個人トレーダーを自立へと導いてきたカリスマ。事実、本書に散りばめられたヒントを糧に成長したと語るトレーダーは多い。

ウィザードブックシリーズ 51・52
バーンスタインのデイトレード【入門・実践】
著者：ジェイク・バーンスタイン　定価（各）本体7,800円+税
ISBN:(各)9784775970126　9784775970133

「デイトレードでの成功に必要な資質が自分に備わっているのか？」「デイトレーダーとして人生を切り開くため、どうすべきか？」——本書はそうした疑問に答えてくれるだろう。

ウィザードブックシリーズ 130
バーンスタインのトレーダー入門
著者：ジェイク・バーンスタイン
定価 本体 5,800円+税
ISBN:9784775970966

ヘッジファンドマネジャー、プロのトレーダー、マネーマネジャーが公表してほしくなかった秘訣が満載！　30日間で経済的に自立したトレーダーになる！

ウィザードブックシリーズ 53
ターナーの短期売買入門
著者：トニ・ターナー
定価 本体 2,800円+税
ISBN:9784775970140

「短期売買って何？」という方にオススメの入門書。明確なアドバイス、参考になるチャートが満載されており、分かりやすい説明で短期売買の長所と短所がよく理解できる。

ウィザードブックシリーズ 37
ゲイリー・スミスの短期売買入門
著者：ゲイリー・スミス
定価 本体 2,800円+税
ISBN:9784939103643

20年間、大勝ちできなかった「並以下」の個人トレーダーが15年間、勝ち続ける「100万ドル」トレーダーへと変身した理由とは？　個人トレーダーに知識と勇気をもたらす良書。

Pan Rolling オーディオブックシリーズ

規律とトレーダー
マーク・ダグラス
パンローリング　約 440 分
DL 版 3,000 円（税込）
CD 版 3,990 円（税込）

売り上げ 1位

常識を捨てろ！　手法や戦略よりも規律と心を磨け！　相場の世界での一般常識は百害あって一利なし！　ロングセラー『ゾーン』の著者の名著がついにオーディオ化!!

ゾーン
相場心理学入門

マーク・ダグラス
パンローリング　約 530 分
DL 版 3,000 円（税込）
CD 版 3,990 円（税込）

新発売

待望のオーディオブック新発売!!　恐怖心ゼロ、悩みゼロで、結果は気にせず、淡々と直感的に行動し、反応し、ただその瞬間に「するだけ」の境地、つまり、「ゾーン」に達した者が勝つ投資家になる！

その他の売れ筋

バビロンの大富豪
「繁栄と富と幸福」はいかにして築かれるのか

ジョージ・S・クレイソン
パンローリング　約 400 分
DL 版 2,200 円（税込）
CD 版 2,940 円（税込）

売れてます　不朽の名著！

不滅の名著！　人生の指針と勇気を与えてくれる「黄金の知恵」と感動のストーリー！

新マーケットの魔術師
ジャック・D・シュワッガー
パンローリング約 1286 分
各章 3,400 円（税込）

ロングセラー「新マーケットの魔術師」（パンローリング刊）のオーディオブック!!

マーケットの魔術師
ジャック・D・シュワッガー
パンローリング　約 1075 分
各章 2,800 円（税込）

――米トップトレーダーが語る成功の秘訣――
世界中から絶賛されたあの名著がオーディオブックで登場！

マーケットの魔術師 システムトレーダー編
アート・コリンズ
パンローリング約 760 分
DL 版 5,000 円（税込）
CD-R 版 6,090 円（税込）

市場に勝った男たちが明かすメカニカルトレーディングのすべて

私は株で 200 万ドル儲けた
ニコラス・ダーバス
パンローリング約 306 分
DL 版 1,200 円（税込）
CD-R 版 2,415 円（税込）

営業マンの「うまい話」で損をしたトレーダーが、自らの意思とスタイルを貫いて巨万の富を築くまで――

孤高の相場師 リバモア流投機術
ジェシー・ローリストン・リバモア
パンローリング約 161 分
DL 版 1,500 円（税込）
CD-R 版 2,415 円（税込）

アメリカ屈指の投資家ウィリアム・オニールの教本！　稀代の相場師が自ら書き残した投機の聖典がついに明らかに！

マーケットの魔術師～日出る国の勝者たち～
Vo.01 ～ Vo.43 続々発売中!!　　インタビュアー：清水昭男

Vo.22 今からでも遅くない資産計画：品格ある投資家であるためのライフプラン／岡本和久
Vo.23 ゴキゲンで買い向かう暴落相場：長期投資にある余裕のロジック／澤上篤人
Vo.24 他人任せにしない私の資産形成：FXで開花したトレーディングの極意／山根亜希子
Vo.25 経済紙を読んでも勝てない相場：継続で勝利するシステム・トレーディング／岩本祐介
Vo.26 生きるテーマと目標達成：昨日より成長した自分を積み重ねる日々／米田隆
Vo.27 オプション取引：その極意と戦略のロジック／増田丞美
Vo.28 ロバストな視点：人生の目標と投資が交差する場所／田中久美子
Vo.29 過渡期相場の企業決算：生き残り銘柄の決算報告書／平林亮子
Vo.30 投資戦略の神髄：大口資金の潮流カレンダーを押さえろ／大岩川源太
Vo.31 意外とすごい サラリーマン投資家／平田啓
Vo.32 テクニカル＋α：相場心理を映すシステムトレードの極意／一角太郎
Vo.33 底打ち宣言後の相場展開：国際的な視線で乗り越えろ！／不動修太郎
Vo.34 主要戦略の交差点：トレンドを見て、タイミングを知る！／鈴木隆一
Vo.35 月額5000円からの長期投資：複利と時間を味方に付けた資産構築／中野晴啓
Vo.36 ワンランク上のFX：剥成期の為替ディーリングと修羅場から体得したもの／三沢誠
Vo.37 相場のカギ2010年：産業構造の変化と相場の頭打ち／青柳孝直
Vo.38 FX取引の魅力：賢い個人投資家と自己責任／林康史
Vo.39 杉田流タートルズ：日本のFXを救え!!!／杉田勝
Vo.40 FXと恋愛普及で投資家を救え!!!／池田ゆい
Vo.41 負けない、楽しい、長く付き合えるFX／西原宏一
Vo.42 FX投資とプロの視点／YEN 蔵
Vo.43 相場の虚実と狭窄／矢口新

チャートギャラリーでシステム売買

DVD チャートギャラリーで今日から動く日本株売買システム
著者：往住啓一

定価 本体 10,000 円+税　ISBN:9784775962527

個別株4000銘柄で30年間通用するシンプルな短期売買ルールとは!?　東証、大証、名証、新興市場など合計すると、現在日本には約4000～4500銘柄くらいの個別株式が上場されています。その中から短期売買可能な銘柄の選び方、コンピュータでのスクリーニング方法、誰でもわかる単純なルールに基づく仕掛けと手仕舞いについて解説します。

株はチャートでわかる！【増補改訂版】
著者：パンローリング編

定価 本体 2,800円+税　ISBN:9784775990605

1999年に邦訳版が発行され、今もなお日本のトレーダーたちに大きな影響を与え続けている『魔術師リンダ・ラリーの短期売買入門』『ラリー・ウィリアムズの短期売買法』（いずれもパンローリング）。こうした世界的名著に掲載されている売買法のいくつかを解説し、日本株や先物市場で検証する方法を具体的に紹介するのが本書『株はチャートでわかる！』である。

魔術師リンダ・ラリーの短期売買入門
著者：リンダ・ブラッドフォード・ラシュキ, L・A・コナーズ
定価 本体 28,000円+税　ISBN:9784939103032

国内初の実践的な短期売買の入門書。具体的な例と豊富なチャートパターンでわかりやすく解説してあります。著者の1人は新マーケットの魔術師でインタビューされたリンダ・ラシュキ。古典的な指標ですら有効なことを証明しています。

ラリー・ウィリアムズの短期売買法
著者：ラリー・ウィリアムズ
定価 本体 9,800円+税　ISBN:9784939103063

マーケットを動かすファンダメンタルズとは、3つの主要なサイクルとは、いつトレードを仕切るのか、勝ちトレードを抱えるコツは、……ウイリアムズが答えを出してくれている。

フルタイムトレーダー完全マニュアル
著者：ジョン・F・カーター
定価 本体 5,800円+税　ISBN:9784775970850

トレードで経済的自立をするための「虎の巻」！ステップ・バイ・ステップで分かりやすく書かれた本書は、これからトレーダーとして経済的自立を目指す人の必携の書である。

自動売買ロボット作成マニュアル
著者：森田佳佑
定価 本体 2,800円+税　ISBN:9784775990391

本書は「マイクロソフト社の表計算ソフト、エクセルを利用して、テクニカル分析に関する各工程を自動化させること」を目的にした指南書である。

Chart Gallery 4.0 for Windows

パンローリング相場アプリケーション
チャートギャラリー
Established Methods for Every Speculation

成績検証機能つき

最強の投資環境

● 価格 (税込)
チャートギャラリー 4.0
エキスパート	147,000 円
プロ	84,000 円
スタンダード	29,400 円

お得なアップグレード版もあります

www.panrolling.com/pansoft/chtgal/

チャートギャラリーの特色

1. **豊富な指標と柔軟な設定**
   指標をいくつでも重ね書き可能
2. **十分な過去データ**
   最長約30年分の日足データを用意
3. **日々のデータは無料配信**
   わずか3分以内に最新データに更新
4. **週足、月足、年足を表示**
   日足に加え長期売買に役立ちます
5. **銘柄群**
   注目銘柄を一覧表にでき、ボタン1つで切り替え
6. **安心のサポート体勢**
   電子メールのご質問に無料でお答え
7. **独自システム開発の支援**
   高速のデータベースを簡単に使えます

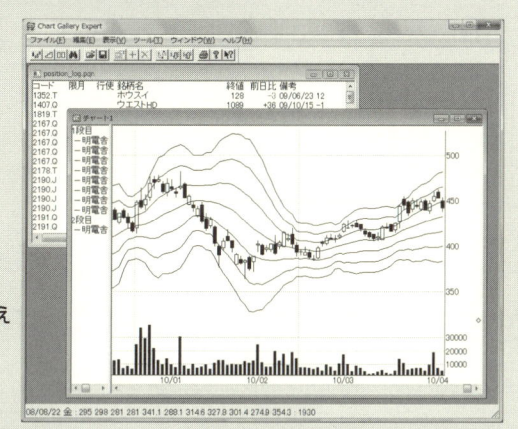

チャートギャラリー　エキスパート・プロの特色

1. 検索条件の成績検証機能 [エキスパート]
2. 強力な銘柄検索 (スクリーニング) 機能
3. 日経225先物、日経225オプション対応
4. 米国主要株式のデータの提供

検索条件の成績検証機能 [Expert]

指定した検索条件で売買した場合にどれくらいの利益が上がるか、全銘柄に対して成績を検証します。検索条件をそのまま検証できるので、よい売買法を思い付いたらその場でテスト、機能するものはそのまま毎日検索、というように作業にむだがありません。
表計算ソフトや面倒なプログラミングは不要です。マウスと数字キーだけであなただけの売買システムを作れます。利益額や合計だけでなく、最大引かされ幅や損益曲線なども表示するので、アイデアが長い間安定して使えそうかを見積もれます。

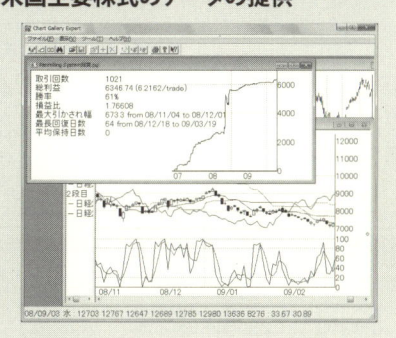

がんばる投資家の強い味方　Traders Shop

http://www.tradersshop.com/

24時間オープンの投資家専門店です。

パンローリングの通信販売サイト「**トレーダーズショップ**」は、個人投資家のためのお役立ちサイト。書籍やビデオ、道具、セミナーなど、投資に役立つものがなんでも揃うコンビニエンスストアです。

他店では、入手困難な商品が手に入ります!!

- ●投資セミナー
- ●一目均衡表 原書
- ●相場ソフトウェア
  チャートギャラリーなど多数
- ●相場予測レポート
  フォーキャストなど多数
- ●セミナーDVD
- ●オーディオブック

ここでしか入手できないモノがある。

さあ、成功のためにがんばる投資家は
いますぐアクセスしよう!

トレーダーズショップ 無料 メールマガジン

●無料メールマガジン登録画面

トレーダーズショップをご利用いただいた皆様に、**お得なプレゼント**、今後の**新刊情報**、著者の方々が書かれた**コラム**、**人気ランキング**、ソフトウェアのバージョンアップ情報、そのほか投資に関するちょっとした情報などを定期的にお届けしています。

まずはこちらの
「**無料メールマガジン**」
からご登録ください!
または info@tradersshop.com まで。

パンローリング株式会社　〒160-0023 東京都新宿区西新宿7-9-18-6F
お問い合わせは　　　　　Tel：03-5386-7391　Fax：03-5386-7393
　　　　　　　　　　　　http://www.panrolling.com/
　　　　　　　　　　　　E-Mail info@panrolling.com

携帯版